国家出版基金项目
NATIONAL PUBLICATION FOUNDATION

海外著名汉学家评传丛书

Academic Biographies
of Renowned
Sinologists

葛桂录 主编

岳峰　林风　著

A CRITICAL
理雅各
评传
BIOGRAPHY

James Legge

山东教育出版社
·济南·

图书在版编目（CIP）数据

理雅各评传 / 岳峰，林风著 . — 济南 ：山东教育
出版社，2023. 12

（海外著名汉学家评传丛书 / 葛桂录主编）

ISBN 978-7-5701-2737-5

I. ①理… II. ①岳… ②林… III. ①理雅各—评传
IV. ① B979. 956. 1

中国国家版本馆 CIP 数据核字（2023）第 223720 号

LIYAGE PINGZHUAN
理雅各评传

岳峰 林风 著

总 策 划	祝 丽	
责 任 编 辑	樊学梅	
责 任 校 对	任军芳	
装 帧 设 计	书籍 / 设计 / 工坊 刘运来工作室	

主 管 单 位　山东出版传媒股份有限公司

出 版 人　杨大卫

出 版 发 行　山东教育出版社

地　址　济南市市中区二环南路 2066 号 4 区 1 号

邮　编　250003

电　话　（0531）82092660

网　址　www.sjs.com.cn

印　刷　济南精致印务有限公司

开　本　710 毫米 x 1000 毫米　1/16

印　张　23.5

字　数　330 千

版　次　2023 年 12 月第 1 版

印　次　2023 年 12 月第 1 次印刷

定　价　112.00 元

理雅各（James Legge，1815—1897）

总　序

　　"汉学"（Sinology）[1]概念正式出现于 19 世纪。1814 年，法国法兰西学院设立了被称为西方汉学起点的汉学讲座。我国学界关于汉学概念的认知有所差异，比如有关"汉学"的称谓就包括海外汉学、国际汉学、域外汉学、世界汉学、中国学、海外中国学、国际中国学、国际中国文化等，近年来更有"汉学"与"中国学"概念之争及有关"汉学主义"的概念讨论。[2]李学勤先生将"汉学"看作外国学者对中国历史文化和语言文学等方面的研究。阎纯德先生在为"列国汉学史书系"所写的序言中说，中国人对中国文化的研究应该称为国学，而外国学者研究中国文化的那种学问则应称为汉学，汉学既符合中国文化的学术规范，又符合国际上的历史认同与学术发展实际。[3]这样，我们在综合国内外学者主流观点的基础上，目前拟将"（海外）汉学"初步界定为国外对中国的人文学科（如语言、文学、历史、哲学、地理、宗教、艺术、考古、人类学等）的研究，也将其作为本套"海外著名汉学家评传丛书"选择

---

[1] 指代"汉学"的 Sinologie（即英文的 Sinology）一词出现在 18 世纪末。
[2] 顾明栋：《汉学主义——东方主义与后殖民主义的替代理论》，张强、段国重、冯涛等译，商务印书馆 2015 年版，第 40-140 页。
[3] 阎纯德：《汉学历史与学术形态》，见阎纯德主编《汉学研究》（总第十集），学苑出版社 2007 年版。

传主对象的依据之一。当然，随着海外汉学研究不断深入拓展，它所囊括的范围也将包括政治、社会、经济、管理、法律、军事等国际中国学研究所涉及的社会科学范围，打通国际"汉学"和"中国学"研究的学术领域。正如国内海外汉学研究的领军人物张西平教授所说，我们要树立历史中国和当代中国统一性的正确史观。[1]

中国自公元 1219 年蒙古大军第一次西征引发与欧洲的"谋面"始，与西欧就有了越来越多的接触与交流。数百年来的中西文化交流史，同时也是海外汉学的发展史，在这一历史过程中，海外汉学家是研究与传播中国文化的特殊群体。他们在本国学术规范与文化传统下做着有关中国文化与文学的研究和翻译工作。从中外交流的角度挖掘一代代海外汉学家的存在价值并给予其科学的历史定位，既有益于中国文化走向世界，也有利于中国学术与世界接轨，因而该领域的研究工作亟待拓展与深化。

本丛书旨在通过撰著汉学家评传的方式，致力于海外汉学研究的深耕掘进，具体涉及汉学家的翻译、研究、教学、交游，重点是考察中国文化、文学在异域的接受轨迹与变异特征，进而从新世纪世界文化学术史的角度，在中华文化与世界主要国家文化的交流、碰撞和融合之中深入探索中华文化的现代意义，加深对中华传统文化价值的认识，借此推动学术界关于"中学西传"的研究更上新台阶，并促进海外汉学在学科自觉意义上达到一个新高度。

一、海外汉学与中华文化国际传播

海外汉学的发展历程是中华文化与异质文化交流互动的历史，

---

[1] 张西平：《历史中国和当代中国的统一性是开展中国研究的出发点》，《国际人才交流》2022 年第 10 期。

也是域外学人认识、研究、理解、接受中华文化的足迹，它昭示着中华文化的世界性意义。参与其中的汉学家是国外借以了解中华文化的主要媒介，中华文化正是在他们的不懈努力下逐渐走向了异域他乡，他们在中华文化走向世界的过程中做出了特殊的贡献。

季羡林先生早在为《汉学研究》杂志创刊号作序时就提醒世人不可忽视西方汉学家的重要价值："所幸在西方浑浑噩噩的芸芸众生中，还有一些人'世人皆醉，而我独醒'，人数虽少，意义却大，这一小部分人就是西方的汉学家……我现在敢于预言：到了21世纪，阴霾渐扫，光明再现，中国文化重放异彩的时候，西方的汉学家将是中坚人物，将是中流砥柱。"[1] 季先生还指出："中国学术界对国外的汉学研究一向是重视的。但是，过去只限于论文的翻译，只限于对学术论文、学术水平的评价与借鉴。至于西方汉学家对中西文化交流所起的作用，他们对中国所怀的特殊感情等等则注意还不太够。"[2]

事实上，海外汉学家将中华文化作为自己的兴趣关注点与学术研究对象，精心从事中华文化典籍的翻译、阐释和研究，他们丰富的汉学研究成果在其本国学术界、文化界、思想界相继产生了不小的影响，并反过来对中国学术发展产生了一定的促进作用。汉学家独特的"非我"眼光是中国文化反照自身的一面极好的镜子。通常汉学家不仅对中华文化怀着极深的感情，而且具有深厚的汉学功底，是向域外大众正确解读与传播中华文化的最可依赖的力量之一。尤其是专业汉学家以对异域文化、文明的译研认知为本位，其研究与译介中国文化与文学本着一种美好的交流愿景，最终也成就

---

[1] 季羡林：《重新认识西方汉学家的作用》，见季羡林研究所编《季羡林谈翻译》，当代中国出版社2007年版，第60页。

[2] 同上。

了中外文化与文学宏大的交流事业。他们的汉学活动提供了中国文化、文学在国外流播的基本资料，因而成为研讨中华文化外播与影响的首要考察对象。

　　自《约翰·曼德维尔游记》（ *The Travels of Sir John Mandeville*，1357 年）所代表的游记汉学时代起，海外汉学至今已有六个多世纪的历史。如果从传教士汉学、外交官汉学或学院专业汉学算起，也分别有四百多年、近三百年以及约两百年的历史。而中外文化、文学交流的顺利开展无法绕过汉学家这一特殊的群体，"惟有汉学家们才具备从深层次上与中国学术界打交道的资格"〔1〕。

　　19 世纪下半叶至 20 世纪初，随着第二次工业革命的兴起，西方国家对海外市场开拓的需求打破了以往传教士汉学时代以传教为目的而研讨中华文明的格局，经济上的实用目的由此成为重要驱动力，这一时期是海外汉学由"业余汉学"向"专业汉学"转变的过渡时期。海外汉学在这一时期取得了较大的突破，不论汉学家的人数抑或汉学著述的数量皆有很大增长。

　　尤其随着二战以后国际专业汉学时代的来临，各国学府自己培养的第一代专业汉学家成长起来，他们对中华文化的解读与接受趋于准确和理性，在中华文化较为真实地走向世界的过程中做出了巨大贡献。他们是献身学术与友谊的专业使者，是中国学术与世界接轨的桥梁。其中如英国著名汉学家大卫·霍克思（David Hawkes），他把自己最美好的时光献给了他所热爱的汉学事业。霍克思一生大部分时间都用于中国文化、文学的翻译、研究、阐释与传播。即使到晚年，他对中华文化的热爱与探究之情也丝毫未减。2008 年，

---

〔1〕方骏：《中国海外汉学研究现状之管见》，见任继愈主编《国际汉学》（第六辑），大象出版社 2000 年版，第 14 页。

八十五岁高龄的他与牛津大学汉学教授杜德桥（Glen Dudbridge）、卜正民（Timothy Brook）专程从牛津搭乘火车赶到伦敦，为中国昆剧《牡丹亭》青春版的英国首次演出助阵。翌年春，霍克思抱病接待前来拜访的时任中国驻英大使傅莹女士。傅莹大使赠送的一套唐诗茶具立即引起霍克思的探究之心，几天后他给傅莹大使发去电子邮件，指出这套唐诗茶具中的"唐"指的是明代唐寅而非唐代，茶具所画乃唐寅的《事茗图》，还就茶具所印诗作中几个不甚清楚的汉字向傅莹大使讨教。霍克思这样的汉学家对中华文化的熟悉程度与探究精神让人敬佩，他们是理性解读与力图准确传播中国文学与文化的专业汉学家。确实如前引季羡林先生所说，这些汉学家对中国怀有特殊的感情。

霍克思与他的汉学前辈翟理斯（Herbert Allen Giles）、阿瑟·韦利（Arthur David Waley）可以共称为推动中国文学译介最为有力的"英国汉学三大家"，在某种程度上他们改变了西方对中国的成见与偏见。他们三人均发自内心地热爱中华文化，从而成为向英语国家乃至西方世界读者推介中国文学特别是中国古典文学的闯将。西方读者正是通过他们对中国优美诗歌及文学故事的移译，才知晓中国有优美的文学，中国人有道德承担感。如此有助于国际的平等交流，也提升了中国在西方的地位。同时他们也让西方读者看到了中国的重要性，使关于中国的离奇谣言不攻自破，让外国人明白原来中国人可以沟通并理解，并非像过去西方出于成见与偏见而想象的那样异样与怪诞。

由此可见，海外汉学家在中国文学与文化向域外传播的过程中扮演着重要的角色，他们与中华文化国际传播存在着天然的联系。诚如北京语言大学原校长刘利教授在题为《构建以汉学为重要支撑的国际传播体系》的文章中指出："汉学自诞生之日起，便担负着中华文化国际传播的重要使命。汉学家们在波澜壮阔的中外交流史中留下了独特且深厚的历史印记，他们广博精深的研究成果推动了中外文化交流和文明交融互鉴，世界各国对中国形象的认知也因此更为清晰、立体、真实。"〔1〕确实，中外文明交流互鉴的结果有利于在世界上显现丰富而真实的中国形象，这不仅意味着中华文明"外化"的传播，也意味着异域文明对中华文明"内化"的接受，这有助于展示中华文明走向外部世界的行行足迹。

在新的时代背景下，推进中华文明国际传播，推动中华文化更好地走向世界，除了我们自身要掌握思想和文化主动，还要特别关注海外汉学家的著译成果，特别是海外汉学家的全球史视野、跨文化比较视阈以及批判性反思与自我间离的能力，有助于增强不同文化之间的共识，创建我们所渴求的文化对话，并发展出一套相互认同的智性标准。〔2〕因而，在此时代语境中，探讨海外汉学具有重大战略意义。

从中国角度看，海外汉学可以帮助我们了解中华优秀传统文化在国外的传播与影响情况，了解域外的中国形象构成及其背后的诸多因素，并吸收他们传播中华文化的有益经验。从世界角度看，海外汉学著译成果及汉学家的诸多汉学活动（教育教学、与中国学人的互动交流等），可以让世界了解中华文化的特性及其与域外文化交流互补的特征。

充分关注与深度研讨丰富多彩的海外汉学成果，有助于我们站在全球史视野与新世纪世界文化学术史的角度，在中华文明与异域文化的碰撞交流与融合发展之中，梳理与总结出中国文学与文化对

---

〔1〕刘利：《构建以汉学为重要支撑的国际传播体系》，《学习时报》2023 年 7 月 21 日。
〔2〕葛桂录：《中华文明国际传播与话语建设》，《外国语言文学》2023 年第 3 期。

外传播影响的多元境遇、历史规律、思路方法，为国家制定全球文化战略提供学术佐证，为深化文明交流互鉴提供路径策略，为中华文化国际传播与中国话语体系建设提供历史经验。

　　本丛书正是以海外汉学家为中心的综合研究的成果，我们将从十位汉学家的思想观念中理解和分析具体的汉学文本或问题，从产生汉学著作的动态社会历史和知识文化背景中理解汉学家思想观念的转折和变化，从而总体性把握与整体性评价汉学家在中华文明外播域外的进程中所做的诸种努力及其实际效果，以确证海外汉学的知识体系和思想脉络。在外国人对中国认知逐步深入的过程中，汉学研究的成果始终起着传播和梳理中国知识、打破旧有思想体系束缚、引领国民中国观念、学习和融合中华文化的重要作用。

二、撰著的方法路径与比较文学视角

　　海外汉学研究离不开汉学知识史的建构与汉学家身份的认知。正如张西平教授所说："在西方东方学的历史中，汉学作为一个独立学科存在的时间并不长，但学术的传统和人脉一直在延续。正像中国学者做研究必须熟悉本国学术史一样，做中国文化典籍在域外的传播研究首先也要熟悉域外各国的汉学史，因为绝大多数中国古代文化典籍的译介是由汉学家们完成的。不熟悉汉学家的师承、流派和学术背景，自然就很难做好中国文化的海外传播研究。"[1]

　　海外汉学自身的跨文化、跨语言、跨学科的特质要求我们打破学科界限，使用综合性的研究方法；用严谨的史学方法搜集整理汉

---

〔1〕葛桂录主编：《中国古典文学的英国之旅——英国三大汉学家年谱：翟理斯、韦利、霍克思》，大象出版社2017年版，总序第5页。

学原典材料，用学术史、思想史的眼光来解释这些材料，用历史哲学的方法来凸显这些材料的观念内涵；尽可能将丰富的汉学史料放在它形成和演变的整个历史进程中动态地考察，区分其主次源流，辨明其价值与真伪，将汉学史料的甄别贯穿于史料研究、整理工作的全过程之中；充分借鉴中国传统学术如版本目录学、校雠学、史料检索学以及西方新历史学派的方法论与研究理念，遵循前人所确立的学术规范。

目前已出版的海外汉学专题研究论著，不少是在翻译研究的学术框架下以译本为中心的个案研究，通过原本与译本的比较，援引翻译研究理论，重点是考察与比较汉学家翻译工作中的误读、误释的基本情况，揭示汉学典籍在域外的传播与变异特征。本丛书旨在文献史料、研究视野、学理方法、思想交流诸方面创新海外汉学研究的观念价值，拓展海外汉学领域的学术空间，特别是深度呈现中外文化交流语境里中华文化的命运，详尽考察中华文化从走出国门（翻译、教学与研究）到走进异域思想文化（碰撞、认知与吸纳）的路径，再到以融合中华文明因子的异域思想文化为参照系，激活中国本土文化的提升空间与持久动力的历程。具体也涉及特定历史文化语境中的汉学家如何直接拥抱所处时代的文化思想及学术大潮，构建自身的异域认知与他者形象。我们要借助丰富多彩的海外汉学成果，关注中外哲学文化思想层面的交互作用，在此意义上评估中华文明的延展性、适时性、繁殖力等影响力问题。

在方法路径上，首先，要在中外文化交流史的基础上弄清楚中华文化向域外传播的历史轨迹，从这个角度梳理出海外汉学形成的历史过程及汉学家依附的文化语境。其次，以历史文献学考证和分析的基本方法来掌握海外汉学文献的传播轨迹和方式，进而勾勒出构成海外汉学家知识来源的重要线索。最后，借用历史语境主义的研究范式探究海外汉学家不同发展阶段的汉学成就及观念诉求。

因而，文献史料的发掘与研究不仅是重要的基础研究工作，同时也意味着学术创新的孕育与发动，其学术价值不容低估。应该说，独立的文献准备是学术创见的基础，充分掌握并严肃运用文献，是每一位海外汉学研究人员必须具备的基本素养。而呈现数百年来中华文化在域外传播影响的复杂性与丰富性的途径之一，就是充分重视文献史料对海外汉学家研究和评传写作的意义。海外汉学史研究领域的发展、成熟与文献学相关，海外汉学研究史料的挖掘、整理和研究，仍有许许多多的工作要做。丛书在这方面付出了诸多努力，包括每位传主的年谱简编及相关文献史料的搜集整理，为厘清中华文化向域外传播的历史轨迹，梳理海外汉学发展的历史过程及汉学家依附的文化语境，起到了重要的支撑作用。

构建海外汉学史的框架脉络，需要翻阅各种各样的包括书刊、典籍、图片在内的原始材料，如此才能对海外汉学交流场有所感悟。这种感悟决定了从史料文献的搜集中，可以生发出关于异域文化交流观念的可能性及具体程度。海外汉学史研究从史料升华为史识的中间环节是"史感"。"史感"是在与汉学史料的触摸中产生的生命感。这种感觉应该以历史感为基础，同时含有现实感甚至还会有未来感。史料正是在研究者的多重感觉中获得了生命。

通过翔实的中外文原典文献资料的搜罗梳理及综合阐释，我们既可以清晰地看出海外汉学家、思想家对中国文化、文学典籍的译介策略与评述尺度，又能获知外国作家借助于所获取的汉学知识而书写的中国主题及其建构的中国形象，从而加深对中外文学、文化同异性的认知，重新审视中外文学交流的历史性价值和世界性意义，有助于提升中外文学交流史的研究层次，提出新的研究课题，拓展新的研究领域，并奠定中外文学交流文献史料学的研究基础。

10

海外汉学家研究属于中外文学、文化交流的研究领域，从属于比较文学研究的学科范畴。我们要以海外汉学数百年的发展史为背景，从中外文化与文学交流的角度来重新观照、审视汉学家的汉学经历、成就及影响，因而必须借鉴历史分析等传统学术研究方法，并综合运用西方新史学理论，接受传播学理论、文本发生学理论、跨文化研究理论，以及文化传播中的误读与误释理论等理论成果，从文化交流角度准确定位海外汉学家的历史地位，清晰勾勒他们如何通过汉学活动以促进中外文明交流发展的脉络。这不仅有利于传主汉学面貌的清晰呈现，也裨益于中国文学与文化的域外传播，同时更有助于我们透视外国人眼中的中华文化。因此，海外汉学家研究作为中国比较文学学科的一个重要领域，必将能为中华文化的海外弘扬贡献力量，它昭示的是中华文化的世界性意义。

同样，海外汉学家在其著译与教育交流实践中，也非常关注比较文学视角的运用。比如，霍克思担任牛津汉学讲座教授几年后，从比较文学的视角正面回答了汉学学科这一安身立命的问题。在他看来，中国文学的价值在于其与西方的相异性，作为世界文化的一个组成部分，其独特性使其有了存在与被研究的必要。霍克思认为，对不同文学间主题、文体、语言表达与思想表达差异的寻找等都是中西文学比较中可展开的话题。他在多年的汉学研究中时刻不忘比较视域，其学术路径在传统语文学研究方法基础上增加了比较思想史视野下审视学术文献意义的步骤。对于霍克思而言，研究汉学既是为了了解中国，了解一个不同于西方的文学世界，也是为了中英互比、互识与互证。此中贯穿着比较，贯穿着两种文化的互识与交流。霍克思对中国典籍译研的文化阐释影响深远，比较文学意识可算是贯穿其汉学著译始终的重要研究理念。

比较文学视角有助于促成跨文化交流与文明互鉴的理想结果，

也就是对话双方能够在交流中找寻本土思想文化创新发展的契机并实现互惠。因为，跨文化对话有一种镜子效应，把陌生文化当作一面镜子，在双方的对话中更好地认识自己，而且新意往往形成于两者的交锋对话之中。当然，安乐哲（Roger T. Ames）也提醒我们："文化比较需要一把'双面镜'，除了要站在西方文化的立场上依据西方的思想体系和结构翻译与诠释中国文化外，我们更应当以平等的态度和眼光，通过回归经典去实事求是地理解中国的传统，即从中国哲学和文化本身出发去理解它，并且从中认识到其所具有的独特性。"[1]

在此意义上，海外汉学家在中国典籍翻译阐释中所展示的跨文化对话意识具有特殊意义。他们固然可以复制出忠实于原作的译本，同时更可能出于自己的理论构想与文化诉求，通过主观性阐释与创造性误读，使译作具有独立于原作之外的精神气质与文化品格，同时进行着本民族文化传统的"自我重构"。他们借助于独具特色的译介中国行动，既构筑了新的中国形象，也试图通过东西方文明对话构筑起新的世界，从而实现跨文化对话的目标。

本丛书在撰著过程中立足于比较文学视角，依靠史料方面的深入探究，结合思想史研究的路径、文献学的考证和分析、跨文化形象学研究的视角与方法发掘，在具体汉学家的思想观念中理解和分析具体的汉学文本或问题，从产生汉学著作的动态社会历史和知识文化背景中把握汉学家思想观念的转折和变化，展示海外汉学学科体系奠基与进行中西文化融合的过程，从而把握海外汉学的知识体系和思想脉络。

---

[1]［美］安乐哲：《"生生"的中国哲学：安乐哲学术思想选集》，人民出版社 2021 年版，第 141 页。

12

三、编撰理念与总体构想

海外汉学家数量颇为可观。本丛书选择海外著名汉学家十位，每位传主一卷，分别展开他们的综合研究工作，评述每位传主的汉学历程、特点及重要贡献。通过评传编撰，呈现每位传主汉学生涯的生成语境；通过分析阐释传主的翻译策略、文集编选、汉学论著、教育教学理念等，揭示传主汉学身份特征，论析传主汉学思想的载体与构成要素，站在中外文化交流史与海外汉学思想发展史的高度，客观评述传主的汉学成就。反之亦然，从传主的汉学成就观照其所处时代、所在区域的汉学思想演进脉络。撰述过程中关注时代性、征实性、综合性，最终凸显作为汉学思想家的传主形象。

本丛书编撰遵循历史还原、生动理解与内在分析的基本思路。所谓历史还原，即通过对文献史料的爬梳，重现传主汉学成就的历史文化语境。所谓生动理解，即通过消化史料，借助合适的解释框架，理解及重构传主鲜活的汉学发展脉络。所谓内在分析，即通过厘清传主汉学生涯的基本理路，分析传主饱含学养的汉学体验与著译成就。

本丛书各卷的撰述风格与笔法，希望能与今天的阅读习惯接轨，在丰厚翔实、鲜活生动的叙述之中，将传主立体地呈现在读者面前。丛书将以丰富的史料、准确稳妥且富有见地的跨文化传播观点、开放的文化品格、独特的行文风格，使不同层面的读者都能在书中找到各自需要的灵韵，使之在不知不觉的阅读中形成这样的共识：通过几代海外汉学家的不懈努力，中华文化走进异域他乡，引发了中外文学与文化的交融、异质文化的互补，这不仅是昨天的骄傲，更是今天的时尚与主题。

本丛书各卷采用寓评于传、评传结合的体例，充分考虑学术性（吸收学界最新成果）与可读性（充满活力的语言），有趣亦有益。各卷引言总论传主的汉学思想特征，各章梳理传主的生活时代与社会思想背景，呈示传主的生平事迹、著述考辨、学养构成，阐释传主的各种汉学成果，从传主的译介、研究、教育教学活动等方面全方位呈现其汉学成就，概括传主的汉学贡献，以确认其应有的汉学地位，最终凸显作为汉学思想家的传主形象，继而为全面深入探讨海外汉学史提供知识谱系与思考路径。同时，我们通过以海外著名汉学家为中心的比较文学跨文化、跨学科（跨界）研究，深入研究、阐释中华优秀传统文化蕴含的思想观念、人文精神、道德规范，力争在中外文明的双向交流中阐发中华文明的内在精髓与独特魅力，努力提高推动中华文明走进域外世界的社会意识，借此回应与推进国家文化发展与国际传播战略，实现中华优秀传统文化的创造性转化与创新性发展，彰显中外人文交流与文明互鉴的价值与意义。

葛桂录

2023 年 10 月 6 日定稿于福建师范大学外语楼

目录

引　言

　　理雅各[1]，苏格兰人，富商之子，自幼展露极高的语言天赋，自小向往中国。1843 年，他以伦敦会传教士的身份来华，历时三十年，成为世界历史上三位汉籍欧译大师之一，回国后执教于牛津大学，成为首任汉学教授。

　　理雅各在华期间历尽艰辛困苦，数遭天灾人祸，五位家人相继病故，他本人也因病三度返回英国治疗。他在日记中写道："自离开家乡起，我就未曾真正休息过。"他始终与中国民众在一起。1847 年，广州黄竹岐村民与英军发生冲突。次年，港督德庇时（John Francis Davis，又译戴维斯、爹核士、大卫斯、德俾士等）率兵舰来广州威吓。为避免战事，理雅各联合其他人士向港督请愿，成功阻止了冲突升级。1852 年，清军镇压广东南部农民起义后，在附近烧杀抢掠。理雅各尽力救助一位耳朵被削、房屋被毁的老人，并据理力争，从乱军手中救下一个小女孩。他还曾投入时间和金钱解救被绑架的中国儿童，并多次发起公益活动，帮助穷人和妇女。1866 年香港发生大火，上千人无家可归。理雅各与当地人何进善（又名何福通）用汉语致函当地商人和店主，动员他们救助灾民。1871 年，他两次联合不同国籍传教士及部分商会共一千多人发起签名，要求香港政府取缔

---

[1] 理雅各是 James Legge 自己取的汉名。理雅各的孙女玛丽·莱格（Mary Dominica Legge）教授说他的汉姓是"道理"的意思，见 Mary Dominica Legge，"James Legge"，新波德雷安图书馆（New Bodleian Library）档案编号：ms.eng.misc.d.1230，第 1 页。这是她 1945 年 2 月 4 日在爱丁堡大学举办的中国—苏格兰学会（Sino-Scottish Society）的演说稿，未出版。

002

赌场。他反对鸦片贸易，抗议英国镇压太平天国，制止英政府以武力处理教案，对"效忠女王"字样很不以为然。

很难想象，作为传教士的理雅各会走上中西宗教融合与世俗化之路。他是最早进行中西宗教对比研究的学者，撰有《中国人的鬼神观》（*The Notions of the Chinese Concerning God and Spirits*）、《儒教与基督教对比》（*Confucianism in Relation to Christianity*）等专著，对中国宗教持客观认真、尊重亲和的态度，这在那个时代的西方人中较为罕见。他评论孔子时表示：他研究孔子的时间越长，就越觉得孔子伟大；孔子是伟人，他的教诲对整个民族的影响总体上是有益的；孔子代表着中国人最好、最崇高的品格，也代表着人类最美好的理想。理雅各翻译的中国文化经典呈现出与西方文化融合一体的风格。按常规的逻辑，传教士发展的是神学教育，理雅各推动的却是香港世俗化教育改革，被誉为"香港教育之父"。除了教育改革方面的努力，他还主编近代报业先河的中文报纸《遐迩贯珍》（*Chinese Serial*），与他交游的中国人在他的影响下，抛弃旧思想，崇尚科技与改革。所有这一切都推进了中国近代化进程。

理雅各潜心研习中国文化半个世纪，终成汉学标杆。在理雅各的汉学事业中，影响最大的是翻译。他选择翻译最能代表中国主流思想的儒家经典与道佛文献，包括《大学》（*The Great Learning*）、《中庸》（*The Doctrine of the Mean*）、《论语》（*Confucian Analects*）、《孟子》（*The Works of Mencius*）、《书经》（*The Shoo King or the Book of Historical Documents*）、《诗经》（*The She King or the Book of Poetry*）、《春秋左传》（*The Ch'un Ts'ew, with the Tso Chuen*）、《孝经》（*The Hsiao King*）、《易经》（*The Yi King or Book of Changes*）、《礼记》（*The Li Ki or Book of Rites*）、《道德经》（*The Tao Teh King*）、《庄子文集》（*The Writings of Kwang-Tsze*）、《佛国记》（*A Record of Buddhistic Kingdoms*）等，主要以《中国经典》（*The Chinese Classics*）、《东方圣书》（*The Sacred Books of the East*）两大系列出版。他的

二十余部译本极为厚实，令人叹为观止。无论是法国的顾赛芬（Séraphin Couvreur）、德国的卫礼贤（Richard Wilhelm），还是英国的德庇时（John Francis Dauis）、翟理斯，甚至中国近现代翻译家，在译经数量上都难与他比肩。他的译文忠实，译风严谨，每部译著还附有详尽的序言和注释，彰显了他认真考证的态度及丰富的研究成果，其价值不亚于翻译本身。

如此浩大的中国文化翻译工程独树一帜，百年来理雅各译本仍是中国经典的标准译本，便于欧美了解中国文明与道德根基。他因此成为首位儒莲奖获得者，可谓实至名归。理雅各结束在华生活后，于 1876 年出任英国牛津大学首任汉学教授，继续翻译中国典籍直至辞世，是迄今全世界翻译中国古经最多的汉学家，对传播中国文化发挥了重要作用。20 世纪 90 年代，理雅各在中国内地鲜为人知，但现已为翻译界、汉学界和史学界所熟知，学界对其的研究热潮出现于翻译学、历史学、比较文学与诠释学等多个领域。[1]

---

[1]岳峰：《沟通东西方的桥梁——记英国传教士理雅各》，《世界宗教文化》2004 年第 1 期。

第一章　生平轨迹

　　理雅各少年时期就展露出卓越的语言天赋，读书期间就掌握了拉丁语与希腊语，他勤奋笃学的态度与出色的语言学习能力为他后来的汉学研究提供了重要条件。出于信仰，他加入伦敦会，赴东方传教。他先后在马六甲、香港学习汉语，进行汉学研究。在马六甲时期，他经济拮据，同时面临疾病威胁，但仍坚持自己的事业与理想。在香港时期，他致力于学校教育，经营现代报纸，同时继续汉学研究。他特别重视翻译中国典籍，并由此奠定其汉学成就的基础。理雅各广泛交游，襄助并保护华人，他反对鸦片贸易，并组织赈灾等公益活动，声名远扬，他的种种作为对近代中国产生过积极影响。关于理雅各的生平轨迹，笔者在专著《架设东西方的桥梁——英国汉学家理雅各研究》中有详述，简要归纳为以下方面：少年时代、赴华传教、在华交游、行善义举、发展报业、教育改革、翻译经典与执教牛津，以下将分节简述。

第一节　少年时代展露语言天赋

　　1815 年 12 月 20 日，理雅各出生于英国苏格兰阿伯丁郡（Aberdeenshire）的哈德利小镇（Huntly），他有三个哥哥，父亲是当地颇具威望的富商。

　　1829 年，理雅各从哈德利教区小学（the Parish School of Huntly）毕业，随后就读于阿伯丁语法学校（the Grammar School of Aberdeen，相当

于现代的中学）。[1] 这时他已经开始展现语言天赋，他记述道："我学得非常快，阅读和拼写从不成问题，记忆力很好。"[2] 有一年冬天，理雅各被车撞到，腿伤严重，卧床数周。疗伤期间，他全力学习拉丁语[3]，每天从凌晨3点读到8点，并由此养成了终身的习惯。[4] 最终，他的拉丁语说得和英语一样流利。伤愈后，理雅各重返学校，再次成为顶尖的学生。据他女儿理海伦（Helen Legge）记载，每周五老师出一段英语作文让学生翻译成拉丁文，这项练习中理雅各的速度无人能敌。期末考试，开考不久，他说了一句"完成了"便提前回家。[5] 1831 年，理雅各中学毕业，参加阿伯丁皇家学院（the King's College，Aberdeen）举办的大学入学考试。在此项考试中，如果表现优异，可获得奖学金，众人都料定奖学金头奖（the First Bursary）非理雅各莫属。然而就在考试前十天，理雅各遭遇了一次集会骚乱，被迫躲到人群聚集的木制平台下，结果整个平台坍塌，理雅各被落木压得失去知觉。人们将他抬出时，他在迷迷糊糊中苏醒，惊慌之下直奔海边，随后被海浪卷入水中。寒冷的海水使他清醒，于是本能地抓住渔网回到岸边，接着他似乎又变得迷糊，在海滩上无助地游走，直到同学发现并带他回家。医生认为理雅各能幸存已属侥幸，要获得奖学金似乎无望，但理雅各还是与其他 97 名考生一道进入考场。几天后，校长宣布理雅各获阿伯丁皇家学院一等奖学金，以第一名成绩入读该校。[6]

〔1〕Helen Edith Legge, *James Legge: Missionary and Scholar*, London: The Religious Tract Society, 1905, p. 1.

〔2〕James Legge, *Notes of My Life*, 新波德雷安图书馆档案编号：ms.eng.misc.d.996, p. 8.

〔3〕ibid, pp. 25-27.

〔4〕Lauren F. Pfister, "Clues to the Life and Academic Achievements of One of the Most Famous Nineteenth Century European Sinologists—James Legge（A.D. 1815—1897）", *Journal of Hong Kong Branch of Regional Asiatic Society*, Vol. 30, 1990.

〔5〕Helen Edith Legge, *James Legge: Missioanry and Scholar*, p. 12.

〔6〕ibid, pp. 2-3.

006

　　1831 年底开始，理雅各就读于皇家学院。[1]1835 年毕业时，以在希腊语、拉丁语、数学、自然哲学和伦理哲学等科目的全面优势，理雅各获得该校最高奖学金哈顿尼恩奖学金。[2]毕业后，理雅各又轻松掌握了法语和意大利语。他的语言天赋、记忆力、毅力和勤奋好学的品格，为他未来的汉学事业奠定了重要基础。[3]

　　理雅各到香港后不久就表现出非凡的语言能力。他虽然只在英国接受过一点汉语书面语训练，却有足够的能力将有关《圣经》主题和故事的基督教传教小册子用中文或者是用广东话编写出来，用当地语言宣教演讲，并用半官方的风格撰文。[4]到后来他又可以研读中国古经，他的汉语语言能力超过当地普通人。理雅各汉学知识渊博，后来的中国学者称他为"西儒"，大家的敬佩程度由此可见。理雅各大量阅读各种注疏，仔细思考文本内容，对中国经典常有独到精辟的见解。

　　当然，理雅各的语言才华是其海量阅读的前提，没有这种天赋，学术研究与翻译都是不可能的。理雅各译注中国典籍不仅参考中文的注释，还有日语、俄语、拉丁语、法语与德语的文本。在其著名的《中国经典》五卷本的注释中，有一定数量的英汉以外语言的主题读本。理雅各到底掌握多少种语言，我们无法统计，但通过文献整理可发现的至少有七种。理雅各的语言天赋使他最终实现了从一个半路出家的译者、一个研究中国文化的传教士到汉学家的华丽转变。

---

[1] Linsay Ride, "James Legge—150 Years", an address delivered in the Union Church, Kennedy Road, Hong Kong on 20th December, 1965, on the sesquicentennial of the birth of Dr. James Legge, reprint of Union Church, *Newsletter*, February 1966, p. 6.

[2] Helen Edith Legge, *James Legge: Missionary and Scholar*, pp. 5-6.

[3] 岳峰：《架设东西方的桥梁——英国汉学家理雅各研究》，福建人民出版社 2004 年版，第 28-30 页。

[4] 岳峰等编译：《翻译研究的跨学科方法——费乐仁汉学要义论纂》，厦门大学出版社 2016 年版，第 44 页。

第二节　从向往中国到落脚香港

理雅各成长于苏格兰阿伯丁郡哈德利小镇，当地正是英国传教活动频繁之地。伦敦会传教士米怜（William Milne）一家也对理雅各颇有影响。1815—1822 年，米怜常从马六甲给理雅各家中寄信，理雅各由此初步了解了传教士的工作。米怜寄来的中国书籍也让理雅各对中国产生了向往。其中一本书引起了理雅各的注意。每次翻开略带黄色的书页，他总喜欢一边摸着丝绸般质地的书页，一边想着该如何阅读这些文字，书中内容又会是什么。米怜的儿子美魏茶（William Charles Milne）与理雅各同在阿伯丁求学，两人是好友。

1836 年，理雅各在阿伯丁皇家学院完成学业，他的拉丁语教授半年前就打算让他继任，但理雅各放弃了这个机会。随后，理雅各曾考虑学习法律或医学，最后也都放弃了。

1837 年之前，理雅各在英国布莱克本（Blackburn）一所公理会学校任教一年半，先教数学，后教拉丁语。这是他的哥哥乔治安排的。1837 年，理雅各入伦敦海伯里神学院（Highbury Theological College）学习神学。这是他学校教育的最后一个阶段。1838 年，理雅各加入伦敦会（London Missionary Society），获通知赴马六甲英华书院（Anglo-Chinese College），于 1839 年与美魏茶同船东行。

理雅各成为传教士有时代因素，当时社会传教意识强烈，交通工具在不断发展。他的生长环境充满浓厚的传教氛围，家人们都是传教的支持者。特别值得注意的是，理雅各来自非国教背景，独立教会（Independent Church）强烈的传教意识促使资质卓绝的理雅各放弃轻松舒适的教职，当时他也未曾料到日后的传教生涯会使自己的语言天赋得以充分施展。[1]成

---

[1] 岳峰：《架设东西方的桥梁——英国汉学家理雅各研究》，第 30-35 页。

为一位传教士是当时不少欧美青年所热衷的，他们是虔诚的基督徒。不过其中一些人不了解中国文化，他们有地域和文化优越感。理雅各年老时所写的反思是忧郁的，他的传教之旅饱受诟病直至生命尽头，原因在于其亲和中国文化，而这与他的非国教身份及苏格兰哲学背景息息相关。他在传教士中是孤独的，但在中国民众中得到了一点补偿，他与"影子队友"黄胜（Wong Shing）等中国人关系融洽，在民众中有很好的口碑。总之，其家庭背景、少年经历、社区信仰与哲学理念为其汉学研究埋下了伏笔。

去马六甲之前，理雅各由伦敦会安排去了伦敦大学（the University of London）的大学学院（the University College）学习汉语，拜学于修德（Samuel Kidd），地点是不列颠博物馆的阅览室（the Reading Room of the British Museum）。[1]修德是马六甲英华书院的前校长，任伦敦大学汉学教授，也是传教士，曾工作于槟榔屿、马六甲与新加坡。他撰写的《中国研究：符号、哲学、古风、习俗、迷信、法律、政府、教育与文学》（*China, or Illustrations of the Symbols, Philosophy, Antiquities, Customs, Superstitions, Law, Government, Education, and Literature of Chinese*）对中国文化做了全面介绍。修德在汉语和中国文化方面的积累给了理雅各重要的训练。美魏茶与他一起学习。修德每周上两三次课，一次一小时。中国的相关信息在当时的英国极其有限，他们手头的中文书不多，仅有马礼逊（Robert Morrison）编的大词典和《新约》译本，以及米怜带来的《论语》。尽管如此，他们的中文还是取得了不小的进步，他们不仅掌握了语言基础知识，也能通过查词典理解词义。理雅各后来清楚记得当年那些写错的汉字给他们带来的麻烦。虽说修德是伦敦会当时能找到的最高水平的汉学家[2]，但他终究不算大师级人物。根据理雅各回忆，课上有些文字问题修德一时也无法解答。可

---

〔1〕Gustaaf Schlegel, "Necrology-James Legge", *T'oung Pao*, Vol. 9, No. 1, 1898.

〔2〕Wong Man Kong, *James Legge: A Pioneer at Crossroads of East and West*, Hong Kong: Hong Kong Educational Publishing Co., 1996, p. 17.

见传教士出行前的培训并不够完备。但总体而言，通过学习打下的基础，对理雅各的汉语学习大有裨益，让他日后能与华人顺利交流。理雅各的语言天赋和既有语言基础始终发挥着作用，他说掌握拉丁语后再学现代语言就没那么困难了。[1]

启程前，理雅各做了体检，有个医生认为他不宜去远东，怀疑他有肺病，建议他去南海的海角疗养。另一个医生说他可以去广东，那里可经常到澳门疗养院疗养。[2]最终，理雅各还是按原计划出发了。

理雅各早有来华打算，但当时中国尚未对欧洲开放，因此理雅各只能先到马六甲。1839年7月，理雅各携新婚妻子玛丽（Mary Isabella Legge，原姓 Morrison）启程。他们先到巴达维亚（即印度尼西亚雅加达的旧称），然后乘船到新加坡，最后抵达马六甲。去巴达维亚途中，坐骑频频陷入松软的道路；在去新加坡路上，多日无淡水可饮。在苏门答腊，理雅各踩上地上十余根"烂木"，结果发现那全都是鳄鱼。一次，天气酷热难当，大家在岸边脱掉外衣，不想蚊虫如云团般涌来。次日，浑身肿痛难受的船长，对一点没受影响的理雅各说，看来理雅各就该生活在东方。五个月的艰苦跋涉后，1840年1月10日，理雅各夫妇终于到了马六甲。

在马六甲，理雅各过着清贫生活。他写道："至今我仍攒不下分文，恐怕以后也难以为继。""在马六甲也只能吃些米饭和煮熟或炸的鱼。我只能尽力做到收支相抵，让孩子们受良好熏陶，日后立足社会。作为忠诚的传教士，积累财富根本不可能。"更糟糕的是，理雅各一家还面临疾病和死亡的阴影。1840年夏天，马六甲暴发霍乱。理雅各的一位朋友害怕疫病，匆忙离开，但只跑到六英里外一处农舍就染病了，他草草地写了纸条给理雅各："派医生来"。送信的本地人怕黑等到天亮才出发。理雅各和医生收

---

[1] James Legge, *Notes of My Life*, pp. 57-59, 102-103.
[2] Linsay Ride, "James Legge—150 Years", pp. 3-4, 8-9.

010

到纸条立即赶去，进屋时那人似已死去。医生为他放血后说："把病人移到床上，看看还有没有可能救活。"理雅各搬动病人时自己也晕倒了，因为病人整晚无人看管，现场令人作呕。苏醒时，理雅各意识到自己被医生搬到窗边，医生猛抽烟斗，然后把烟斗塞到理雅各嘴里，说："快抽，今天早上的事，两个星期内别告诉您夫人。"

　　理雅各 1840 年 3 月 31 日在马六甲写的日记中提到自己工作繁重，卧床两周，妻子也面临死亡威胁，夫妇俩在异国他乡境况艰难，但还是挺住了。[1] 像马礼逊一样，理雅各首要任务是学习汉语和当地语言，同时展开语言研究。1841 年，他编写了 110 页的《英、汉及马来语对照词典：以闽南话和粤语俗语为例》（*A Lexilogus of the English, Malaya, and Chinese Languages: Comprehending the Vernacular Idioms of Hok-keen and Canton Dialects*），日后用作英华书院的教材。该书实用性强，体现了教学功能理念。此时，理雅各已经初步开展汉学研究和翻译工作，开始将基督教文献译为汉语。

　　理雅各到马六甲十个月后，因过度操劳，身体欠安，且面临天花的威胁，但他仍然专注于自己的事业。一位华人感染天花后无人照料，理雅各听闻后便陪伴病人数日。送饭者远远放下了食物，他则亲自取来喂给病人，直到病人康复。[2] 理雅各注重培养华人助手，其中何进善颇为出色。1842 年马六甲再次暴发霍乱，本地人花钱行迷信活动，意图"驱逐霍乱鬼"。理雅各编写了预防霍乱的小册子《就霍乱问题致马六甲华人的信》（"Letter Addressed to the Chinese Residents at Malacca, on the Subject of the Cholera"），由何进善帮忙分发。

　　理雅各任职于马礼逊创办的英华书院，这是当地第一所面向华人的新

---

[1] Helen Edith Legge, *James Legge: Missionary and Scholar*, pp. 11-12, 14-16, 21-22, 47.
[2] ibid, pp. 19, 23.

式学校。日常除传教、处理差会事务和研习汉语外，理雅各还投入大量时间和精力承担教学任务，同时管理英华书院印字局（印刷厂）。他在给兄长约翰的信中写道："我教 30 名年龄 10—16 岁的男生，另有 4 个青年。大多数学生态度和进步令人满意。我与他们交流思想，启发其心智，教他们自学。"[1]

1841 年 7 月 13 日，理雅各因信仰虔诚，在基督教世界与文字领域贡献显著，获纽约大学名誉神学博士称号。[2] 同年 11 月，他正式担任英华书院校长，从此一直为英华书院的发展而努力。

1842 年 8 月 29 日，《南京条约》签订，清政府割让香港岛给英国。1843 年 6 月，英华书院及下属印字局从马六甲迁往香港（选址在香港士丹顿街和荷李活道交界），马六甲英华书院实际上自此关闭了。随理雅各来港的还有华人信徒屈昂、印刷工人何亚新（又名何亚信，即何进善牧师之父）、何进善夫妇等。[3]

在马六甲，理雅各开展了汉学研究、布道传教、书院教育和报纸印刷等事业。理雅各虽随帝国主义炮火来港，但其动机在于传教，与政治经济无关，他在华的种种作为更彰显了这一点。[4] 理雅各与家人、学生在马六甲度过三年时间，其间始终与华人保持良好关系，其中马六甲英华书院学生何进善给他的印象尤其深刻。1839 年，理雅各到达马六甲时 24 岁，何进善 21 岁，三年之后，何进善能讲流利的英语，能阅读希腊文及希伯来文，能用英文翻译出版中国小说，理雅各则是他的编辑。这两个年龄相近，都有语言天赋的年轻人，自然有许多共同语言。何进善襄助理雅各

[1] Helen Edith Legge, *James Legge: Missionary and Scholar*, pp. 16-17, 19.

[2] Wong Man Kong, *James Legge: A Pioneer at Crossroads of East and West*, p. 28; Lauren F. Pfister, "Clues to the Life and Academic Achievements of One of the Most Famous Nineteenth Century European Sinologist-James Legge（AD.1815—1897）", p. 30.

[3] Brian Harrison, *Waiting for China, the Anglo-Chinese College at Malacca 1818—1843 and 19th Century Mission*, pp. 54-61, 142-143.

[4] 岳峰：《架设东西方的桥梁——英国汉学家理雅各研究》，第 37-43 页。

012

了解中国古经与当时的中国文化，理雅各则在学术上支持他，他们开始一起研究中国古典翻译。[1]1880 年，理雅各这样说道："在我和中国人相处的岁月里，因为我的任职，我对他们有越来越深的认知，我高度赞扬他们的现实精神和智慧。"[2]他从与他密切接触的一些中国人，像何进善、黄胜等人的身上，看到金子般的品质，他们也成了专业领域的佼佼者。理雅各把新教基督观念与苏格兰现实主义哲学信仰联系在一起，在与他交游的中国人身上看到了他们的品行和智慧、勇气和洞察力，这是发现中国智者的友谊桥梁。[3]

第三节　生活困境中的交游行善

理雅各初来香港时，当地的生活环境十分恶劣，当时香港在经济和治安方面都面临巨大挑战。不过，在华的交游为他的生活平添了不少乐趣，并助力了他的事业发展。理雅各深受苏格兰哲学的影响，倾向于相信上帝在古老的东方留下印记与启示，自然会结交当地人士。受非国教背景与自由教会思想的影响，他能以大爱对待当地民众，甚至敢于对抗英国主流社会的对华非善之举，从而赢得很好的口碑。

一、生活困境

出身富商之家的理雅各，从英国优越的生活环境来到条件恶劣的马六

---

〔1〕岳峰等编译：《翻译研究的跨学科方法——费乐仁汉学要义论纂》，第 46-47 页。
〔2〕James Legge, *The Religions of China: Confucianism and Taoism Described and Compared with Christianity*. London: Hodder and Stoughton, 1880, p. 306.
〔3〕岳峰等编译：《翻译研究的跨学科方法——费乐仁汉学要义论纂》，第 254 页。

甲，经历了艰难困苦。来华后，他面临更多问题。

首先，生活环境艰苦。在香港三十年，理雅各历经六次破坏性台风：1848 年 8 月 31 日至 12 月 1 日、1851 年 12 月 28 日、1852 年 10 月 17 日、1859 年 10 月间、1862 年、1864 年 6 月 6 日。[1] 理雅各乘坐的船曾因台风被困在海上五天。1848 年 9 月底，理雅各写道："本地罕见的大台风袭来。房顶掀翻，船只折桅或沉没。珠江一带至少千人死亡。一只载着官吏的小船沉没，28 人仅 6 人生还。一位受人尊敬的都头遇难，他是我亲自引导皈依基督教的。他 18 岁独子也溺亡，留下孀妇甚为凄凉。""那周三，我搭船去广东，行驶 25 英里后刮起台风。上帝保佑，附近有个小港，我们进入避了 30 个小时。我夫人直到第六天周一才知我下落。若非一开始就逆风，我们实是无处可避。"[2] 一次台风中，理雅各居所可见台风扫荡后沉没的桅杆，船上载有理雅各从英国购买的印墨，值 100 英镑，用于印刷其译著《中国经典》。

其次，治安堪忧。1841 年后各类人员涌入香港，对社会治安构成威胁，其中包括中国各地帮会、清朝叛乱分子、罪犯、破产流亡者甚至英国浪人。一位传教士写道："这里满是当地社会渣滓——小偷、海盗、各种卑鄙之徒，他们不敢留在中国政权管制地方；也有来自英国及其他地方的人，在故乡不敢行之事，在此可为所欲为。"[3] 理雅各来信说："遗憾，一些英国人因酗酒或劣迹被扔到香港，成了流浪汉。其中受过教育的富家后代因搞帮会弄得不可收拾。我得应对爱尔兰穷人，英格兰与苏格兰的穷人更糟。这些人本可做好事，在社会上有尚可的地位，却犯了各种罪。"理雅各第二任妻子汉娜记录："香港日益不安全。两个大公司的蒸汽轮船从广东运

---

〔1〕 Ernest John Eitel, *Europe in China: The History of Hong Kong from the Beginning to the Year 1882*, Oxford University Press, 1983; Hong Kong: Kelly & Walsh, Ltd., 1895, pp. 146, 175-176, 284, 350, 404.
〔2〕 Helen Edith Legge, *James Legge: Missionary and Scholar*, pp. 47-48, 58-59.
〔3〕 刘绍麟：《香港华人教会之开基》，中国神学研究院 2003 年版，第 57 页。

人来，每人收 10 钱。有时一条船可载千人。每天均在载人，不过许多人后来回去了。外出不结伴就不安全。在港外籍女士外出需带左轮手枪，子弹上膛后可射击五六次。""我们的医生沿西路回家时，两个人扑上来，朝他头部砍了三刀，抢了金表链。""我告诉理雅各会有人来抢他的表，他说：'亲爱的，没事。'"一次，理雅各被强盗袭击，不得不和要破门而入的歹徒对峙了半个小时。后来他们进不了门，就到山上生火，围着火狂舞一阵后离去。1867 年 1 月，香港发生严重爆炸案，停泊昂船洲（英文资料中为 Stonecutters Island）[1] 附近一艘船上的 80 吨炸药不知何故被引爆，爆炸声震天响，浓烟滚滚，巨浪滔天，附近几乎所有房屋被损毁。当时理雅各书房上了锁，结果气浪将门闩螺丝帽打弯。

理雅各是在中英《南京条约》签订后来香港的。鸦片战争后，当地人仇恨全体英国人，后来扩大到所有外国人。理雅各家人的日记中，多次记载他们遭遇冷落、投毒、袭击。理雅各去马六甲前，医生曾警告他，去东方是冒险行为。在马六甲学习汉语十个月后，理雅各就因过劳病倒。到香港后，理雅各在日记中记下发烧等病症。在港期间，理雅各因自己和家人健康等原因于 1846—1848 年、1857—1858 年、1867—1870 年三次返英。1846 年，理雅各高烧不退，不得不与妻女返英休假。[2] 1848 年春，理雅各与家人乘船重返香港。离开新加坡时，船上起火，理雅各指挥男乘客灭火。1864 年在香港，理雅各再度陷入健康危机，两眼无神，声音嘶哑，体力不支。理雅各在香港至少三次受伤，包括摔伤。

理雅各的五个家人先后去世，两子夭折于马六甲。1848 年 9 月，四女儿安妮·默里（Anne Murray）死去。1852 年 10 月，第一任妻子玛丽病逝。玛丽去世前，理雅各陪她到新加坡治疗，原想就此回苏格兰，但她暂时好

〔1〕Helen Edith Legge, *James Legge*: *Missionary and Scholar*, pp. 48, 135,138, 166, 173.

〔2〕ibid, pp. 42, 49, 56, 113.

转，于是他们立即返回香港，不料玛丽却死了。1853 年，理雅各把三女儿送回苏格兰读书，最小的女儿艾玛·弗儿杰（Emma Foulger）也死了[1]，理雅各独自留港。1870 年，因第二任妻子汉娜病重，理雅各送她回国。当时她已在香港陪伴理雅各近十年。[2]

理雅各出身环境优越，但他一直经历危机与磨难，逆境没有击垮他，相反他愈发坚强坚韧，这种性格为他艰辛的事业铺平了道路。[3]

二、在华交游

理雅各十分注重与华人的关系，交友广泛。这些人中有不少是理雅各的助手，后来受理雅各影响而放弃旧思想，走上社会改革的道路。

（一）理雅各与何进善父子

理雅各早在马六甲时就想培训中国助手，他觉得本国人之间可像兄弟般交谈，热情、随意而毫无偏见。他选中了广东人何进善。何进善早先在主教学校（Bishop's College）学英语及其他课程。为谋生，何进善曾在药店工作。来英华书院时，何进善已年过二十，英语基础好，对中国经书也较熟悉。[4]理雅各教何进善希伯来语、希腊语和英语，历时三年，也教他西方科学，尤其是历史和自然科学。1840 年，何进善在英华书院教书，是理雅各忠实的工作伙伴，也是唯一的汉籍主讲教师。理雅各翻译《中国经典》时得到何进善帮助。1861—1865 年，理雅各翻译《书经》，要求何进善将其翻译成英语，以备参考。

理雅各与何进善一起出版的首部作品是一本粤语小说，先由何进善

〔1〕Lauren F. Pfister, "The 'Failures' of James Legge's Fruitful Life for China", *Ching Feng*, No. 4, 1998.
〔2〕Lauren F. Pfister, "The Legacy of James Legge", *International Bulletin of Missionary Research*, 1998（2）, p. 78.
〔3〕岳峰：《架设东西方的桥梁——英国汉学家理雅各研究》，第 44-50 页。
〔4〕李志刚：《基督教早期在华传教史》，台湾商务印书馆 1998 年版，第 212 页。

翻译，后经理雅各编辑。1844 年出版的《登山宝训》(《马太福音》5-7)
中文注释本，这个文本被何进善收入他 1855 年出版的《马太福音注释》
第一版中。在该书序言中，何进善将"英国人理雅各先生"称作编辑校
订者，在他有疑问时，理雅各多次给予特别鼓励。何进善去世后，理雅
各在其手稿及出版的著作中，记录了他们如何在一起研究中文布道大纲
和经文，其中也提到何进善的文风为中国读者所认可。[1]

何进善之子何启(Ho Fuk-Kai)，字沃生，原名何神启。1870 年，何
启曾在香港中央书院就读。该校是理雅各建议香港政府创立的第一所官立
中学，注重英语培训，为本地培养官员及经商人才。[2]何启留学英国返港
后，用亡妻雅丽氏(Alice Walkden，英国人)遗产创办了香港雅丽氏医院
(Alice Memorial Hospital)，这是他最重要的慈善事业。[3]何启曾师从孙中
山，是香港名绅、19 世纪下半叶著名华人领袖、杰出的改良派思想家，对
香港政治与社会贡献显著，获英政府授予的爵士勋衔。[4]他著有《中国宜
改革新政治议》《中国改革之进步论》等书，主张民主，提倡设议院以保
障公平，认为这样国家才能长治久安。这种言论当时确属先知先觉。

(二)理雅各与洪仁玕

洪仁玕是太平天国第二号人物干王，也是名显一时的改良者。在洪
仁玕一生中，除为他洗礼的德国巴色会瑞典籍传教士韩山文(Theodore
Hamberg)外，理雅各对他影响极大。理雅各是洪仁玕赴太平天国前在香
港的主要庇护者。理雅各与洪仁玕多年交好，对他颇为钦佩。[5]理雅各说

〔1〕岳峰等编译：《翻译研究的跨学科方法——费乐仁汉学要义论纂》，第 61 页。

〔2〕Wong Man Kong, *James Legge: A Pioneer at Crossroads of East and West*, pp. 49-79.

〔3〕Carl T. Smith, *Chinese Christians: Elites, Middlemen, and the Church in Hong Kong*, Hong Kong: Oxford University Press, 1985, pp. 129-132.

〔4〕王志信：《道济会堂史》，基督教文艺出版社 1986 年版，第 13-15 页。

〔5〕Helen Edith Legge, *James Legge: Missionary and Scholar*, p. 92.

洪仁玕是"他所见最亲和、最多才多艺的华人"[1]，是他唯一"勾肩搭背走路"的朋友，"每想起他都充满敬意与遗憾"[2]。洪仁玕的《资政新篇》也提及与理雅各的交往，他们对彼此的影响很深。1864年，理雅各听到洪仁玕被判死刑的消息，极度悲痛。[3]

洪仁玕的《资政新篇》在思想领域独树一帜，提出基于"西艺"和"西政"的政治改革与社会改革举措，意义已超出太平天国运动，揭示19世纪五六十年代中国近代化的时代要求，如政治上下通情、实施地方自治、设立民意慈善机构、发展新闻舆论、兴办交通、奖励技艺发明、办银行发行纸币、禁止颓风败俗、崇尚科学发明等近代化主张。[4]这展现了他的政治头脑，也体现了理雅各对他的影响。

洪仁玕对基督教和西方文化的认识远超洪秀全等人。如容闳所说，洪仁玕"居外久，见闻稍广，故较各王略悉外情，即较洪秀全之识见，亦略高一筹，凡欧洲各大强国所以富强之故，亦能知其秘钥所在"[5]。洪仁玕的《资政新篇》无疑体现了当时华人对西方最高水平的认识，这在相当程度上应归因于他在香港与理雅各等人的长期交游。1852年4月至1858年6月，洪仁玕在香港和上海广泛接触西方文明，思想观念发生重大变化，由具有反传统意识的乡村知识分子转变为改良主义思想家。理雅各与黄胜主持的《遐迩贯珍》也对洪仁玕的理念有影响。理雅各等人传授洪仁玕西学知识，提供稳定教职以维生，使他能考察香港，感受西方文化给香港带来的巨变。在这方面，洪仁玕与王韬有类似经历。

（三）理雅各与黄胜

黄胜，字平甫，1826年（一说1827年）生，广东香山人，是何启的

---

[1] James Legge, "The Colony of Hong Kong", *China Review*, 1:3（1872—1873）, pp. 119-121, 172.

[2] James Legge, *Reminiscence*, 新波德雷安图书馆档案编号：ms.eng.misc.c.812, pp. 12-15.

[3] 岳峰等编译：《翻译研究的跨学科方法——费乐仁汉学要义论纂》，第48页。

[4] 顾卫民：《基督教与近代中国社会——来华新教传教士评传》，上海人民出版社1996年版，第169页。

[5] 史静寰、王立新：《基督教教育与中国知识分子》，福建教育出版社1998年版，第151、154、155页。

018

亲戚。[1] 黄胜是伦敦会牧师和信徒，曾在耶鲁大学就读，是第一位从美国大学肄业的华人，因精通英语、笃信基督教及留美背景而被香港政府看重。黄胜在香港华人中有一定影响力，在中国报业史和西学东渐史上有相当的地位。[2]

黄胜与理雅各的关系更多的是体现在合作上，如协办《遐迩贯珍》，协助翻译《中国经典》和辅助传教。由于他的信仰、努力、影响力以及对中英语言的掌握，他本有很多机会，但出于信仰，他把更多精力投入教会事工，而非追求地位和财富。他对改良思想的引入和中国报业发展的贡献，对中国近代化进程发挥了一定作用。他的儿子黄咏商是孙中山早年的追随者，曾参与组建香港兴中会。

（四）理雅各与王韬

理雅各最大的成就是翻译，他与中国流亡学者王韬的合作是翻译史上的一段佳话。翻译《诗经》期间，理雅各曾向王韬请教，在翻译其他儒家经典时也是如此。据记载，理雅各在 1871 年的一封信中称："我每月需向当地助手王韬支付二十元。有时整整一周都不需求教，为节省开支，时而也想不用他。但需要之际则非王韬不可，尤其翻译诗方面，他对我极为有益。顶尖学者使我获益匪浅，在此地，他是无人能及的助手。"[3] 在《诗经》译本序言中，理雅各对王韬的辑录颇多称赞，比如对《毛诗集释》，他写道："此书尚属手稿，系我友人王韬特为我准备。全书无相关资料，亦无注释。然王韬仍尽力搜集了 124 部作品，其中几乎没有一种专门评注《诗经》。我能完成此书，在很大程度上应归功于王韬的襄助。"[4] 由此可见王韬收集资料的仔细全面，他们合作之默契。此外，理雅各曾带王韬访问英国，详见下文。

〔1〕陈学霖：《黄胜——香港华人提倡洋务事业之先驱》，《崇基学报》1964 年第 5 期，第 226-231 页。

〔2〕李志刚：《基督教与近代中国文化论文集》，宇宙光出版社 1989 年版，第 161 页。

〔3〕Helen Edith Legge, *James Legge: Missioanry and Scholar*, p. 43.

〔4〕James Legge, *The Chinese Classics*, Vol. 4, p. 176.

（五）理雅各在华交游的其他情况

1845 年，理雅各带了自己的三名中国学生到英国，他们是吴文秀（Ng Mun-sow）、李金麟（Lee Kim-leen）与宋佛俭（Song Hoot-kiam）。[1]他记述道："我返乡时还带回三个中国小伙子。他们应像其他孩子一样上学，我主要目的是让他们学英语，会说会读。"他们在英国两年，引起英国社会的关注。在此期间，维多利亚女王在白金汉宫接见了理雅各师生。理雅各在日记中写道："今天首先见的是王子阿尔伯特（Albert），他单独与几个中国青年在一起……女王和皇室非常友好，让人愉快。王子很英俊潇洒，绅士风度。女王很讨人喜欢，身材娇小，穿着简朴不张扬，时常微笑，你会忘记自己是在与女王见面。学生们很惊讶，因为他们原以为会见到一位穿着华丽、头戴王冠、珠光宝气的女王。但看似平常的女王，行为举止仍透着高贵气质。我们所谈皆是关于中国和三位学生……总之，会面令人愉快。"[2]

理雅各也接触囚犯。1866 年，狱官写信给理雅各，说一些死囚的犯罪证据存疑，理雅各觉得应该调查弄清。根据他获得的证据，其中一个囚犯是无辜的。在繁忙事务之余，理雅各抽空调查此事。他在日记中写道："8 月 2 日，从早到午我一直在思考如何组织材料，要向香港政府办公室秘书递交一份长篇陈述。""8 月 8 日，几乎整夜未眠，凌晨四点半起床，五点去监狱。九名死囚中七人已处决，剩两人缓期处决。"1870 年，理雅各在日记中记述与囚犯的接触。从这些资料看，理雅各在囚犯问题上下了不少功夫。[3]

理雅各也与在华外籍基督徒有联系。伦敦会一位秘书提到一个外国人落难后来到理雅各香港家中受到礼遇。当时理雅各打开所有柜子的抽屉对

---

[1] 高时良主编:《中国教会学校史》, 湖南教育出版社 1994 年版, 第 46 页。

[2] Helen Edith Legge, *James Legge: Missionary and Scholar*, pp. 52, 56-57.

[3] ibid, pp. 150, 157, 159, 161-162.

他说："这些都是你的，要什么拿什么。"那人说自己永远也忘不了这事，但理雅各早已把它忘得一干二净了。一位罗马教信奉者非常崇敬理雅各，虽然他们信仰不同。他还曾请求与理雅各探讨基督教。他尽管最后没有改教，但始终对理雅各的帮助心存感激。25年后（1886年），他来信祝贺理雅各七十华诞，信中写道："我每天都对您给我的帮助心怀感激。"理雅各的一个学生去世不久，学生父亲来信对理雅各说其子非常爱戴理雅各，衷心感谢理雅各的帮助。理雅各在香港的一位朋友来信道："对那位亲爱的教授（指理雅各），我能说什么呢？每每想起他，心中满是感激之情，无以言表。若不是42年前他给予我父亲般的爱，我今天不可能这样尽力报效社会。"[1]这些小事印证了理雅各的人品与师德。

太平军进攻上海时，不少民众流离失所。理雅各一家也做了接待难民的工作："一个年轻人从上海来。他启程时，上海郊区一片火海……我们等待一船女难民过来。"[2]汉娜也做过照顾当地人的事："阿姚（A-yaou）的母亲病重，发高烧。我用醋水给她擦身和换衣服。我找不到其他人来做这事，因为当地人对死亡很迷信。"

理雅各使相当数量的华人皈依入教，其中也有比较特殊的人，比如道教徒和囚犯，这令人深思。理雅各接纳信徒十分审慎，不发展吸食鸦片者入教，不取得他信任者不施洗。理雅各带领的教会对基督徒严格管教，劝善戒恶，信徒行为不端会被除名，因此不存在"吃教"现象。发生教案后，理雅各冒险解决问题，不动武报复。不少华人教徒积极参与教会事工，理雅各尊重他们的工作。理雅各把在华外籍人士也作为其工作的对象，这有利于维护社会秩序。理雅各发展的基督徒中有一些受其影响成为颇有建树的社会改革人士，如黄胜、王韬、洪仁玕、何进善父子等，他们由于推崇

---

[1] Helen Edith Legge, *James Legge: Missionary and Scholar*, pp. 65-67, 102, 155-156, 162, 165-166, 224.
[2] ibid, pp. 122, 126-127.

先进思想而抛弃天朝观念和传统儒学腐朽成分，提倡并追求新思想，崇尚新科技，创办中国近代报刊，初步表现出对代议制的热情，这对中国近代化进程颇为有利。如诺曼·吉拉多特（Norman J. Girardot）所说，理雅各与华人基督徒的交往相较于与西方人的接触更有意义。[1] 1873 年，理雅各告别香港，人们称赞他是"典范"，其传教工作"新颖动人，温馨难忘"[2]。从整体上看，理雅各的传教生涯和交游对当时中国社会有着积极作用。[3]

在理雅各的传教和翻译生涯中，许多人功不可没。何进善是他长期的合作者，他们的合作关系从 1840 年一直持续到 1871 年何进善去世。另一位是传教士湛约翰（John Chalmers），他为理雅各整理大量索引并撰写部分《中国经典》序言。最大的帮助来自中国学者王韬。理雅各资助王韬及其家人，使其能完成《诗经》《左传》《易经》《礼记》的注释。这些工作在 1873 年理雅各回欧洲之前就已完成，也为理雅各的注释提供了参考。理雅各和伦敦差会董事经过努力，终于在 1873 年把在英华书院出版的《中国经典》第一版作为礼物送给王韬和黄胜，因为这一版就是由英华书院在香港出版的，以此感谢 19 世纪 60—70 年代辛勤工作的同事和帮助过他的人，此举具有开创性。[4]

理雅各交游的几个华人助手能够检查到文本和注释的问题，而这正是理雅各在翻译的过程中急需的。考察理雅各与华人的交往，在一定程度上帮助我们看清他为什么能完成中国古经翻译这一艰巨任务。这些人也让理雅各真正佩服当地人的精神与知识层面。1843 年，理雅各在香港邂逅了一位在市区北边工作的高官、广东举人罗仲藩，这是他第一次结交儒家学者。

〔1〕Norman J. Girardot, *The Victorian Translation of China: James Legge's Oriental Pilgrimage*, Berkeley: University of California Press, 2002, pp. xvii, xxi.

〔2〕Helen Edith Legge, *James Legge: Missionary and Scholar*, p. 163.

〔3〕岳峰：《架设东西方的桥梁——英国汉学家理雅各研究》，第 59-88 页。

〔4〕张西平、〔美〕费乐仁：《理雅各〈中国经典〉绪论》，见〔英〕理雅各编《中国经典》第一卷，华东师范大学出版社 2010 年版，第 21 页。

罗仲藩当时才 25 岁，理雅各 27 岁。这次相遇给理雅各留下了非常深刻的印象。[1] 不久，理雅各有机会买到罗仲藩的两部学术作品，其中一部与宗教有关，解读旧版《大学》中的"上帝"。理雅各经常引用和评述罗仲藩对儒教经文的注释。[2] 理雅各与华人的交往是颇有心得的，这也使他对在华的各种目标充满信心。[3]

三、报效信仰

说理雅各为英国政府效力是不恰当的。1865 年，理雅各受邀参加香港政府茶会时发言说："我一看到'效忠女王'的信件就很不舒服。"理雅各不是民族主义者[4]，他敢于抨击英国政府的不正义之举。他的经历表明他报效的是信仰，为信仰行善。

（一）保护中国民众

英国动用武力进入中国是理雅各不愿见到的。他说："我时常想起一句话，说这个世界上许多国家的统治者缺乏智慧。的确如此，许多战争毫无意义。"他不断设法保护当地民众。1861 年冒险解决博罗教案前，他仍嘱咐英领事勿用武力报复。他曾花大力气，用 60 多元营救一个被绑架的中国孩子。

1847 年（道光二十七年），广州黄竹岐村民打死滋扰作恶的英兵六人。1848 年 1 月，港督德庇时乘军舰来广州威吓。为避免冲突，理雅各联合士绅向港督请愿不要动武，成功阻止了战事。[5]

〔1〕James Legge, *The Chinese Classics with a Translation, Critical and Exegetical Notes, Prolegomena, and Copious Indexes*, Vol. 1, Oxford: The Clarendon Press, 1895, pp. 25-26, 33.

〔2〕张西平、[美] 费乐仁：《理雅各〈中国经典〉绪论》，见 [英] 理雅各编《中国经典》第一卷，第 20 页。

〔3〕岳峰等编译：《翻译研究的跨学科方法——费乐仁汉学要义论纂》，第 254 页。

〔4〕Lauren F. Pfister, "Clues to the Life and Academic Achievements of One of the Most Famous Nineteenth Century European Sinologists—James Legge（A.D.1815—1897）", p. 193.

〔5〕Helen Edith Legge, *James Legge: Missionary and Scholar*, pp. 58, 65-67, 89-90, 166, 172.

1852 年，理雅各与几个朋友到广东金利埠（今广州沙面），即合信医生（Dr. Hobson）开设医院之地。当时广东南部发生农民起义，为清军所败，此后清军在附近烧杀抢掠。理雅各等人来到一座大庙时，村民带了一个老人来到理雅各跟前，老人耳朵被削，家里的房子也被烧了。理雅各告诉老人，合信的医院可以救助，老人要前往，但没有船夫肯带他过河。理雅各于是从墙上摘下一块牌子，用铅笔写上汉字："船夫，请将这老人送往金利埠医院，到英医生处，他会慷慨感谢你的。"签名："凭一个英国人的信用。"同时他也给合信写了便条。那天下午，合信医院果然见到船夫将老人送来。合信收留了这位老人，尽了力，但不幸的是，老人已无法救治。[1]

（二）反对鸦片贸易

英国政府与印度政府在近代历史上对中国人犯下的一大罪行就是鸦片贸易。鸦片贸易激起许多社会人士的不满，其中包括不少西方人，而理雅各正是西方人中极其活跃的反鸦片代表。理雅各很早便加入反鸦片贸易协会，被人称为"疯子""傻子"。1872 年，理雅各在香港公开演说反对鸦片和苦力贸易。[2] 1873 年返英后，理雅各更加强烈地谴责鸦片贸易。他在演讲中说："我在中国人中间生活整整 30 年，听过成千上万来自各阶层的证言。我清楚鸦片这祸害给百姓、环境还有健康带来的灾难。我看到许多家庭因子女吸食鸦片上瘾而遭受痛苦，也知道有人走向自杀。我从一开始就加入反鸦片贸易协会。"

1888 年，理雅各开设基督教在华传教史讲座，再次强调鸦片贸易是"强加给中国人最令人不快、最大的错误"[3]，"毫无疑问，鸦片给中国带来灾难，不仅危害健康，简直是祸害。我听过在华外国人为鸦片贸易辩护，但未曾听到过一个中国人或染上鸦片瘾者说鸦片有益。鸦片对人的

〔1〕Helen Edith Legge, *James Legge: Missionary and Scholar*, pp. 80-82.

〔2〕James Legge, "The Colony of Hong Kong", p. 175.

〔3〕Helen Edith Legge, *James Legge: Missionary and Scholar*, p. 226.

身心极具破坏力"。"鸦片的伤害日益加深，对穷人的损害尤甚，吸食者
往往憔悴不堪，面如土色。你若说他正在自杀，摧残父母妻儿，他会全
然承认。但这种话语毫无助益，只能眼睁睁地看着这个可怜的吸食者加
速走向死亡。"

（三）抗议英法联军镇压太平军

1862 年，理雅各的一封信在英国公开发表，他在信中抗议戈登
（Charles G. Gordon）率领的英法联军（即洋枪队）镇压太平军的行为。
之前英国在清朝与太平天国对立中保持中立。但太平军进攻上海等城市时，
英国害怕太平军威胁其商业利益，不再中立，于是展开军事行动。对此，
理雅各说："我们与太平军交战的行径令人痛心……那些可怜的百姓处境
更是糟糕，成千上万人流离失所，没有食物，时有霍乱暴发。上月仅三天
就有 900 人死亡。"[1]

理雅各身为英国传教士，却反对英军参与镇压太平天国，尽管太平天
国在理论上已与基督教传统教义渐行渐远。其中因素复杂，但他至少不愿
目睹那么多平民丧生。他批评英国的军国主义，认为它不如儒教提倡的仁
政；他反对鸦片贸易，厌恶商人的贪婪。[2]

（四）排忧解难，热心公益

理雅各在华期间发起过多次公益活动。他曾在日记中写道："每天都
有些遭难的人来求助。一个家庭急需帮助，我要筹两三百元帮他们维持生
计，摆脱困境。不到两个小时我已募得 170 元，其中 160 元是苏格兰人捐
的，数额都很小。"

1865 年，基于其公益贡献，理雅各受邀出席香港政府茶会，他说：
"香港政府应在民众中普及影响深远的教育。多年来我曾与历任港督讨

---

[1] Helen Edith Legge, *James Legge: Missionary and Scholar*, pp. 96, 99-100.
[2] 岳峰等编译：《翻译研究的跨学科方法——费乐仁汉学要义论纂》，第 293 页。

论此事。建议被逐步采纳，我对此满意。在前任港督罗便臣（Hercules Robinson）任内，该提案执行得相当成功。"理雅各认为教育是香港当前的大事，也强调推广汉语的重要性，以及对囚犯进行宗教教化的必要性。

1866 年，香港发生罕见大火，许多店铺化为灰烬，上千人无家可归，损失超过五十万元。当时无消防队，水源也不足，香港居民只能把大水缸置于房顶接水以防万一。第二周，理雅各与助理牧师何进善用中文去信劝当地商人捐助灾民。理雅各一个上午拜访了两三百家商铺，多数受到礼遇。有人一见他就认出这位"精通中国古经的大学者"。理雅各说："若不管这事，我有负罪感。"

1871 年 2 月，理雅各联合不同国籍的传教士及部分商会，组织上千人签名请愿取缔赌场。当时赌场合法，为香港政府带来可观收入。2 月 21 日，香港政府收到 316 人签名的英文请愿书。3 月 6 日，再收到 945 人签名盖章的中文请愿书。其实，理雅各反赌行动早在 20 多年前就已开始。他主持的《遐迩贯珍》1855 年第 8、9 期刊登过中国读者投稿，如《赌博危害本港自当严禁论》等稿件。

1873 年，理雅各游历中国北方，与一名官员谈到黄河问题。理雅各认为政府应疏浚河道、修筑堤坝。官员说河床淤沙导致泛滥，今年疏通来年再淤。理雅各说那就应每年定期清理。[1]可实际上，当时的清政府根本无力执行理雅各建议的系统工程。那年理雅各返英后再无机会返回中国，但1878 年他为一慈善组织翻译，再次提醒英国人中国正发生饥荒。[2]

理海伦称理雅各是"勤奋的学生、作家、公众人士、监狱与军队的牧师、困苦者的慰藉者、大家的朋友、心胸开阔的传教士"[3]。这与史实

〔1〕Helen Edith Legge, *James Legge: Missionary and Scholar*, pp. 157, 166-168, 179.

〔2〕Lauren F. Pfister, "Clues to the Life and Academic Achievements of One of the Most Famous Nineteenth Century European Sinologists—James Legge（A.D.1815—1897）", pp. 185, 193.

〔3〕Helen Edith Legge, *James Legge: Missionary and Scholar*, p. 155.

026

相符。他在华有广泛的交游，是大家的朋友。[1] 我们应重视的是他在华行
为利国利民。在上文我们反复强调理雅各很特别的宗教背景、非国教的家
庭背景、自由教会的社区环境、苏格兰哲学的理念，这些都使他亲和中国
人，后面发展到亲和中国文化，拥抱孔子等先贤。他对中国文化的爱慕使
他颇为孤立，无论是在传教士圈子中，还是在清政府一败再败的国际话语
体系中。

第四节　推进报业与教育近代化

　　理雅各在香港办报不受清政府干预，便于他把西方报业的现代意识注
入当地报业，从而促进中国报业的发展并刺激社会的近代化转型。理雅各
在英国时接受过两种教育：一种是神学教育，另一种是他经历更多的世俗
教育。他和其他青年一样有过就业谋生意识。当时中国教育主要是旧式的
科举教育，还有就是传教士办的神学教育，理雅各把两者结合起来再对接
当时社会的需要。他在有了教育话语权后，就开始推行他的教育理念。很
难想象一个传教士能把教育往世俗的道路上引导，他那世俗教育与神学教
育并存的西方理念极大地促进了中国社会的近代化转型。

一、理雅各与中国报业

　　《遐迩贯珍》是香港的第一份中文期刊，也是中国首份中文铅印报刊，
有中国报业发展的先驱刊物之称。该刊由伦敦会传教士、汉学家麦都思
（Walter Henry Medhurst）创办。"遐迩"即远近之意，"贯"为联络贯

〔1〕岳峰：《架设东西方的桥梁——英国汉学家理雅各研究》，第 50—59 页。

穿，"珍"指珍闻，"遐迩贯珍"可解释为将远近的重要讯息编成一册。[1]
《遐迩贯珍》的中文名蕴含了报刊创办的初衷——传递讯息。它创办之初
旨在向中国人传递西方信息，此举既有利于开展传教工作，又便利两国互
通商贸。

《遐迩贯珍》于 1853 年 8 月创刊，为 16 开本，每期 3000 本，每本售
价 15 文，每月 1 日在香港、广州、厦门、福州、宁波、上海等通商口岸发
行，总共出版了 33 期。该刊的所有文章均用中文撰写，除了刊登中文目
录，还设有更为详尽的英文目录，以供在华欧美人士浏览。该刊影响广泛，
颇受读者喜爱。曾国藩幕僚赵烈文曾将他收藏的全套《遐迩贯珍》，作为
了解西学的知识读物借给他的知识界朋友。[2]还有十多册《遐迩贯珍》的
原件和少数手抄本典藏于日本的图书馆中。

在《遐迩贯珍》发行的三年时间里，报刊主编几经更迭。创始人麦都
思因事务繁忙，将编辑工作转交给女婿奚礼尔（Charles Batten Hillier）。
奚礼尔因要出任泰国领事，又将报刊交接给理雅各，因为他认为理雅各汉
语功底深厚，深谙中国典籍。从 1855 年起，理雅各担任《遐迩贯珍》的
主编工作，直至停刊。理雅各接手《遐迩贯珍》后对其进行了改革，提高
了新闻时事的比重。先前的《遐迩贯珍》主要刊登专文论述，比例高达九
成。理雅各担任主编后，将每期的时事占比提高至总篇幅的三分之一甚至
一半，刊登内容包括民事诉讼、民间活动、清廷大事、治安状况等中国时
事。该刊从 1855 年 1 月到 5 月刊载的时事如下：1855 年 1 月：《近日杂报》；
1855 年 2 月：《近日杂报》《论〈遐迩贯珍〉表白事款编》；1855 年 3 月：
《近日杂报》《出游外国论》《唐人住真查洲雇工论》《三港生意兴败论》
《省城新闻略》《上海新闻报》《欧罗巴新闻略》《京报》；1855 年 4 月：

---

[1]［新加坡］卓南生：《中国近代报业发展史：1815—1874》，正中书局 1997 年版，第 82 页。
[2] 熊月之：《西学东渐与晚清社会》，上海人民出版社 1995 年版，第 146 页。

028

《近日杂报》《上海新闻报》《欧罗巴新闻略》《杂说论》《马加列船搭客
受枉事论》《公使包今往暹罗事纪》《清远等处杂报》《省城西关惠爱医馆
报》《上海报捷奏稿》《旧金山新闻略》；1855 年 5 月：《近日杂报》《香
港人数加多》《幼男多于幼女论》《西游闻见略》《欧罗巴新闻略》《洋货
时价本地货时价》《佛郎西国烈女若晏记略》《厦门道术报》《旧金山正埠
中国客商会馆分启》《京报》《遐迩贯珍告止序》。由此可见，《遐迩贯珍》
1855 年的前两期对时事报道相对较少，之后刊登的时事内容大幅增加。值
得一提的是，它之后还刊登过《赌博危害本港自当严禁论》等读者来稿。
这意味着，它可能是最早登载读者来信的中文报刊。

　　理雅各增设了广告版面。《遐迩贯珍》前期的经费有三大来源：一是
马礼逊教育协会（The Morrison Education Society）的有限补助；二是欧美
人士偶尔的资助与订购；三是微薄的报费收入，即每期 3000 份刊物，每份
入账 15 文。《遐迩贯珍》的运转需要大笔资金支持，理雅各接管报刊后增
设广告版面，以此补贴开支。此举首先提高了报刊的收益；其次使欧美商
人资助报刊运营，因为《遐迩贯珍》刊登一些商务广告，有利于他们发掘
商机。《遐迩贯珍》首创利用广告增加创收之先河，这项创新表明它已开
始突破传统，"向近代化报纸的方向发展"[1]。《遐迩贯珍》1855 年 5 月到
7 月三期的广告内容摘录如下：1855 年 5 月：《未士店臣启承买卖》《圣保
罗书院招生徒告帖》《火船往来省城澳门香港告帖》《火船晏告帖》；1855
年 6 月：《未士店臣启承买卖》《火船往来省城澳门香港告帖》《圣保罗书
院招生徒告帖》《士柏间顿两只轮船告帖》《何罗威膏药药丸告帖》；1855
年 7 月：《未士店臣启承买卖》《火船往来省城澳门香港告帖》《何罗威青
药药丸告帖》《牙医启帖》。

　　理雅各还注重传递丰富的新知。《遐迩贯珍》除了刊登新闻与广告，

---

[1]［新加坡］卓南生：《中国近代报业发展史：1815—1874》，第 98 页。

还登载各种信息，包括医学、航海、地理、自然科学等资讯，其中自然科学内容较多。这类文章一般转载自传教士的著作或游记，努力向当地人传递西方知识。《遐迩贯珍》部分新知内容如下：医学：《身体略论》《面骨论》《脊骨肋骨等论》《手骨论》《尻骨盘及足骨论》；航海：《西方火船》《火车》《电器》；地理：《续日本日记终》《地理撮要》《续地理撮要论》；自然科学：《续生物总论》《货船画解与照船灯塔画解》《英华月闰日歌诀》；社会科学：《美国的三权分立制度》《大英主后编音》《新旧约书为天示论》。

清政府在鸦片战争中被英国坚船利炮轰开了国门，《遐迩贯珍》刊登的有关航海方面的信息，如西方火船、火车、电器，吸引了大批渴望了解西方新科技的中国读者。此外，清朝闭关锁国导致当时的中国人对世界地理知之甚少，《遐迩贯珍》通过游记形式对世界各大洲进行详细介绍，拓宽了中国人封闭的视野。清朝末期有华人到美国、大洋洲谋生路，《遐迩贯珍》对旧金山和新金山（即墨尔本）的介绍也让这类百姓受益。

理雅各对《遐迩贯珍》的整改稳定了报刊运营，增加了收益，又使刊物内容更加充实，更具特点，上至达官显贵，下至庶民百姓，皆乐于阅读。然而好景不长，1858 年 5 月，《遐迩贯珍》发布《遐迩贯珍告止序》（"Notice of the Discontinuance of the Serial"）停刊。《遐迩贯珍告止序》载："特因办理之人，事务纷繁，不暇旁及此举耳。"据此推测停刊大概是因为人力不济。《遐迩贯珍》的主编理雅各和主要负责人黄胜都事务繁忙。理雅各不仅要传教、打理教务，还要研究中国古籍的翻译，其劳碌程度可想而知。事后理雅各对于停刊之事感慨道："叹三载之搜罗竟一朝而废弛也。"

《遐迩贯珍》是中文报刊史上的创举。主编理雅各虽然是传教士，但该刊宗教内容不多，时事新闻和评论多而新，新闻、短讯、评论、广告均

030

已出现，凡此种种，都是近代化的气息。[1]

二、理雅各与香港教育

　　鸦片战争后英国占据了香港，传教士接踵而至，在香港建校传教，理雅各就是其中一位。1843 年，理雅各将马六甲英华书院迁入香港，并担任首届校长，之后计划将书院发展为高等教育学府。但他向香港政府申请拨地扩建学校时却遭拒绝，部分原因在于香港政府需要各学校贡献翻译人员时，英华书院未及时提供人才。理雅各筹备高等学府的希望落空后，于 1844 年将英华书院改为英华神学院（The Theological Seminary of the London Missionary Society in China 或 Anglo-Theological Seminary），以此培养华人传教士。但神学院的办学目的并未达到。该学院学生多为穷人子弟，来校学习在于求得有地方落脚，解决温饱问题。不少学生寻得去处就中途辍学了；即便有学生坚持完成了学业，也很少从事牧师工作，而是进入商业公司，获取更多利益。教会赞助商对学生的就业情况颇不满意，便停止赞助神学院。理雅各开办 13 年之久的英华神学院于 1856 年关闭。

　　从英华书院到英华神学院，理雅各的办学目标虽然一再落空，但其教育理念却颇具现代化色彩，主要体现在以下两个方面。

　　一是以中英双语进行各学科教学。理雅各主持编译教学用书《智环启蒙塾课初步》（Graduated Reading: Comprising a Circle of Knowledge, in 200 Lessons），全书共 200 课，从易到难，循序渐进，包含数学、地理、物理、贸易、社会科学等全方位知识，并以中英对照形式呈现。该课程不仅教授学生英语，还科普各类新知识。对于只熟读"四书""五经"的清朝学子

---

[1] 岳峰：《架设东西方的桥梁——英国汉学家理雅各研究》，第 119-130 页。

来说，这类课程无疑帮助他们开拓视野，启蒙思想。此书被香港政府作为标准教材推广，还传入日本，被多所学校指定为教科书。

二是开办女子学堂。晚清之前，"男尊女卑""女子无才便是德"的女性奴化思想一直根深蒂固，社会剥夺了女子学习的权利；19 世纪的英国对女子受教育也持同样态度。但理雅各提倡女子接受教育，并授意妻子玛丽创办英华附属女子学校（Ying Wa Girls' School），这是中国最早的女校之一。之后英国伦敦会牒喜莲（Helen Davies）女士继承了理雅各夫妇的理念，发展"英华女校"，建立了"英华高等女学堂"，呼吁女子接受教育。

清朝实行八股科举制，造成儒生闭塞愚盲，人才"浮学不能用"，理雅各的教学解放了学生的思想，培养了中国首批接触西方文化、具有进步思想的知识分子。同时，理雅各支持并筹办中国第一批女子学堂，打破了封建传统对女子教育的禁锢，促进了女性意识的觉醒和中国教育的发展。[1]

1860 年，理雅各已经是香港教育局的决策者，按常理，已有教育话语权的传教士会大兴神学，但在理雅各的倡导之下，神学教育的比重反而降低了，针对世俗事务与现实社会的教育增加了。理雅各在那么早的时候就兼顾教育与社会的可对接性，其举措体现出近代化的气息。理雅各在教育与报业方面的作为，连同与华人的交游，切实促进了中国的近代化。

第五节　融中西宗教，亲中国文化

理雅各受非国教背景与苏格兰哲学影响，在解释和评价中国文化时展现出明显的中西宗教融合倾向。这体现在他的著作中。他认为中国古籍中的至高神与基督教至高神相同，他对孔子的评价从严苛转为肯定，认为应

---

〔1〕岳峰：《架设东西方的桥梁——英国汉学家理雅各研究》，第 131-150 页。

该以"扬长避短"的态度看待儒教。理雅各对中国文化抱有亲和态度和深厚感情，其系列译著序言中的宗教话语表明了他基于信仰的思考。理雅各的思想与当时主流传教士存在差异，他认为应该加深中西方的相互理解。他执教牛津的时候生活拮据，但努力发展汉语教学，开设了中西比较宗教的课程，坚持授课直到去世前几天，显示出他对中国文化的执着热爱。

一、研究过程与思想特征

理雅各生于非国教家庭，非国教思想倡导传教，主张包容异域文化；他又自小受苏格兰哲学熏陶，苏格兰哲学认为上帝在古老的东方可能留下印记，因此形成了独立开放的宗教意识。他坚持自己的信仰立场，但在解释和评价中国文化时却展现出明显的中西宗教融合倾向，这使得他在当时的西方传教士圈子里一直比较孤立。[1] 理雅各对中国宗教的研究可以追溯到 1847 年。在 5 月 20 日的日记中，他开始探讨中国远古的宗教，追寻儒教和道教的核心教义。[2] 理雅各最终写出了 28 部有关中国宗教的论著，他翻译的《中国经典》各卷本的序言中也包含许多相关论述。理雅各对中国宗教的系统比较研究是开创性的，在西方汉学界占有重要的地位。

1852 年，理雅各出版了《中国人的鬼神观》。他曾受委托作为《圣经》委办本（Delegates' Version）的翻译专家，由该书可以看出他在《圣经》翻译"术语之争"中的思考，弄清他从主张把基督教的至高神翻译成"神"到主张翻译成"上帝"的心路历程。在书中他提出中国先民认识真正的上帝[3]，这也奠定了他翻译中国典籍的宗教融合基调。此后理雅各投身于翻译

---

〔1〕岳峰：《理雅各宗教思想中的中西融合倾向》，《世界宗教研究》2004 年第 4 期。

〔2〕Helen Edith Legge, *James Legge: Missioanry and Scholar*, pp. 40-41.

〔3〕James Legge, *The Notions of the Chinese Concerning God and Spirits: With an Examination of the Defense of an Essay on the Proper Rendering of the Word Elohim and Theos, into the Chinese Language*, Hong Kong: Hongkong Register Office, 1852, in-8, pp. iv-iii-166, pp. 2, 4, 23.

《中国经典》各卷，1877 年之前没有再出版宗教研究专著，但是在他的各卷译著的序言中有大量叙述，本节第二小节有列举点评。

1877 年，理雅各出版了《儒教与基督教对比》。这本书里他基于前期思考，尤其是翻译中国典籍时对儒教的再思考，系统地比较了儒教与基督教的教义，是比较早的比较宗教方面的系统论述，为比较宗教学打下了基础。此后，理雅各又写了一些关于中国宗教的手稿，典藏于牛津大学新波德雷安图书馆，包括 1878 年的《中华帝国的儒教》（"Imperial Confucianism"，牛津大学新波德雷安图书馆档案编号 ms.eng.misc.e. 377，fols.195-265），1878 年的《孔子生平与教义》（*Life and Teachings of Confucius*）与《孟子生平与著作》（*Life and Works of Mencius*）（两部见于 ms.eng.misc.e.1377，fols.133-156）。此前他在翻译《中国经典》第一卷（含《论语》《大学》《中庸》）时对孔子的评价不高，该卷出版于 1861 年，但《中国经典》第二卷（《孟子》）中改变了对孔子的看法，该卷也出版于 1861 年，两卷出版时间相同是翻译出版安排的缘故，但翻译有先后，这段时间他的思想变化了。有学者以为理雅各 1895 年在牛津再版《中国经典》一二卷时思想改变，其实不然，再版与第一版并没有什么改变，是在 1861 年的第一版两卷中观点就不同了。牛津档案的这两部集子是对这些思考的综述。

1880 年，理雅各出版了《中国的宗教：儒教、道教与基督教的对比》（*The Religions of China: Confucianism and Taoism Described and Compared with Christianity*），这是儒教、道教与基督教的三教比较，比 1877 年出版的《儒教与基督教对比》再进一步，在当下中国学界的研究论文中引用率较高。1880 年，理雅各写了一封信——《与穆勒教授谈论汉语用词"帝"与"上帝"的通信》（"A Letter to Professor F. Max. Müller Chiefly on the Translation into English of the Chinese Terms *Ti* and *Shang-Ti* in replay to a Letter to him by 'Inquirer'"），使穆勒（Max Müller）教授接受了他的

观点。该阶段理雅各受其他传教士围攻的情况较为严重，核心问题就是理
雅各融合中西宗教的尝试，标志性的做法就是把中国典籍中的"帝"与
"上帝"翻译成"God"。理雅各坚持基于自身信仰与研究产生的观点，在
会议与出版两方面均是如此，支持他的只有当时的汉学权威穆勒等人。

随后，理雅各的宗教研究著作继续细化，1883 年他出版了《基督教与
儒教关于人生教义的对比》(*Christianity and Confucianism Compared in Their
Teaching on the Whole Duty of Man*)。同年，理雅各出版《道德经》。他在
序言中讨论了道教思想，他的译著风格从来都是研究内容与译文兼而有之。
1886 年，理雅各写了《宗教比较知识与传教的关系》("The Bearing of
Our Knowledge of Comparative Religion on Christian Missions")，手稿存于
伦敦大学亚非学院图书馆 (the Library of the School of Oriental and African
Studies in London)，是他基于传教动机的翻译事业与宗教比较的反思，传
教是其汉学研究的首要动力。后期理雅各对佛教研究也有专文，1887 年他
写了《菩萨的形象》("The Image of Maitreya Bodhisattva")。1888 年理
雅各出版了《基督教在中国：景教、罗马天主教与新教》(*Christianity in
China：Nestorianism，Roman Catholicism, Protestantism*)，研究范围拓宽到早
期传入中国的基督教，当时称景教。他本身是新教背景，这里的研究也涉
及罗马天主教，近代天主教传教士来华时间早于新教。作为虔诚的基督徒
和传教士，理雅各也写了不少布道稿与宗教宣传小册子，此处从略。理雅
各在牛津大学任教期间，开设了中国宗教的相关课程，这是欧洲大学第一
次将中国宗教作为正式教学内容。

理雅各在宗教研究和实践中，表现出将中国宗教文化与基督教进行融
合的倾向，至少体现在以下几个方面。

第一，理雅各认为中国占籍中的至高神与基督教的上帝相同，此事要
追溯到"术语之争"。新教传教士马礼逊翻译《圣经》后又出现多种译本，
传教士们与相关机构认为应统一版本。但传教士就"God"应译作"神"

还是"上帝"争论不休。理雅各起初认同"神"的译法，后改为转向"上帝"的译法，因为他研习中国古代文献后认定中国典籍中的"帝"就是基督教的"God"。其后，他在翻译中国古籍时，也把其中的"帝"翻译成基督教的"God"。

1853 年，他在《中国人的鬼神观》中提出，中国人的"上帝"就是基督教的"God"。1873 年，他在北京天坛脱鞋祈祷，被部分传教士批评，说他是在拜道教神。19 世纪 70 年代末，他的古经翻译观点再遭 24 名传教士联名反对，但获主编穆勒支持。这一观点成为理雅各最大的争议焦点之一。

第二，理雅各对孔子的评价。他在 1861 年出版的《中国经典》第一卷中批评孔子没有宗教热情，对进步漠不关心，认为中国人会对他失去信心。后来，他说研究孔子越久越觉得他伟大，对中华民族有益，对基督徒也具有借鉴意义。他提出儒教与基督教在某些方面类似，可以相协调。这与第一卷的严苛批判形成对比。

第三，他认为《圣经·以赛亚书》中"Sinim"（《圣经》和合本译为"秦国"）指的就是中国，为传教士来华提供依据。这一解读在传教士中较有影响力。

第四，1877 年，他在在华传教大会上发表论文，认为儒教虽有缺陷但也有值得肯定的成分，不应一味否定，应采取"扬长避短"的态度。这遭到与会传教士的集体反对，大会拒绝出版该文。反对者批评他对儒教的评价过高、过于自信，双方产生严重分歧。

此外，理雅各早期严厉批判道家思想，后期转而乐意接纳其中的部分思想，这在他晚年文献中特别明显。他强调比较研究中国宗教典籍的重要性，以便用基督教补足其不足之处，并更好地理解基督教本身。这种文化融合策略与当时传教士的主流思想格格不入。

1876 年 10 月 27 日，理雅各在谢尔德廉戏院（the Sheldonian Theatre）

发表执教牛津的就职演说，说道："我期盼两个卓越的民族能维持和平，加深彼此的理解，我期盼汉语学科的设立能够起到重要的辅助作用。"这样的表述足以说明中国在理雅各心中占有的位置。理雅各说，在牛津，学生学习用书面汉语表达自己的思想，可以达到中国人能看懂的程度。但是，要用地道典雅的汉语写出让中国学者满意的文章则非常困难，需要长期刻苦努力，很少有人能做到。这种说法是实事求是的，因为汉语与英语存在巨大差异，汉语又有读音和书写两个系统，对欧洲人来说难度极大。但他还是知难而上踏上教学之路，原因之一是他对中国文化的感情。他的收入主要源自一笔本金为 3000 英镑的基金利息和大学每年给他的 100 英镑津贴，共约 220 英镑，远低于汉学家儒莲（Stanislas Julien）的 600 英镑或其他同类教授的收入，政府从未资助过他。1894 年 1 月 24 日，理雅各在给施古德（Gustaaf Schlegel）的信中说，他有 6 个孩子和 15 个孙辈，多少要靠他养活，生活拮据。[1] 这位执着的汉学家令人感动，他一辈子没有变化的是非国教信仰与对中国的感情，直到去世的前几天还坚持授课。

二、理雅各译著的宗教话语枚举

《东方圣书》第三卷包括《诗经》《书经的宗教内容》《孝经》的译本。本小节以理雅各《东方圣书》第三卷、《易经》与《中国经典》第二卷《孟子》这三卷序言里出现的宗教话语为例说明理雅各的宗教思想。一则看理雅各的融合倾向，二则看其怎样评述古代圣贤。

（一）《东方圣书》第三卷

理雅各在序言中写道："历史学家、诗人和其他人基于自己的灵感写下了一些诗句。古诗中偶尔也会出现上帝的印迹……我们读到的内容还有

---

[1] 岳峰：《架设东西方的桥梁——英国汉学家理雅各研究》，第 319、323 页。

上天助力古代君主与夫子的记载……虽然中国古籍并不自称包含任何神的启示，但其中提到的宗教观点和实践却比比皆是；学者必须从这些内容中勾勒出中国早期宗教的轮廓。"[1] 这段话明显是受苏格兰哲学家威廉·帕勒（William Paley）的影响。帕勒提出造物主在古老的中国可能也留下见证。[2] 这使理雅各以三分之二的人生在中国古代经典中去寻找上帝与启示。他在不同的场合强调中国远古时期已经有上帝信仰，只是随着岁月沧桑淡忘了，他以这种方式诠释中国的传统神学。为方便学者们来共同研究，理雅各说："为了提请读者注意书中或多或少体现宗教思想的段落，我们会在这些段落后面加上星号（＊）。"[3]

    关于中国古籍中"上帝"的译法，理雅各说："我曾考虑过是否应该将《书经》与《诗经》中出现的'帝'及其强化形式'上帝'翻译成我们的'God'一词。法国汉学家宋君荣将'帝'翻译成'le Seigneur'，把'上帝'翻译成'le Souverain Maitre'，有时还在括号中加上读音'Ti'和'Shang Ti'。英国汉学家麦都思将'帝'译为'the Supreme'和'the Supreme Ruler'，将'上帝'译为'the Supreme Ruler'。二十五年以前，我得出结论，在汉语中'帝'相当于'God'，'上帝'也是'God'，加上'上'，相当于'至尊'。我从未动摇过这一观点。在迄今为止翻译出版的所有《中国经典》中，我将这两个名称都译为'God'。据我所知，对此有异议的传教士让我在本卷中暂停这样做的原因是编撰《东方圣书》的目的是翻译这些典籍，而不是表达译者的观点。他们不认同我对'帝'的看法，早在我们就如何正确翻译《圣经》中'God'和'Spirit'

[1] James Legge, *The Sacred Books of China*, Vol. 3, *The Shu King, The Religious Portions of the Shih King, The Hsiao King*, Oxford: The Clarendon Press, 1879, p. xv.

[2] Ralph R. Covell, *Confucius, the Buddha, and Christ: A History of the Gospel in China*, Maryknoll. New York: Orbis Books, 1986, pp. 97-103.

[3] James Legge, The Sacred *Books of China*, Vol. 3, *The Shu King, The Religious Portions of the Shih King, The Hsiao King*, p. xxx.

038

这两个词时就有过激烈争论，他们认为读者在面对中国典籍译著中随处可见的'God'一词时，可能会对中国的原始宗教产生过高的评价。面对这样的评论，我是应该不翻译'帝'和'上帝'这两个术语呢，还是应该用'Ruler'和'Supreme Ruler'来代替'God'？这两种方案我都无法采纳。"[1]在本书许多地方，我们都会涉及这一问题。

理雅各对中国典籍中"帝"和"上帝"都采用"God"的译法，因为他认为中国文化与基督教的至高神是同一个。上文说过他认为中国远古时期就信奉上帝，所以不难理解他的译法，这也是我们认为他具有中西宗教融合倾向的译著文本依据。当然，理雅各在其宗教著作中也有明确的论述，这也是他被其他传教士围攻的一个重要缘由。理雅各进一步写道：

> 中国古典文学作品中随处可见"天"一词，指以无所不能、全知全能的仁义之心统治和管理人类一切事务的最高权力；在同一段落中，更不用说在同一句话中，这个含义模糊的词经常与"帝"和"上帝"这两个人称互换。在书写形式上，"天"（Thien）和"帝"是完全不同的。这两个字都是最早的一批汉字，并作为表义符号进入后来形成的汉字。根据中国最古老的字典《说文解字》（公元100年），"天"由"一"和"大"组成，"天"字的形成是"联想而成"，意思是一体的、至高至大的。13世纪的戴侗在其杰出的字典《六书故》中解释说，"上"表示"上面的东西"，因此这个字的意义是"居上的、伟大的存在"。在这两部字典中，"帝"（Ti）都是从"丄"或"亠"（shang）（"在上"或"在上之物"）演变而来，整个字都是象形字，我无

---

〔1〕James Legge, *The Sacred Books of China*, Vol. 3, *The Shu King, The Religious Portions of the Shih King, The Hsiao King*, p. xxiv.

法理解他们的意思，但戴侗解释说：君主也称"帝"，"天"也
称"上帝"，五行对应"五帝"，君主也叫"天子"，天之子，
"上帝"的儿子。这样"天"模糊地表达了绝对的最高权力的概
念；当中国人要用人名来称呼天时，他们使用了"帝"和"上
帝"；我相信，我们的祖先在开始使用"上帝"一词时也是这么
说的。在中国，"帝"这一概念的名称已经沿用了整整五千年。
除了我在上文第 23 页提到的那些，我们的词语"God"很自然地
与中国古代经典中出现这个字的所有段落相吻合。用像希腊罗马
传说中的宙斯那类型的词是极不合适的。除了"God"，我不能用
其他词来翻译"帝"或"上帝"，就像"people"该翻译成"人"
一样。[1]

　　这段话进一步论述他把"帝"翻译成"God"的理由，因为由"天"
的含义可以看出"帝"的至高权威。在具体的翻译中，理雅各有时将"天"
翻译成"Heaven"，这点应该没什么人反对，因为中西方神学体系都有
"Heaven"，虽然大家心里"天堂"的概念可能截然不同。对于所有指代
君主称谓中的"帝"，理雅各一针见血地提出这是对人的神化，他接着说：

　　以上，简而言之，是我决定在本卷中保留"帝"和"上帝"
这一称谓的理由，但有例外。我从戴侗关于"帝"的描述中也看
到"君主也称帝"，而我的大多数读者都知道，"皇帝"是中国
皇帝的称号。这个名称是如何产生的？它最初是对统治者或皇帝
的称呼；后来，当思想家和崇拜者对模糊的"天"感到不满意，

---

[1] James Legge, *The Sacred Books of China*, Vol. 3, *The Shu King, The Religious Portions of the Shih King, The Hsiao King*, pp. xxiv–xxv.

希望表达出至高神的存在，而这种存在就是全能统治者，有至高
无上的权力，是这样吧？如果答案是肯定的，那么"帝"就是对
至高无上的存在的称呼，就像我们基于圣父与圣子的关系称至高
神为"父"一样，比如主祷词里说的"我们在天上的父"。作为
最高主宰者的称谓"帝"与我们的"God"相对应，但随后被用
于世俗统治者，从而将君主神化，就像罗马皇帝被赋予"Divus"
（神明）这个称谓一样。我相信，"帝"正是以后一种方式用于
中国君主的。[1]

理雅各把宗教与世俗两种语境下"帝"的意思的区别讲清楚了。最后
理雅各说：

　　无论我们如何简洁地描述仪式，无论我们从中看到的是日益
盛行的自然崇拜，还是崇拜古代英雄和名人的习俗，在相关记载
中，"帝"显然是指"God"。就这样，通过神化的过程，"帝"
这个称号在周朝时期被赋予了古代神话和传说中的伟大人物；
"尧"和"舜"这样的英雄人物也因此被赋予了"帝"这个称号。
很可能，中国人在使用"皇帝"这个称谓来称呼当今的皇帝或过
去的任何皇帝时，脑海中除了人类君主的概念，并不会浮现出任
何其他概念。"[2]

从理雅各的翻译实践来看，当"帝"指人们敬拜的至高神的时候，他
翻译成"God"，至高神以外的超自然体"神"就翻译成"spirit"，因为

〔1〕James Legge, *The Sacred Books of China*, Vol. 3, *The Shu King, The Religious Portions of the Shih King, The Hsiao King*, pp. xxiii-xxvi.
〔2〕ibid, p. xxix.

中国典籍中"神"与人互动的记载很多，但这都不是《圣经》里记载的。为维护《圣经》启示的唯一权威性，理雅各用位格低于"God"的"spirit"来翻译"神"。至于指代世俗君主的"帝"，他用音译，由此形成了他自成体系的译法。

（二）《易经》

在《易经》译本的序言里，理雅各继续论证"帝"的译法：

> 在《东方圣书》第三卷的序言中，我谈到了中国的"帝"和"上帝"，并说明了我为什么认为有必要继续用我们的"God"一词来表达，我自 1861 年以来翻译所有中国经典都这样使用措辞。1880 年 6 月，24 位先生致信穆勒教授，抱怨在他编辑的这套著作中竟然允许我发表个人见解并推行个人的译法。[1]

作为传教士的理雅各在《东方圣书》第三卷里把"帝"翻译成"God"的译法及相关论述在传教士中间引起了轩然大波，这在他们看来是惊世骇俗的。他们认为中国文化与基督教文化是两种截然不同的存在。其实不少人认为中国文化是撒旦主宰的。所以当理雅各融合中西宗教的观点与译法横空出世，他们便群起而攻之。这种攻击是持续性的，所以理雅各关于自己人生反思的著作《我的一生》（Notes of My Life）与《追忆往事》（Reminiscence）里的基调是忧郁的。但这种攻击并没有使他改变自己的观点，反而愈发坚定。持反对意见的传教士联名致信穆勒，请他拒绝理雅各的书稿，但穆勒说他接受理雅各的观点。于是理雅各写道：

> 从那时起，这个问题就定了下来，而我在这篇序言中再次提

---

[1] James Legge, *The Yi King or Book of Changes*, Oxford: The Clarendon Press, 1882, pp. xix-xx.

出这个问题，因为尽管我们在《易经》中遇到这个名称的频率不像在《书经》和《诗经》中那么高，但我还是像以前一样，在出现这个名字的地方都把它翻译成"God"。那些持反对意见的人说，"上帝"可以译为"最高统治者"（Supreme Ruler）或"最高皇帝"（Supreme Emperor），或者"高高在上的统治者或皇帝"（Ruler or Emperor on high）。但是，在三十多年的研究中，我考虑了所有译法，以我掌握的所有资源得出的结论是，中国先民第一次使用"帝"时所表达的与我们的先民用"God"表达的是相同的概念，而且从那时起，这两种表述就是最充分而恰当的。如果说"最高统治者"和"上帝"传达给读者的含义有什么差异的话，那么这种差异也是极其有限的。当我把"帝""上帝"翻译成"God"时，我是在翻译，而不是给出我个人的解释。我这样做不是为了引起争议，而是为了简单地表达对我来说是真理的东西；我很高兴地知道，在中国的绝大多数新教传教士都用"帝"和"上帝"作为"God"最接近的代名词。[1]

正因为理雅各的观点不是凭空想出来的，而是践行自己的信仰，苦读中国经书得出的结论，所以他终生坚持。理雅各又从《易经》文本细节上谈道：

关于第九段，我必须请读者参阅本卷正文中的译文，因为这一段太长，无法在此介绍。第八段直接提到了上帝，而第九段的大意是：万物跟随他，从春到冬，从东到北，在他一年四季的进程中。这与使徒保罗写《罗马书》时的用词惊人的相似，（康

〔1〕James Legge, *The Yi King or Book of Changes*, pp. xx..

熙年间的）一对中国父子易经专家在著书时写出这样的意思：
"神（本身）是看不见的，我们从（他所创造的）万物中看到
他。"[1]我第一次读到这些段落时有了一些理解，我想到了汤姆森
（Thomson）的《四季赞美诗》（Hymn on the Seasons），从那以后，
我又无数次地想到了这首诗。诗中写道："万物皆变，全能的天
父，千变万化都是上帝。滚滚的年轮充满了你。在怡人的春天，
你的美丽翩然而至，你的温柔和慈爱也随之而来。然后，你的光
辉在夏季来临，带着光和热。然后，你的太阳在膨胀的年轮中绽
放完美的光芒。你的恩惠在秋天无拘无束地闪耀，为所有生命提
供共同的盛宴。在冬天，你是令人敬畏的！"鲁莽的读者对汤姆
森的某些表达方式提出了批评，认为它们带有泛神论的味道……
他没有任何诗意的装饰，也没有任何夸张的措辞，只是强调上帝
在春天使大地焕然一新，直到他的仁慈为这一年加冕。此外，这
段话中还有一件同样奇妙的事。第十段开头的大意是：当我们
谈论神时，我们指的是上帝与万物微妙的同在，万物是上帝的运
作。作者接着充满激情地讲八卦卦象，水和火、雷和风、山和泽
所象征的运动和影响来说明这一观点。朱熹说这一段中有他不理
解的地方。然而，有中国学者几乎顿悟我们的上帝之光了。[2]

　　理雅各接着以14世纪的梁寅为例，说他的文献里有类似基督教的思
想："主宰和管理万物的是上帝，上帝与万物微妙地同在。神（spirit）是

---

[1] 此二人的名字与书名因不确定未译，理雅各原书中未标明汉字，用的是威妥玛式拼音法 Wan Kaung-
zung。根据康熙时期易经父子专家的线索判断可能是王应奎和他的儿子王筠，姓对得上，名中的"zung"对
得上"筠"，但王应奎在原文找不到。理雅各说的有可能不是这两个人，也可能是写错。英文书名为 A New
Digest of Collected Explanations of the Yi King，字面翻译是《易经集解新编》，引文翻译用现代文，原文自然
是古文。
[2] James Legge, The Yi King or Book of Changes, pp. 51-53.

044

上帝所存，是运行中的上帝意志。这与《中国经典》第二卷《附录三》第一部分第 32 条中'神'的定义完全一致。"[1] 理雅各对细节有极强的敏感度，他用了早期耶稣会士的索隐派手法，推论说"神"接近于基督教"圣灵"的概念，《圣经》中频繁地出现"the spirit of God"，但这个"spirit"并非中国典籍中他通常译为"Spirit"的超自然体。关于超自然的讨论很难有结果，我们注意的是他在尝试构建中西方文化的对话平台，架设中西方的神学桥梁。其实在相当程度上西方人是经由理雅各的译著得以了解中国的，他的著作使西方人把注意力转向中国。这样的讨论反复出现在理雅各的译著中：

> 雷孝思把"帝"译作拉丁文"Supremus Imperator"，麦格基模仿这个译法，将其译作"the Supreme Emperor"。但我还是主张"God"才是真正正确的英语译法……朱熹说"帝"是指天的主宰和管理者。而比朱熹早约五个世纪的孔颖达引用了卒于公元 249 年的王弼的话，大意是："帝"是生产（万物）的主宰，是繁荣和增长的创造者。[2]

理雅各的相关译法自成体系，其论证也成体系，他借鉴了中国学者的意见，引经据典，训诂考据，以严肃的态度和他特有的联想得出了结论，核心思想就是融合中西宗教思想，达到传教的目的，关键操作就是把"帝"与"上帝"译为"God"。

（三）《孟子》

关于《孟子》的讨论本应放在《书经》与《易经》之前，但理雅

---

[1] James Legge, *The Yi King or Book of Changes*, pp. 51–53.
[2] ibid, pp. 51–52.

各在《书经》与《易经》译本序言中的话语是结论性的，先了解理雅各
中西宗教融合的结论比较容易理解他对《孟子》的评论。中国古经中的
"帝""上帝"是基督教的"God"，理雅各对此深信不疑。他在《中国经
典》与《东方圣书》的系列译著中关于上帝的论述一以贯之。理雅各在
《孟子》译本序言中写道：

> 关于君民关系的基础，孟子非常明确地将其归结为上帝的意
> 旨。有一处，他引用了《书经》中的一段话："天降下民，作之
> 君，作之师，惟曰其助上帝，宠之四方。"孟子试图回答这个问
> 题："'天与之者，谆谆然命之乎？'曰：'否。天不言，以行与
> 事示之而已矣。'"整个问题的结论是："天视自我民视，天听自
> 我民听。"要质疑这些原则可能并不容易。我毫不犹豫地接受这
> 些原则。然而，在应用这些原则时总是会遇到困难。这里有一位
> 君主，他的品性与上帝的良善恰恰相反。他应该被罢免，但谁来
> 罢免他呢？孟子在一段话中教导说，应由身为大臣的亲属来履行
> 这一职责。[1]

理雅各一开始就说孟子接受上帝的旨意，这里理雅各的思维前见与孟
子的是否相同？理雅各的前见，如上所述，中国古经中的"上帝"是基
督教的"God"。而孟子怎么想，我们无从得知，也许只是中国古经中的
"帝"，因为中国古经中早有"上帝"，是典型的中国文化词。传教士来华
后借用了这个词来翻译基督教的"God"，当然这经历了一个复杂的过程，
本书第五章等处有相关介绍。理雅各的措辞选择也经历了变化，但最后选
择了"上帝"。那么读者可能觉得蹊跷，理雅各怎么能认为孟子有上帝信

---

[1] James Legge, *The Chinese Classics*, Vol. II, *The Works of Mencius*，华东师范大学出版社 2011 年版，第 44—45 页。

046

仰呢？这里还需弄清一点，理雅各多次表明，中国人在远古时期就是信仰上帝的，只是后来淡忘了，他认为孔子信俸上帝，甚至是天使，在传达上帝的福音。这些结论的正误不属于本书讨论的范畴，学术上我们关注的是理雅各如何在自己的思维世界中进行推论。理雅各评论孟子的逻辑是孟子没有遵循中国古人的上帝信仰的根本要义，传承上出现了断裂，导致信仰迷失。理雅各继而把中国古代社会的统治与基督教教义一一比照，指出不符合教义的种种问题，对此，不少人要么不接受，要么觉得错位。理雅各以下的讨论逻辑如上所述，他写道："从来没有哪位基督教牧师像孟子这位夫子从这样的高度去否定冠冕长袍与宫殿。我们已经看到，他与那些想让他屈服于自己的、权力和地位的王公之间有时会发生怎样的斗争。"[1]他转述孟子的思想，说孟子认为应该鄙视那些为大人物出谋划策的人，不要羡慕他们的华丽和炫耀。如果他的愿望能够实现，他才不要奢华的大厅与那些炫富的东西。如果他的愿望得以实现，他也不要摆放在面前的成堆美食，或数百的随从女仆。即使他的愿望得以实现，他也不屑美酒佳肴，狩猎狂欢，也不要成千上万的战车追随着他。世俗所推崇的，是他不屑一顾的；他所推崇的是古人的规矩。孟子认为没有什么理由害怕达官贵人。[2]理雅各接着说：

　　在我们因为孟子的这些言语和他的行为而对他提出傲慢的指责之前，我们必须牢记，文人在中国的地位实际上与基督教王国中牧师和大臣的地位是一样的，君王和人民依靠他们的意见来制定律法。他们所依据的"古人的规则"，与上帝的话语相比，那不算什么；但对他们来说，这仍然是真理，是权利和义务永恒不

---

〔1〕James Legge, *The Chinese Classics*, Vol. II, *The Works of Mencius*, 第 52-53 页。
〔2〕同上。

变的法则。而作为法则的阐释者，他们必须保持一种尊严，不能损害其诉求。"士为四民之首"，这是放之四海而皆准的格言。我希望孟子能有谦逊的灵魂，但我认为他作为"师者"的言谈举止没有问题。[1]

孟子视荣华富贵为粪土，不屑达官贵人，理雅各认同孟子的品质与教诲，但还是从神学的角度批评其傲性。理雅各肯定孟子的教诲，在《中国经典》第二卷多次表示对孟子的修辞能力特别欣赏，比如孟子的反问等句型，说他文风机敏而灵巧，理雅各在宣教手册中还模仿了孟子的风格。实际上理雅各在每卷《中国经典》的内页上都引用孟子的话："不以文害辞，不以辞害志。以意逆志，是为得之。"（见图 1-1）这成了他翻译中国典籍的原则写照。他翻译的第一原则是忠实传达原文信息。

理雅各也将孟子与其他圣人比较，但他的思维已经形成定势，圣人讲天性，他则讲原罪，讲基督教教义中人的罪性，于是写道：

图 1-1
《中国经典》内页

〔1〕James Legge, *The Chinese Classics*, Vol. II, *The Works of Mencius*, 第 52-53 页。

　　然而，在圣人中，孟子是有区别的。尧和舜超过了除孔子外的所有圣贤，但他们三人从来都没有超越人性的法则。在他们身上，理想与现实永远是同一的，而其他人只有通过努力和培养才能达到他们的境界。孟子至少两次这样告诉我们："尧舜，性者也；汤武，反之也。"然而，实际的结果是一样的，因此他可以把他们都当作自己同胞的楷模，告诉他们都应该成为和可能成为什么样的人。就像圆规和正方体在工匠手中画出完美的圆形和方形一样，圣贤们完美地展示了人与人之间的关系……在这里，我们感到孟子的学说缺少一种《启示录》所拥有的要素。他不知道"罪是从一人入了世界，死又是从罪来的；于是死就临到众人，因为众人都犯了罪"[1]。我们和他一样，都有自己的理想，但为了活生生的现实，我们必须回溯到亚当，因为他是上帝按照自己的形象造的。但在亚当身上，这个形象很快就不见，直到上帝的亲生儿子出现在这个世界上，他是按照罪身的形状而造，但本身却没有罪。他做了我们的赎罪祭，给我们留下了榜样，让我们效法他的脚步；我们效法他的脚步，就会走向荣耀和美德。与此同时，我们发现肢体中的原罪在与我们心中的律法争战，使我们被罪俘虏。无论我们如何努力追求理想，都无法成功实现。我们对基督的认识越深，在他身上越能看到人性真正的光辉，我们就越觉得自己与之相距甚远，自己无法达到。我们身上出了问题；我们需要外来的帮助，才能成就《启示录》，乃至我们的本性告诉我们应该成为的样子。[2]

---

〔1〕出自《圣经·罗马书》五章十二节。
〔2〕James Legge, *The Chinese Classics*, Vol. II, *The Works of Mencius*, 第68-69页。

孟子提出性善论，认为人向善的本性如同水流低处，而基督教讲原罪，理雅各所想的是遵循基督教教义，强调人无法靠自己完善自己的本性，无法靠榜样的力量，而应靠启示，这是其论证的逻辑，他始终从信仰的本位来阐述。

理雅各也将孟子与西方哲人名家做比较，依旧是本位的逻辑，他认为基督教神学家、哲人巴特勒（Joseph Butler）比孟子有一个巨大的优势，那就是他对《启示录》的了解，但他没有像孟子那样应用他们的共同原则。孟子知道没有完美的人；他也没有告诉他的读者说他们只需遵循自己的天性，不需要任何外来的帮助就一定会轻而易举地走向完美。[1]

理雅各以基督教教义的框架，把孟子与西方神学家相比较，其结论自然不利于孟子，但理雅各却提出孟子比他们强的地方，比如，孟子自觉应用共同原则，所以他对中西方并没有明显的立场倾向性，而是基于自身信仰有一说一。他在《中国经典》第二卷也提过，巴特勒说的其实孟子也说过了，表现出更认可孟子作为师者的智慧。但理雅各认为孟子远不如孔子：

> 孟子不懂我们所说的"堕落论"，这不能怪他，他无从了解这个东西。然而，我们感到遗憾的是，他对谦逊的研究和对人性的同情并没有使他对人的错误产生深刻的认知。他从未意识到自己的弱点。在这一点上，他比孔子逊色，而且正如我在谈到孔子性格的另一面时所说的，他远不如孔子那样更令人钦佩。在前一卷中，我已经说明，我们有时可以从圣人对自己的评价中看出真正的谦逊。我们在孟子身上看不到这一点，他只是承认自己没有达到他所知道的应有境界。孟子的优点在于他是一位应景的思想

---

[1] James Legge, *The Chinese Classics*, Vol. II, *The Works of Mencius*, 第 70 页。

家。他的目光是敏锐的，他的洞察力是深刻的，但他缺乏一种道
德感，而正是这种道德感会吸引我们，会把他当作一个与我们有
着同样激情的人。缺乏谦逊自然也就缺乏同情，所以他的教诲有
一种僵硬的冷冰冰的感觉。[1]

此处理雅各对孟子的批判是基于基督教原罪论、大爱思想与道德意
识，他进而批判孟子的人性论：

　　我在前面说过，孟子的人性论是有缺陷的，因为即使是他的
理想也没有涵盖全部责任。他很少谈到我们对上帝的亏欠。他的
著作中没有自然虔诚的光辉。上帝这个名字本身就包含了对神性
和至高无上体的认可，但我们从他那里听到的更多的是"天"，
就像从孔子那里听到的一样。巴特勒曾说："我所说的对上帝之
爱，是指人这样的受造物对上帝的一切敬意，一切心灵的情感，
而这些敬意和情感是以回归上帝为终极目的的。"有一处孟子说
到"乐天"，但他说的"乐天"是指大国君主为小国服务，顺应
天理，不以大欺小。在论述人的本性时，他从未将"乐天"与上
帝相联系。在中国，宗教仪式是在"礼"的原则下进行的，只是
一种冷冰冰的形式主义；但即使在形式的问题上，孟子也有其他
问题。孟子告诉我们："仁之实，事亲是也；义之实，从兄是也；
智之实，知斯二者弗去是也。"这与《圣经》中反复强调的"敬
畏耶和华是智慧的开端"是何等的不同！"你要尽心、尽性、尽
力、尽意爱主你的神"这一伟大的诫命，中国的哲学家或圣人从
未想到过，更不用说宣讲了。如果孟子明白了这一点，看到我们

---

[1] James Legge, *The Chinese Classics*, Vol. II, *The Works of Mencius*, 第 71 页。

对同胞的所有责任都应像对上帝那样履行，他就不会对人的能力有如此高的评价；他可能会产生一种怀疑，认为人自身所拥有的光辉上有一层阴影。[1]

在理雅各看来，人所有的思想与理想、伦理与道德都要服从于上帝，一切的前提是"认识上帝"，然后"荣耀归主"，这是基督教的话语与逻辑，理雅各基于此批判孟子的思想，部分原因在于文化差异。他接着写道：

孟子的人性理想中缺乏对人的最高义务的认识，这本身就显然说明了人疏远了上帝。孟子对"天"一词的使用与他的先师类似，虽为现代文人的世俗观念铺平道路，但这些文人往往似乎完全否认神性人格，而以一种单纯的秩序原则变通性地代替上帝和天。它还导致了更严重的后果，那就是使广大人民愚妄蒙昧，陷入佛教的偶像崇拜。夫子若无信仰，其追随者则无望。[2]

理雅各对孟子的评价褒贬兼具，但一切均源于自己的前见，他说：

我这一部分的主题该结束了。也许有人会认为，我在前半部分的论述中对孟子的评价过高，而在后半部分的论述中对孟子的评价过低，但我希望事实并非如此。在论述人性时，他的成功之处和失败之处都是非常重要的。他的原则就可以用来反驳他自己，他的原则应该被用来使人确信自己有罪。如果良心被上帝的灵激活，这些原则足以让最傲慢的学者大声疾呼："我是个可怜

---

[1] James Legge, *The Chinese Classics*, Vol. II, *The Works of Mencius*, 第 72 页。
[2] 同上，第 73 页。

的人！谁能把我从这死亡的身体中解救出来？"那么，就可以对他说："看哪，上帝的羔羊，上帝除去你的罪孽！"这样，基督就会作为人的新的真正的榜样，完全地展现在颤抖的心灵面前！这样，我们就能从他那里得到一颗新心，这颗新心将因承认人和上帝的关系而激动不已，并约束自己，专心致志地遵行一切诫命和律例，这样就无可指责！有一点应该很清楚，那就是在孟子关于人的责任的教诲中，他的追随者看不到希望。如果孟子的教诲能把中国人带到基督面前，那么孟子就尽了自己的本分。[1]

理雅各对中国哲人的智慧与文风，以及他们强调的部分道德言论都赞赏有加，而他的批评基本是基于信仰的，也许读者会觉得两种信仰不同的人群没有可比性，但要解读理雅各，就要知道他认为远古的中国人是基督徒，如上所述。正因如此，理雅各这样解读孟子内心对"上帝"的意识："有些想法其实也是希伯来传道者自己心中害怕的邪恶暗示；传道者把这些想法记录下来，是为了解毒，通过对上帝的信仰战胜这些想法。"[2]因此，他在论证即将结束时说：

　　让我们听听整件事的结论：敬畏上帝，谨守他的诫命，因为这是人的全部责任。因为上帝要将各样的工作，连同各样隐秘的事，不论是善是恶，都要审判。杨朱没有任何可取之处……他从未想到过上帝。他允许有礼义之类的思想，但这些思想的作用只是玷污和破坏生活的乐趣。名声不过是一个幻影，只有傻子才会去追求。人死后也是如此。[3]

---

〔1〕James Legge, *The Chinese Classics*, Vol. II, *The Works of Mencius*, 第 73 页。
〔2〕同上，第 98 页。
〔3〕同上。

理雅各也高度赞赏孟子思想中他认同的方面，肯定孟子思想的功绩：

> 孟子说得好："诐辞知其所蔽，淫辞知其所陷，邪辞知其所离，遁辞知其所穷。生于其心，害于其政；发于其政，害于其事。圣人复起，必从吾言矣。"倘若国人都信奉杨朱的原则，那么社会的一切纽带都将断裂，一切秩序的基础都会被摧毁。罪恶会变得猖獗，美德会被冠以骂名。整个国家将只剩下杨朱所看到的个人的命运——腐臭和腐烂。毫无疑问，正是由于孟子的反对，这股肮脏而危险的潮流才得以阻挡。他筑起了人性美德的堡垒来抵御它。他坚持把仁、义、礼、忠作为人的行为最崇高的属性。人们需要的不仅只有这些，但他无法提供更多。如果他对上帝有活生生的信仰，并且掌握了上帝启示的旨意，国民目前的状况可能会大不相同。他能够警告他的同胞，杨朱将使他们陷入深渊；但他只能以一种不完备的方式引导他们走真理和责任之路。他把他们送进了自己灵魂的黑暗洞穴，让他们回到模糊的教训和他们圣人不完美的榜样中去。他的人民需要被引导，超越自我，超越当下。当天上和永恒的星辰照耀着他们时，这个民族或许将焕发青春，不断强大。[1]

在介绍墨子的观点时，理雅各以《圣经》"十诫"评论道：

> "你要尽心、尽性、尽力、尽意爱主你的神。"基督教的神性要求所有人都要有至高无上的爱；对一切威严之物的爱，唤醒灵魂；对一切美丽之物的爱，征服心灵；对一切美好之物的爱，拥

---

[1] James Legge, *The Chinese Classics*, Vol. II, *The Works of Mencius*, 第 99 页。

有并驾驭本性。有了这种爱，就必须服从一切天启的法则。然
而，作为对上帝之爱的补充，基督教继续明确规定了每个人对其
同胞应尽的义务：人与人之间彼此相爱，彼此无亏欠，因为爱人
的，就是履行了律法，"不可奸淫""不可杀人""不可偷盗""不
可作假见证""不可贪恋别人一切所有的东西"；如果还有其他
诫命的话——全部都简略地包含在这句话中，"你要爱人如己"。
这条诫命与其他诫命有相似之处，不同之处仅在于它不要求给予
上帝独有的至高之爱。它的规则——爱人如爱己——比墨子的
话语表达得更明确、更清楚，而且不会像墨子的学说那样受到
质疑。有了这种对人的爱，我们就必须履行每一种相对的社会义
务；我们希望别人怎样对我们，我们就必须怎样对别人……如果
不正确认识一位永生的真神，即万物的创造者和共同的父母，又
怎能完全实现这种思想呢？基督教所倡导的爱是人性的法则，高
于一切自私的个人情感，高于一切相对的、地方的、民族的感
情，高于一切种族或宗教的区别。领悟了基督的精神，它甚至会
延伸到对敌人的爱；它会激励人们下定决心，不断提升他人的幸
福。如果没有实现，那只会是因为实施的方法不对……但我就此
打住。我坚信，在这里就这种真正的博爱说这么多是正确的，它
既能荣耀上帝，又能实现世界和平。"[1]

　　我们看到理雅各在这里基于基督教本位言辞激烈地批判儒家圣贤，放
在这里的目的之一是让读者看到理雅各早期的思想以及西方人眼中中国
文化真实的形象。实际上理雅各激烈地批评使安保罗牧师（P. Kranz）编
了一本《理雅各教授批判儒教的部分材料》（*Some of Professor J. Legge's*

---

[1] James Legge, *The Chinese Classics*, Vol. II, *The Works of Mencius*, 第 122 页。

Criticisms on Confucianism）。但后来，理雅各思想改变，他说："真正具基督精神、以教义为指导的人，能真诚公正地对待任何宗教。"[1]即使在批评孔子的时候，他也说："我希望自己对孔子没有不敬之处。我越研究孔子及其思想，越觉得他伟大。总体而言，他的教导对中华民族有益，对基督徒也是一个重要的借鉴。"[2]他认为传教士应虚心阅读儒家典籍，不可自以为是。[3]在对孟子的评价上，理雅各论辩的是非问题不是我们所关注的，不同信仰的人会有完全不同的说法。他的神学意识、潜意识、前见是理解其话语的关键点。总体来说，他对中国文化是亲和的，他基于信仰而开诚布公地提出异议并不影响他对中国的感情，这在 19 世纪是罕见的。理雅各经由神学搭建中西宗教对话的平台，这是我们真正关注的。

三、索隐

上文提到"索隐"，笔者曾撰文《索隐式翻译研究》从宏观视角展示这个现象，要义如下文所述。明清时期，一群以耶稣会士为主的基督教传教士出于"合儒"的动机，采用类似《圣经》诠释学的独特手法，在儒家经典里寻找天主教的痕迹，力图论证中西宗教体系可以并存，两种教义相符不悖，并用相关的理念诠释和翻译儒经。我们称这种手法为"索隐"。"索隐"一词含有"探索深层含义"之意，见于《周易·系辞传上》："探赜索隐，钩深致远，以定天下之吉凶，成天下之亹亹者，莫大乎蓍龟。"[4] 16 世纪末起，天主教、新教与东正教的各种传教差会采取"合儒"传教策

〔1〕James Legge, *Confucianism in Relation to Christianity*, London: Hodder and Stoughton, 1880, p. 12.
〔2〕James Legge, *The Chinese Classics*, Vol. 1, *Confucian Analects, The Great Learning and The Doctrine of the Mean*. London: Henry Frowde, Oxford University Press Warehouse, Amen Corner, E. C., 1861, p. 111.
〔3〕James Legge, *Confucianism in Relation to Christianity*, p. 261.
〔4〕辛介夫：《〈周易〉解读》，陕西师范大学出版社 1998 年版，第 592 页。

056

略，设法在文化学理上化解天主教与儒家的冲突。其中一批传教士使用在儒家经典中寻找天主教印记的索隐手法，采用解释性翻译，大量加入自己的思考研究结果，得出儒教与天主教在多方面一致的结论。这是 17 世纪西方汉学家研究儒经的风气，对 18、19 世纪的汉学家还是多多少少有影响的。索隐派所涉的不仅仅是天主教传教士，而且包括广义上的基督教各教派传教士。这种索隐式翻译学派经历了滥觞、浸淫与延续三个发展阶段。[1]理雅各属于最后一个阶段，但其著作中并没有提及他之前的索隐人士，说明对他而言索隐并不是一种师传或传承关系，所以可以理解为面对中国文化深厚的底蕴，基于"合儒"动机的学者一种本能的操作方式。到了理雅各时代，汉学高度发展，学者训诂考据，说文解字，多走上专业化学术道路。索隐基于联想，一直被诟病，不少学者主动回避这种手法，翻译家中研究中国超自然文化或神秘文化的人少了，直接做文本翻译的人多了，没有研究也就没有索隐。但时至今日，这种手法依然存在，还有学者在走这条道路，而且仍有影响力。

（一）滥觞

意大利耶稣会士利玛窦（Matteo Ricci），号西泰，又号清泰、西江，是明末清初来华传教士中最负盛名者。1582 年，利玛窦来华传教，与中国结下不解之缘，在中国度过余生。他学习汉语、身穿儒服、行儒家礼、研习儒经、交游文人士大夫、传播西学，在传教道路上开创"补儒"和"合儒"的先河，力图化解天主教与儒学的冲突，亲近中国文化。亲和中国是索隐人士的共同特点。1594 年，利玛窦将"四书"部分内容译成拉丁文，题为《中国四书》（*Tetrabiblion Sinense de Moribus*），并添加注释，目的是让后来的传教士了解中国，推进传教进度。实际上，利玛窦视"四书"为

---

〔1〕岳峰、程丽英：《索隐式翻译研究》，《中国翻译》2009 年第 1 期。

儒学与天主教义融合的对象[1]，书中的"天"或"上帝"被他诠释为天主教的至高神"God"，即"天主"。利玛窦最著名的著作之一就是《天主实义》。可见理雅各并不是第一个认为"帝"是"God"的汉学家，但他的研究范围远比利玛窦广，援用的中西方文献也更多。利玛窦基于天主教做研究，理雅各是新教传教士，两者都属于基督教，但还是有所不同。天主教传教士来华的时间早于新教，利玛窦主要是搞研究，理雅各则是研究与翻译。

利玛窦以儒家的仁、德、道等概念来阐释基督教伦理，结论是儒经与"理性之光——基督教信仰根本一致"[2]。这种取向为后来不少传教士汉学家所仿效。利玛窦也钻研了"六经"，继续从古经中查询能证明天主教教理的证据，如上帝存在、灵魂不灭、天堂和地狱等。《天主实义》是利玛窦颇有影响的力作，曾感动中国皇帝并允许传教，也使一些中国学者认同并信奉天主教。书中多次引述"四书"，包括引用《孟子》23次，《论语》13次，《中庸》7次，《大学》3次[3]，也引用《诗经》《书经》《易经》相关句子，目的是用儒经证明天主教义。韩国汉学家宋荣培认为，《天主实义》不讲启示神学内容，而是在儒经中举证来阐明天主教理念。[4]比如，"君子体仁足以长人"（《易经·乾卦·文言》）所说的"仁"，按利玛窦的说法，就是人对天主的爱，要实现这种爱，就要爱人。"不爱人，何以验其诚敬上帝欤？爱人，非虚爱。必将饥则施食，渴则饮水，无衣则赠衣，无屋则借宿，忧患则慰问，愚蒙则指教，过失则劝谏，侮我则宽恕！既死则埋葬，代祷天帝！且生死不忘！"[5]利玛窦就是大量援用中国文化元素来

〔1〕于明华：《清代耶稣会士索隐释经之型态与意义》，台湾暨南国际大学学位论文，1991年，第10页。
〔2〕林金水：《利玛窦与中国》，中国社会科学出版社1996年版，第221页。
〔3〕李天纲：《中国礼仪之争：历史、文献和意义》，上海古籍出版社1998年版，第291页。
〔4〕[韩]宋荣培：《利玛窦的〈天主实义〉与儒学的融合和困境》，《世界宗教研究》1999年第1期，第46-55页。
〔5〕方豪：《中西交通史》，中国文化大学出版部1983年版，第692页。

讲述天主教义的。

意大利耶稣会士卫匡国（Martino Martini），字济泰，著名汉学家、地理学家、历史学家和神学家，他是最早把《易经》介绍到西方的人之一。卫匡国来华后继续推行利玛窦的合儒路线，推崇孔子道德和古代儒家学说，强调孔子的品德修养与基督教义的一致性与互补性。与卫匡国相比，理雅各批评中国圣贤的成分会多一些，这与当时的社会历史背景有关。卫匡国在华时中国的国际地位远高于理雅各所处的时代，西方传教士也只是初识儒经。1658年，卫匡国在慕尼黑出版《中国上古史》（*Sinicae Historiae decas Prima*，全名为《中国历史初编十卷》）。卫匡国认为孔子本人就有上帝信仰，《春秋》这本书末尾的"西狩获麟"就是预言基督这只羔羊要牺牲的事。[1] 卫匡国的观点对后来法国耶稣会士解读儒经的方法有明显影响。关于孔子本人就有上帝信仰的说法，理雅各是通过中国古经译本来说明，见于《中国经典》第一卷。

西班牙方济各会传教士利安当（Antonio de Santa Maria），又名李安堂，1633年先后到达中国台湾和福建。利安当解读儒经的索隐手法是在没有考证的基础上大胆猜想，通过儒经证明天主、天主属性、天主教义和教徒品性，主要观点体现在其专著《天儒印》中。比如，根据陈义海的研究，《天儒印》第5段解释《大学》"汤之《盘铭》曰，苟日新，日日新，又日新"时，利安当将其与基督教仪式关联，说："天学初入门者，要领受圣洗礼，用圣水洗额，用盘承之。外洗形体，内洗心神。意在令人洁己求进，弃旧从新。"[2] 利安当是用基督教的受洗仪式来附会儒家的自我完善。但儒家借沐浴清洗身体来比喻道德素质上的改旧图新，属世俗层面的思想，

---

〔1〕古伟瀛：《明末清初耶稣会士对中国经典的诠释及其演变》，《台大历史学报》2000年第25期，第102页。
〔2〕陈义海：《万里东来　来相印证——〈天儒印〉研究》，《上海师范大学学报》（哲学社会科学版）2001年第1期。

而基督教的领洗具有洗去原罪和重生的意义，更针对人的灵魂世界。[1]相比而言，理雅各没有这种纯粹的联想方法，他是一个高度重视历史与文本的学者，大凡论事，理雅各均引经据典，援史立说。

（二）浸淫

法国索隐派耶稣会士（Figurists）指白晋（Joachim Bouvet）、傅圣泽（Jean-François Foucquet）、马若瑟与郭中传（Jean-Alexis de Gollet）。他们将儒经与《圣经》比照，引起中外人士褒贬不一的议论。郭中传的索隐翻译取材于碑文，其他三位直接从"四书""五经"入手。理雅各后期涉及景教的著作也提及了《大秦景教流行中国碑》。

白晋，又名白进，字明远，法国皇室数学家、耶稣会士，留驻北京。白晋幸得中国皇帝康熙赏识，奉命研究著述。白晋提出儒家经典是天主教最早的文字记载。只有通晓天主教义与《圣经》的教徒才能超越字面，深入内涵，找到《圣经》中的人与事，包括耶稣降生、受难及所有作为。比如，《诗经·大雅·生民》开篇曰："厥初生民，时维姜嫄。生民如何？克禋克祀，以弗无子。履帝武敏歆，攸介攸止，载震载夙。载生载育，时维后稷！"白晋认为这些诗句其实在述说："当她（姜嫄）鼓足勇气献上牺牲时，内心充满了对要拯救众生的天上的丈夫崇高的爱，她缓步踏着至亲至爱之人的足迹前行，全神贯注地等待她的神圣意志的决定。她内心纯真的祭献之情在上帝跟前散发沁人心脾的气味，神灵的美德瞬时进入她体内，她的处女腹中突然骚动，其子后稷就这样在姜嫄腹中孕育。"经过一系列对照推论，白晋提出帝喾的妃子姜嫄是圣母玛利亚，后稷是耶稣，帝喾实指上帝。但在《礼记》与《史记》中，姜嫄是帝喾的妃子，并非无夫的圣女。白晋认为中国人早就认识基督教真理，记载于古籍，但后来遗忘，甚至看

---

〔1〕陈义海：《万里东来　来相印证——〈天儒印〉研究》，《上海师范大学学报》（哲学社会科学版）2001年第1期。

不懂古书。传教士的任务首先是唤醒中国人对基督教的记忆。[1]在白晋眼中，《易经》作者伏羲是该隐的儿子以诺（Henoch）。白晋强调"《易经》中伏羲八卦图暗示'阴阳''善恶'与'有无'二元观念"。他认为阳爻"—"等同"完善"，阴爻"－－"等同"不完善"，变幻莫测，与创世后善恶多端的命运相符，伏羲以此宣讲上帝原初律法，适合当时的认知能力。[2]与白晋相比，理雅各著作的学术性要强得多，他的诠释基础除了经典原文，还有中国学者写的两百部以上的相关著作；白晋对《易经》《诗经》等儒家经典的解读实际上远离中国学术传统。理雅各也有对中国经书的质疑，但始终遵循这种学术传统，比如他认为《春秋》是伪书，《左传》才是真实的，但他仍然尊重中国传统的经传地位，虽有纠结，但学术上绝不离经易辙。

傅圣泽，号方济，从1699年至1721年在华共22年，其间博览儒经，法译《诗经》。奉康熙之命，傅圣泽协助白晋研究《易经》六年，继承其手法，但与白晋、利玛窦观点不同。傅圣泽试图证明《易经》是真神传给中国人的玄秘经典，执着地从儒经中寻找传教依据。在他眼中，"四书""五经"是隐喻，"易"字是耶稣基督的符号；《易经》中卦的短线各自表示数，每个数喻指天主的某种品德、某种奥秘或者某个事件[3]；儒经中提到的山皆指耶稣受难的各各他山，早期中国的皇帝皆教皇。他甚至在分析文字时"找到"耶稣受难的十字架。[4]傅圣泽将伏羲等同于希伯来律法颁布者以诺，因为伏羲与以诺同代，即系谱第七位，都被尊为逻各斯守护者以及科技、文学与美德的祖先；二者论及宇宙生成发展、未来奖惩以及

〔1〕古伟瀛：《明末清初耶稣会士对中国经典的诠释及其演变》，《台大历史学报》2000年第25期，第104-105页；许明龙主编：《中西文化交流先驱——从利玛窦到郎世宁》，东方出版社1993年版，第182-185页；马祖毅、任荣珍：《汉籍外译史》，湖北教育出版社1997年版，第35页。
〔2〕卓新平：《基督宗教论》，社会科学文献出版社2000年版，第300页。
〔3〕许明龙主编：《中西文化交流先驱——从利玛窦到郎世宁》，第225-226页。
〔4〕中国国家图书馆汉学家资源库：http://form.nlc.gov.cn/sino/show.php?id=36。

命运终结后被引往另一维度的生活。[1]傅圣泽觉得儒经多处被篡改，深入研究或能找回真义。他认为儒教与天主教真义不悖，儒经中蕴藏西方遗失的真谛。理雅各也分析过中国文字象形结构，比如在其《诗经》译本中分析过"天"字的结构与寓意，那种分析是有依据且有说服力的，而傅圣泽的分析则是基于联想的。

　　马若瑟于1698年被白晋带到中国，他的《易经入门注释》（*Notes critiques pour entrer dans l'intelligence de l'Y king*）与《诗经》选译本在西方颇有影响。马若瑟曾与白晋在北京共事两年，深受其影响。他的相关论文未获准付印。马若瑟索隐儒经只有一个目的：要让人知道天主教历史同样悠久，"人格化天主"确实存在。[2]《大学》曰："大学之道，在明明德，在亲民，在止于至善。"马若瑟以此为"儒教大纲"，着重"明德"，解释中国儒者也知道基督教中亚当、夏娃偷食禁果违背上帝意愿被逐出伊甸园，劝后人要"明明德"，以赎其罪，才能"止于至善"，重返天国。[3]马若瑟对《诗经·大雅·生民》的分析与白晋相似，认为姜嫄是圣母玛利亚，"姜"字中的"羊"指向神圣羔羊基督，"嫄"字表示她是童贞女，儿子"弃"是弥赛亚。这可联系《诗篇》二十二章六节所言："但我是虫，不是人，被众人羞辱，被百姓藐视。"最后，他被尊为"后稷"，"后"是王的意思；"稷"指谷类，即圣餐饼，象征主的身体。[4]对《书经》所记载的夏朝，马若瑟认为是亚当堕落前人类和谐富裕状态的象征，反映原初所享有的超自然的幸福。[5]马若瑟索隐的中心理念与体系非常独特。

---

〔1〕卓新平：《基督宗教论》，第303页。

〔2〕古伟瀛：《明末清初耶稣会士对中国经典的诠释及其演变》，《台大历史学报》2000年第25期，第109页。

〔3〕于明华：《清代耶稣会士索隐释经之型态与意义》，台湾暨南国际大学学位论文，1991年，第165页。

〔4〕张国刚、吴莉苇等：《明清传教士与欧洲汉学》，中国社会科学出版社2001年版，第275-276页；姚兴富：《耶儒对话与融合——〈教会新报〉（1868—1874）研究》，宗教文化出版社2005年版，第18页。

〔5〕卓新平：《基督宗教论》，第306页。

（三）延续

理雅各的索隐见于其译著，包括"四书""五经"的译本，其《道德经》译本中表示超自然现象名词的体系也有明显的索隐印记。他用英语中首字母大写的"God"翻译《礼记》中的"上帝"。关于此，见本书上节。第三章与第五章均有论述，笔者找出了 900 多个相关例子。理雅各的理念源于他对儒经的研究。在《中国经典》第三卷与《东方圣书》第三卷的前言里，理雅各分别强调了中西文化的至高神之同一的观点，得出中国人对上帝的崇拜由来已久的结论。从某种意义上说，理雅各翻译儒经的过程就是努力在儒经中寻找上帝及其启示的过程。为什么这个富商之子来华传教并度过三十年？这位有极其坚定基督教信仰的传教士为什么用了他的人生三分之二、长达半个世纪的时间译介儒经？为什么他那么尊重孔子？因为孔子在他眼中是"上苍"即"天堂"在人间的代言人，而理雅各要在中国典籍中寻找上帝的话语。理雅各说孔子、孟子有上帝信仰，索隐派人士比对了中西文化典故，都是因为他们从信仰的思维定式出发，要么基于索隐派的理论，要么借鉴了爱尔兰神学理论。爱尔兰的神学哲学家认为上帝在古老的中国留下过印记。索隐派认为中国人早期是有上帝信仰的，只是随着岁月的流逝，人们忘记了。这些说法不仅中国学者通常不会接受，实际上在西方也被传教士批判。本书提到他们的观点，仅仅是表示他们心中亲和中国，融合中西文化的倾向。

索隐手法遭到了中外学者的轮番攻击。从明清之际的传教士到法国汉学家冯秉正（Joseph-François-Marie-Anne de Moyriac de Mailla），这些学者中都有人认为索隐人士是凭空捏造。但当代宗教学者与神学界人士仍在继续相关研究，仍有人在出版索隐成果。当代学者如方豪则肯定其作为。仍有学者沿着索隐思路探索中西文化渊源，可见索隐方法在历史认知中的顽强生命力。尽管诠释者殚精竭虑，时空鸿沟注定他们持不同价值观而形成不同见解。理解的历史性导致同一文本在不同时代、不同地域有不同的解释，知识与理念鸿沟使同时代的人也难达成共识，这都在情理之中。我们每个人都携带前见进入认知领域。索隐派对儒家的思考之对错其实无人确知。读懂自己其实很难，我们都受限于历史局限性，受制于社会历史背景，所以平和面对或许也是一种理解方式。从伽达默尔（Hans-Georg Gadamer）视角来说，索隐体现了人的创造力，尽管真伪仍待更有说服力的证据。无论如何，索隐人士第一次如此深刻地触及中西双方文化的内核[1]，平心对待其观点有利于儒家文化在世界文明会通中的提升[2]。

第六节　译中国典籍，创牛津汉学

为传教而了解中国，为了解中国而研习中国文化，为深入探索中国文化而翻译中国典籍，这便是理雅各的汉学之路。因苏格兰哲学的影响而亲和中国，因非国教背景与自由教会的影响而勇敢地尝试自由的福音派实践，理雅各孤独而成功地把世界的注意力投注在中国文化经典之上，他的心路历程与译介道路交织在一起，成了一道美丽的跨文化风景线。

理雅各是历史上第一位以英文全面翻译中国古经的学者，对中国典籍的系统研究与翻译在数量和范围上都是历史上罕见的。一个多世纪过去了，联合国教科文组织至今仍将其译作视为中国典籍的标准译本，欧美读者也正是通过这些翻译著作了解中国传统文化的。

一、开创性的汉籍英译大业

1839 年，理雅各来到马六甲任教。1843 年，他所在的学校迁往香港。

---

[1] 张西平：《中国与欧洲早期宗教和哲学交流史》，东方出版社 2001 年版，第 123 页。
[2] 岳峰、程丽英：《索隐式翻译研究》，《中国翻译》2009 年第 1 期。

064

在随后大约三十年的时间里，理雅各只返英三次，其余时间一直生活在香港。之所以返英，主要是为了疗养身体或译著出版事宜。理雅各的第一任妻子和三个女儿都在香港病故，但理雅各仍选择留在香港。理雅各的主要译著，一是《中国经典》五卷八册，二是《东方圣书》系列。《中国经典》第一版于 1861—1872 年在香港陆续出版，第一卷含《论语》《大学》《中庸》，第二卷为《孟子》。1865 年，第三卷（两册）问世，内含《书经》与《竹书纪年》。1871 年，两册本的第四卷《诗经》面世。1872 年，同样两册的第五卷《春秋左传》出版。1879 年，理雅各将自己翻译的《书经》《孝经》和编写的《诗经的宗教内容》汇集成《东方圣书》第三卷。1882 年，理雅各完全失聪，但仍坚持授课和翻译，完成了《易经》的翻译，即《东方圣书》第十六卷。1885 年，理雅各译出《礼记》，为《东方圣书》第二十七、二十八卷。1886 年，71 岁的理雅各译出《佛国记》。1891 年译出《道德经》与《庄子文集》，即《东方圣书》第三十九、四十卷。1892 年，理雅各对自己的"四书"译本进行了修订和再版。1893—1895 年，理雅各在克莱仁登出版社（The Clarendon Press）重新出版了经过修订的《中国经典》。许多翻译家采用节译或选译的方式，但理雅各一律采用全译，其翻译与研究的数量令人叹为观止。1872 年 7 月的一个夜晚，理雅各因过度疲劳而休克，手部也受伤。实际上，理雅各经常不顾一切地以翻译为目标全力以赴，深夜独处时，日记中的言语总是鼓励自己尽全力冲刺，使体力、智力和意志力都发挥到极致。

　　理雅各的译本不仅有译文，还包含长篇序言和详尽注释，其中严谨的考证为后人的研读提供了重要参考。翻译的可信度在很大程度上取决于对原文的理解，要确保理解的精确就需要在诠释本上下功夫。曾有学者建议理雅各请权威人士助译，但理雅各认为权威同样需要依赖注释，且官方解释本身分歧很大，于是理雅各选择在官方解释的基础上加上自己的分析考证。理雅各选择了 300 种最有影响力的注释本，博采众长，不限于某一解释。上文提过，从 1862 年到 1873 年，中国学者王韬协助了理雅各的翻译事业，实现了中西合作。王韬的主要作用是为理雅各收集"十三经"的注解本。但理雅各没有全盘接受王韬的意见，而是有选择性地采用，比如就没有采用王韬编的《周易集释》。理雅各在《诗经》译注中也表达了 16 处与王韬不同的看法。王韬赞赏理雅各"不主一家，不专一说，博采旁涉，务极其通"，并称之为"西儒"，这表明理雅各获得了清朝学界的尊重。

　　曾有人质疑理雅各《诗经》译本不押韵，这一点至今仍有争议。事实上，理雅各于 1871 年第一次译《诗经》，采用无韵体是为了保留文化信息。1876 年第二次翻译时，理雅各采用了优美的韵文，对此若不了解容易产生误解。忠实和严谨是理雅各翻译的首要原则和最大特点。他以直译为主、注释为辅，在形式和内容上尽可能贴近原文，精确度很高。与当今译者相比，理雅各的译文较简洁，这是因为他古文造诣高，能够依据原文句式翻译，而许多译者参考的是现代汉语，句式更为烦冗。如果原文为警句，理雅各的译法能有效保留其特色，效果更明显。对于一些中国文化高频词语，如"君子""仁""义"，理雅各的翻译措辞则细腻多变，以呼应不同的语境。《中国经典》每一册都附有理雅各编写的同词异译列表。[1]

二、译经之艰辛与性格之坚韧

　　本章第三节提到理雅各生活的困境，可以得知他翻译历程的艰辛。特别值得一提的是，理雅各在翻译的过程中曾三次受伤。1872 年 7 月的一个晚上，他在午夜时分完成了《中国经典》的翻译工作。当时钟敲响三下时，他走出房门，欣赏了一下夜色。后来，他唯一能回忆起的就是医生正在他

---

〔1〕岳峰、李广伟：《汉籍英译名家理雅各》，《中国社会科学报》2020 年 7 月 1 日。

066

身边。一个巡夜人说，他在凌晨 3 点经过这间房子时，听到什么东西掉落在地上的声音，随后传来呻吟声。他找到仆人进了房间，发现理雅各躺在地上，头上流血，不省人事。他们将他抬上床，随后三个小时没有去管他。在早晨 7 点钟，仆人端着日常的早茶进屋，发现理雅各仍处于昏迷状态，枕头上沾满了血渍，手已经肿到肘部。另一个仆人登上山去了理雅各女儿的住处，说理雅各不知是死是活。但五天后的星期天，理雅各手缠着绷带又开始讲道了。另一次，理雅各站在书房的椅子上取书，这时椅子的一条腿突然断了，理雅各摔到地上。医生一天来了三次，检查其肋骨是否折断。还有一次，正当一艘船的舱口打开的时候，理雅各碰巧从那里经过，掉入船内。他本能地抓住舱口，左肋撞在舱口，被人拉上来时，剧痛，以为肋骨尽断，好在最后只是肋骨受伤，但手脱臼了。[1]

管窥理雅各的成长道路可以解读其人。他经历过不少危机和逆境，但他的意志反而因此变得更坚定。少年时期，理雅各曾被车撞伤腿，在家疗伤期间却养成每天凌晨 3 点就起来用功的终生习惯。1831 年，理雅各遭遇骚乱，死里逃生后还是以压倒式的优势获得了最高奖学金。来到中国后，理雅各历经天灾人祸，一生都在可能染上肺结核的危险中工作和生活。1839 年至 1843 年间，理雅各也曾感叹难以承受重担，想结束传教生涯返回英国，但虔诚的信仰还是让他留了下来。当代人很难想象传教士先驱艰苦的开拓生涯，但是理雅各每遭遇一次挫折都能重新振作，并取得出色的成就，这说明他的心理素质在磨难中变得愈发坚韧。[2]

理雅各翻译了一辈子。1885 年，已经 70 岁的理雅各觉得自己精力不减当年，尽管他已经完成了自己定下的任务，但仍定下一个新的目标，那就是研究和翻译道教文献。实际上，理雅各早在 1879 年就开始翻译道家的

〔1〕Helen Edith Legge, *James Legge: Missionary and Scholar*, pp. 137-138, 142, 172-173.
〔2〕林风、岳峰：《传教士汉学家的跨学科研究方法：神学、翻译与历史》，《道风：基督教文化评论》2016 年春季号（总第 44 期）。

著作《道德经》和《庄子》，到1887年完成了初稿，并于1891年正式出版。与此同时，他开始着手修订自己的"四书"和"五经"译本，《中国经典》翻译的质量一直是他关注的问题。他说如果身体健康和寿命允许的话，他希望能再推出一两部补充卷，从而囊括"十三经"。[1]

三、理雅各所译《中国经典》与《东方圣书》概貌

理雅各的译著以《中国经典》与《东方圣书》最负盛名。他的其他译著、著作与论文请参考书后参考文献"一、理雅各著作、论文与译作"。

（一）《中国经典》

《中国经典》第一卷包括《论语》《大学》《中庸》，该卷学术研究内容136页，包括序言与六个章节。第一章"中国经典的综述"，包括：1.中国经典所包括的书籍；2.中国经典的权威性。第二章"《论语》析论"，包括：1.汉朝学者与《论语》的形成；2.撰写的时间、作者、计划与真实性考证；3.关于《论语》的论著；4.各类文献。第三章"《大学》析论"，包括：1.《大学》的历史及排序上的不同；2.作者、正文与评述的区分；3.范围与价值。第四章"《中庸》析论"，包括：1.《中庸》在《礼记》中的地位与成书时间；2.作者与其简略生平；3.其完整性；4.范围与价值。第五章"孔子及其直传门徒"，包括：1.孔子生平；2.其影响与观点；3.孔子的直传门徒。第六章"本卷所参阅的书籍"。该卷译文245页，索引14页。

《中国经典》第二卷是《孟子》，学术研究内容124页，包括序言与四个章节。第一章"孟子的著作"，包括：1.汉朝及此前孟子著作地位的确立；2.赵岐及其对孟子的研习；3.其他研究者；4.完整性、著作者与在

---

〔1〕林风、岳峰：《传教士汉学家的跨学科研究方法：神学、翻译与历史》，《道风：基督教文化评论》2016年春季号（总第44期）。

"四书"中的地位。第二章"孟子及其门徒",包括:1. 孟子生平;2. 孟子的影响及其观点;3. 孟子的直传门徒。第三章"杨朱与墨翟",包括:1. 杨朱的观点;2. 墨翟的观点。第四章"本卷所参考的书籍"。该卷译文352 页,索引 11 页。

《中国经典》第三卷《书经》,分为两册,学术研究内容 207 页,包括序言及六个章节的内容。第一章"《书经》的历史",包括:1. 溯源公元前 212 年秦始皇焚书事件;2. 从公元前 212 年至 1130 年;3. 从 1130 年至今。第二章"《书经》之可信度"。第三章"《书经》主要年代考",包括:附 1. 湛约翰的论文《中国古代天文学》;附 2. 湛约翰的论文《中国历法》。第四章"竹书纪年",后附中国历史年代表。第五章"中国古代帝国"。第六章"本卷所参阅书籍"。该卷译文 280 页,索引 15 页。

《中国经典》第四卷《诗经》,分为两册,学术研究内容 181 页,包括序言及五个章节的内容。第一章"《诗经》早期历史与当今文本",包括:1. 孔子以前;2. 孔子时代至今;附录:《诗经》以外的中国古诗样诗。第二章"诗源、解释与作者、诗序与真实性",包括:1. 诗序;2. 年代;3. 韩婴释诗。第三章"韵律、古汉字读音、作者与诗的价值",包括:1. 韵律;2. 古汉字读音;3. 诗的价值与特点;附录:论文《论汉诗的各种形式》。第四章"由《诗经》看中国",后附法国汉学家毕欧(Edouard Biot)的论文《中国古人礼仪探》("The Manners of the Ancient Chinese, according to the She-king")。第五章"本卷所参阅书籍"。该卷译文 450 页,索引 32 页。

《中国经典》第五卷《春秋左传》,分为两册,学术研究内容 147 页。第一章"《春秋》的性质与价值",共五节:1. 早期有关叙述的缺憾;2.《春秋》的资讯与本质;3. 汉朝时期《春秋》的恢复;4.《春秋》早期的三种注疏;5.《春秋》的价值;附 1.《公羊传》的注释样例;附 2. 袁枚质疑孔子是否为《春秋》之作者论。第二章"《春秋》的编年",包含:

1. 文本的编年；2.《春秋》里的日期；3. 周朝始末的列王及诸侯。第三章
"春秋时期的中国"。第四章"本卷所参阅的书籍"，后附粤东省城萃文堂
刻的《春秋时期中国地图》与湛约翰绘制的《春秋地图》。该卷译文 838
页，索引 50 页。

（二）《东方圣书》

《东方圣书》第三卷中文名为《书经》《诗经的宗教内容》《孝经》，
英文名为 *The Shoo King，the Religious Portion of the Shih King，the Hsiao King*。
其中，《书经》学术研究内容 30 页。第一章"《书经》的本质与历史"；
第二章"《书经》记述的可信度"；第三章"论《书经》中的中国年代表
与主要朝代"，该文后附图。该卷译文 240 页。

《诗经的宗教内容》学术研究内容 28 页。第一章"《诗经》的题目
与内容"；第二章"孔子之前的《诗经》与他所做的工作"；第三章"孔
子时代至今的《诗经》"；第四章"《诗经》的成文、诠释与时间"。该
卷译文 141 页。

《孝经》学术研究内容 16 页。第一章"《孝经》的题目由来与含义、
汉朝之前的《孝经》、内容及作者"；第二章"汉朝《孝经》及唐文宗前
的保存与演变"；第三章"唐朝以后《孝经》的批判"。该卷译文 22 页。
第三卷总索引 2 页。

《东方圣书》第十六卷《易经》，《易经》学术研究内容 150 页。第一
章"公元前 12 世纪的《易经》"；第二章"《易经》的主题与爻的解释"；
第三章"关于《易传》"。该卷译文 256 页，索引 13 页。

《东方圣书》第二十七、二十八卷《礼记》，学术研究内容 59 页。第
一章"三礼历史概说"；第二章"'礼'的含义，书名的含义及其价值"；
第三章"介绍诠释本"。该卷译文 875 页，索引 14 页。

《东方圣书》第三十九、四十卷《道德经》，这个书名下包括《道德
经》与《庄子文集》。《道德经》学术研究内容 52 页，包括前言及四章内

容。第一章"道教是否早于老子出现？中国三教与道教的特殊性"；第二
章"《道德经》与《庄子文集》的真伪考及其文本安排"；第三章"道的
含义与道教要义"；第四章"司马迁关于老子与庄子的叙述"。该卷译文
79 页。《庄子文集》中学术研究内容 37 页，译文 475 页。第三十九、四十
卷索引共 6 页。

四、理雅各的译文差错

最后，也谈谈理雅各译经的差错。理雅各的翻译是开创性的，翻译了
许多别人没有译过的东西，直面了许多别人回避的难点。既然是开创性的，
就是可改进的。后来的汉学家翻译的依据经过时代的发展愈发完备，还有
理雅各的翻译做比照，在某些方面的准确度超过理雅各的译文是应该的。
刘家和对理雅各翻译《书经》的差错做过系统全面的分析，认为理雅各的
差错来源有三个方面：第一类是因误解经文或旧注而产生的问题，第二类
是因沿袭中国传统注释的错误而重复其误解，第三类是理雅各本身解经失
误。这实际上也是理雅各翻译所有经典的差错根源。[1] 以下为刘家和所列
举并分析的例子：

> 例 1：《汤誓》中"率割夏邑"一句，理雅各把其中的"夏
> 邑"误译为"the cities of Hea"[2]。"夏邑"被译为复数。但"夏
> 邑"指的就是夏国。《说文解字》云："邑，国也。"理雅各误把
> "邑"当作城市，误解《书经》经文。

---

[1] 刘家和：《理雅各〈中国经典〉第三卷引言》，见［英］理雅各编《中国经典》第三卷，华东师范大学
出版社 2010 年版，第 13-17 页。
[2] James Legge, *The Shoo King or The Book of Historical Documents*, London: The London Missionary Society's
Printing Office, 1865, p. 175.

例 2 :《尧典》中"克明俊德"一句，理雅各误译为"He was able to make the able and virtuous distinguished"[1]。伪孔安国传云："能明俊德之士任用之。"[2]蔡传云："俊，大也。"[3]"俊德"不是理雅各所说的"大德"，"俊"指"才能"，应与"德行"分开。理雅各误解了伪孔传和蔡传的解释。

例 3 :《召诰》中"越若来三月"一句，蔡沈说"越若来"乃古语辞[4]，理雅各以为它没有实在的意思，故未译。[5]但王引之云："越若来三月，五字当作一句读。越若，语辞，来，至也。（见《尔雅》）言越若至三月也。"[6]故"越若来三月"是说"到了三月份"。蔡传有误，理雅各参考了蔡传。

例 4 :《洪范》中"子孙其逢吉"一句，理雅各译为"and good fortune to your descendants"[7]。这是依据伪孔传的说法。但马融、江声、王念孙、高本汉等均依据文字训诂学说释"逢"为"大"，原文的意思是"子孙后代将会发展壮大，是吉祥的"。

瑕不掩瑜，考察理雅各的译文，可以发现其忠实严谨的风格。他力求传达原文意思，采用直译为主、注释为辅的方式，极少自由发挥，因此整体精准可靠。无论形式还是内容，他的译文都极力贴近原著。1847 年，32

---

[1] James Legge, *The Shoo King or The Book of Historical Documents*, p. 17.
[2][清]阮元校刻:《尚书正义》，中华书局 1980 年版，第 119 页。
[3][宋]蔡沈注:《书集传》，见《四库全书》第 58 册，第 449 页。
[4]同上，第 818 页。
[5] James Legge, *The Shoo King or The Book of Historical Documents*, p. 17.
[6][明]王引之:《经义述闻》，转引自刘家和:《理雅各〈中国经典〉第三卷引言》，第 14 页。
[7] James Legge, *The Shoo King or The Book of Historical Documents*, p. 337.

岁的理雅各立志开始一项使人们理解中国的伟大工程，他将这个心愿记载于日记中。此后，理雅各将研究重心对准了中国文化最重要的主干——"十三经"。他以五十年的时间译介了"十三经"中的主体部分以及道家的《道德经》和佛家文献《佛国记》。中国古代经典极其繁杂深邃，这是众所周知的。而作为香港教会核心人物的理雅各公务缠身，时间紧迫，条件有限，但他仍靠着坚定的毅力完成了这一伟业，直至病重。他曾感叹："很少有人意识到翻译一本中国经书要花费多少心血。"理雅各对译本依据有独到的做法和思考，这体现了他作为译者的品质和原则。每部译作中，理雅各都投入了大量的时间考证原文，这对大多数译者来说是难以想象的功夫。理雅各正是以这种态度阐释中国人文思想的精髓，他的贡献远远超出语言层面的转换，他作为译者诠释中国经典的透彻度前无古人，迄今也无来者，他为西方人认识中国文化奠定了基础。在译著的副文本中，他尊重中国古代圣贤，赞赏其伦理思想；另外，他从信仰角度与西方现代理性思维出发，质疑经典中的某些成分。具体来看，理雅各的某些批评确实站得住脚。比如，他指出孔子没有阐述国际关系，由此形成的传统也使晚清与西方文明相遇时显露出弱点。此外，他还批评儒家思想过于追求传统，阻碍了社会进步，坚持"浮学"的迂腐士大夫长期牵制着晚清的发展。理雅各还批评儒家思想缺乏真正的中庸之道，士大夫对孔子顶礼膜拜，缺乏客观性，谄媚权贵，且缺乏逻辑思维。理雅各对中国文化的评判并非出于歧视，而是源自信仰与思维方式的差异。理雅各的译文可称学者型，严谨中不乏精华，他结束了西方学者的业余研究，使汉学进入专业阶段。理雅各是汉学研究的里程碑式人物，他对中西文化交流做出了空前的贡献，其人及其作在中国文化的传播中有着重要地位。[1]

---

〔1〕岳峰：《理雅各与中国古经的译介》，2003 年福建省外国语文学会年会交流论文文集，2003 年。

五、理雅各与牛津大学最早的汉语教学

因理雅各在汉语方面的造诣深厚，他在退休返英之后受聘成为牛津大学首任中文教授，再一次为沟通中西文化做出贡献。理雅各于 1875 年出任牛津大学耶稣文集学院（Corpus Christi College）比较语言学主持教授。印度学研究者穆勒教授与副校长李德尔（W. G. Liddell）博士关于聘请理雅各任职的相关文件现藏于牛津大学新波德雷安图书馆。

理雅各深谙汉语，就其资历而言，完全有能力担任牛津大学汉学教授，但该大学规定师生必须终生信守国教安立甘（Anglican）教会的 39 条教义，而理雅各的非国教宗教信仰不是英国主流，成了一大拦路虎。最终牛津大学看重理雅各的汉学造诣，对其破格聘用。牛津大学要聘用一位非国教教徒为教授，基本上是史无前例的。这间接表明理雅各汉学造诣之深，足以让大学破格录用。在大学任教期间，理雅各依然没有改信国教。

1876 年 10 月 27 日，理雅各在谢尔德廉戏院发表就职演说时道："我期盼两个卓越的民族能维持和平，加深彼此的理解，我期盼汉语学科的设立能够起到重要的辅助作用。"[1]理雅各不满足于仅仅让学生懂得汉语，他还有更深层次的教学目标。他说："我知道在牛津，一个学子可以把汉语学到用书面语让中国人看明白的程度。但能否学到很高的程度，能否用典雅的汉语表达自己的思想，或就任何问题写出让中国学者满意的论文，能否不借助中国学者的修订就写出漂亮的文章，这就很难说了。但我也不是说这就是不可能的……要达到这个目标需要一定时间的苦练，只有为数不多的人能做到。"[2]确实，让学生掌握并书写地道的汉语难度颇高，其一在于汉语属于汉藏语系（Sino-Tibetan language），英语属于印欧语系（Indo-

---

[1] James Legge, *Inaugural Lecture, On the Constituting of A Chinese Chair in the University of Oxford, Delivered in the Sheldonian Theatre*, London: Trubner & Co., 1876, pp. 1-2.

[2] ibid, 25-26.

European languages），这两种语言截然不同；再者汉语的读写系统不同，
学一门汉语相当于学习两门印欧语系的语言。其二在于 19 世纪 70 年代汉
学是冷门学科，研究还处于初级阶段。

在 18—19 世纪，牛津大学耶稣文集学院的学生总人数少于 20 人，学
院设有东方学（The Orientalist realm），学习研究闪族（Sumerian）、阿拉
伯、中国等语言文化。理雅各执教时期，学生人数超过 30 人，学院还于
1876 年设立了东方学学院（The Orientalist school），同时也教东方学以外
的课程。当时，汉学因为是冷门学科而受到忽视。1877 年和 1887 年，理
雅各曾致信英国大臣就汉学教育问题提出建议和要求，但多年后才得到答
复。理雅各建议学生在牛津大学学习汉语一年，之后再前往中国等东方国
家。理雅各热心教学，深受学生爱戴。很多学生学成后写信致谢恩师，其
中有人写道："我非常感激三年以来您的指导，相信我会继续学习，学到
在某种意义上能够回报您的程度。我要成为学者，从而成为您当之无愧的
学生。"[1] 理雅各担任汉语教授直到去世。[2] 令人感动的是，去世前几天他
还在上课，他的学生拍摄他最后的黑板汉字板书的照片作为纪念。

理雅各在教授汉语时重视语言和文化，注重翻译训练。从 1879 年至
1892 年，德庇时汉学奖学金考试曾举行过九次。新波德雷安图书馆保存有
该考卷原件，档案编号为 shelfmark 2626 e. 73b。戴维斯汉语奖学金考试分
语言与文化两部分。语言类考题范围包括汉语语言知识（汉字类型、发音
音素与规则、偏旁部首与笔画、词汇、词性、说文解字、句型、语言的本
质）、汉语写作、中国经书汉英翻译与《圣经》英汉翻译。文化类考题包
括中国哲学（"虚"与"实"、"生"与"死"的含义，对孔子、孟子、
"二程"、性善论的评述）、中国历史（中国封建王朝持续的时间、政府形

---

[1] Helen Edith Legge, *James Legge: Missionary and Scholar*, p. 229.
[2] Linsay Ride, "James Legge—150 Years", p. 15.

式、少数民族的政权、历史名人、史学典籍、先秦常识）、中国地理（省份、河流、山脉、通商口岸与中国地图的绘制）。[1] 这个考题范围实际上是理雅各的知识模块，是他翻译《中国经典》与《东方圣书》所研究的知识。翻译是基础知识，也是高阶知识。他熟谙《圣经》的翻译，自己则是中国典籍的翻译大师。

理雅各认为，如果到中国居住一段时间，那么汉语学习必不可少。理雅各说儒莲没来过中国，导致他对中国古籍的理解存在不足。他推崇实地学习的思想与建议学习文化背景知识的思想基本一致。除了上文提到的考题内容，理雅各还考察过《千字文》和《三字经》。1863 年，理雅各在香港培训政府职员时就使用《三字经》作为教材。他选择《三字经》是因该书既有利于教授汉语知识，又便于传授中国文化知识。

理雅各轻语法的教学倾向可能会引发争议。1892 年 12 月 12 日，理雅各致信施古德，他在信中写道："你介绍过不教语法而成功地达到教学目标的事，我很感兴趣。我本人也是如此，1837 年至 1838 年我学汉语时就没学汉语语法，在牛津教学时我想最好不要讲语法。"[2] 当然，上文的考题中肯定涉及语法知识，但数量不多。现今对语法教学是否重要这一问题，学者持迥乎不同的态度。理雅各的教学失误在于不够重视口语教学，多少有点重古经而轻日常实际运用的倾向，其实这与他早年师从修德学习汉语的经历有关。"读经比学习口语重要"的理念似乎还形成了牛津大学汉语教学的传统[3]，之后的任职教授也继承了这一教学理念。直到"二战"爆发，军事和外交领域需要口语人才，这种教学情况才有所改变。[4]

理雅各在牛津大学任教，因此其相关档案现存于牛津大学新波德雷安

---

〔1〕Wong Man Kong, *James Legge: A Pioneer at Crossroads of East and West*, pp. 91-93.

〔2〕Gustaaf Schlegel, "Necrology-James Legge", p. 60.

〔3〕阎纯德：《汉学研究》（第五集），中华书局 2000 年版，第 23、35 页。

〔4〕岳峰：《架设东西方的桥梁——英国汉学家理雅各研究》，第 319-333 页。

图书馆，如理雅各在牛津大学的授课讲稿、689 页，三本汉语翻译杂录、128 页，未完成的英汉辞典手稿、47 页，《道德经》序言与介绍的手稿、42 页，理雅各的笔记、264 页，以及自传与信件。已经出版的文献包括译著、译论、词典、宗教论著、汉学讲稿等，其中有的是未完成的手稿。还有一类是理雅各的家属留下的资料，包括传记、信件等。理雅各有两本未出版的自传手稿：一本是 141 页的《我的一生》，从其少年时代写到 1840 年，因病逝而未完成；另一本是 44 页的《追忆往事》，描述了 1839 年到 1863 年他在华期间的各种活动。这两份资料记述了理雅各在华经历，包括他的思想、活动，记录的事情也有一定的典型性。此外还有理雅各的信件、公务报告以及出于慈善目的出版的非学术性书籍。部分内容是理雅各临终前几年的手稿，由于年岁和疾病的关系，字迹难以辨认，有差错，不能代表理雅各的正常翻译水准。理雅各编著的字典包括在马六甲写的《英、汉及马来语词典》、《汉英词组词典的初稿》、《英汉辞典手稿》、《汉英辞典手稿（含中国历史注释）》（未完成），存放于新波德雷安图书馆档案库。手稿反映了理雅各系统编撰英汉双向词典的开创性努力，他提供的文化背景词语的编写方法即使在现在也算是前卫的。

　　以下是笔者查到的牛津大学关于理雅各的档案，均提供档案编号以方便读者使用，以促进后续研究。

　　1. James Legge, *Notes of My Life*, ms.eng.misc.d.1265, unpublished material, New Bodleian Library, University of Oxford.

　　2. James Legge, *Three Notebooks Containing Various Translations from the Chinese*, ms.eng.misc.e.1379-81, unpublished material, New Bodleian Library, University of Oxford.

　　3. James Legge, *Incomplete Translation of the Nine Songs of Chu Yu'a*, ms.eng.misc.e.1255, unpublished material, New Bodleian Library, University of Oxford.

4. James Legge, *Miscellaneous Notes and Translations*, ms.eng.misc.d.1256, unpublished material, New Bodleian Library, University of Oxford.

5. James Legge, *Draft for a Chinese-English Phrase Book*, ms.eng.misc.d.1257, unpublished material, New Bodleian Library, University of Oxford.

6. James Legge, *Draft for Letters I-L of an English-Chinese Dictionary* (compiled by Walter Henry Medhurst) , c.1850, ms.eng.misc.d.1259, unpublished material, New Bodleian Library, University of Oxford.

7. James Legge & Others, *Letters and Papers Relating to the Professorship of Chinese at Oxford, 1863—94*, ms.top. oxon.c.528, unpublished material, New Bodleian Library, University of Oxford. [including: a. Papers Concerning the Raising of an Endowment (1875—1878) (fol.1-47) ; b. Letters Relating to the Foundation and Maintenance of the Chair, 1875—9 (fol.48-100) ; c. Letters to James Legge (fol.101-168) ; d. Letters from James Legge (fol.169-218) ; e. Printed Examination Papers for the Davis Chinese Scholarship (1879—1892) (fol.223-271)] [Also, Letters between Sir JF Davis and Dr. Liddell Concerning Endowment for Davis Chinese Scholarship: OUA Reference SEP/16/3, the Examination Papers for Davis Chinese Scholarship : shelfmark 2626 e.73b] , James Legge's Inaugural Lecture: shelfmark GA Oxon Octavo 199 (14) , the Report of a Committee Set up by Hebdomadal Council Concerning James Legge's Professorship: shelfmark GA Oxon c.30 (99) , GA Oxon c.30 (100) , in New Bodleian Library]

8. James Legge, *Lectures Delivered, 1877—1896*, ms.eng.misc.e.1377, unpublished material, New Bodleian Library, University of Oxford. [including: a. "What and Where was Fu Sang?" (fols.1-12) ; b. "The Emperor Yao" (fols.13-26) ; c. "The Pan Family of our First Century" (fols.27-37) ; d. "The Purgatories of Buddhism and Taoism" (fols.39-47) ; e. "The Nature

and History of the Chinese Written Characters", ms.eng.misc.e.1377 (fols.51-64) ; f. "On Chinese Poetry" (fols.65-78) ; g. "A Fair and Dispassioned Discussion of the Three Doctrines Accepted in China" (fols.79-114) ; h. "On Chwang-zse and his Illustrative Narratives" (fols.119-131) ; i. "On the Life of Confucius" (fols.133-156) ; j. "Mencius, the Philosopher of China" (fols.159-184) ; k. "Imperial Confucianism", ms.eng.misc.e.1377 (fols.195-265) ; l. "Confucius", ms.eng.misc.e.1377 (fols.267-268) ; m. "The War between China and Japan", ms.eng.misc.e.1377 (fols.278-289)]

9. James Legge, *Lectures Delivered, 1880—1895*, ms.eng.misc.d.1253, unpublished material, New Bodleian Library, University of Oxford. [including: a. "Feudal China: the Dynasties of Hsia, Shang, and Chau" (fols.1-59) ; b. "Fa-Hsien and his Travels in India, with the Sate of Buddhism in our Fifth Century" (fols.60-89) ; c. "Miscellaneous Translations from the Chinese" (fols.90-107)]

10. James Legge, *Lectures Delivered, 1883—1896*, ms.eng.misc.d.1252, unpublished material, New Bodleian Library, University of Oxford. [including a. "The Reign of Yao" (fols.1-18) ; b. "Summary of the History of the Period 255-205 B.C." (fols.19-29) ; c. "The Story of Pai Li His" (fols.30-47) ; d. "Hua Yuan of Sung" (fols.48-57) ; e. "Ancient Chinese Civilization as Indicated by the Characters" (fols.58-82) ; f. "The Whole Duty of Man According to Confucianism and Christianity Respectively" (fols.83-102) ; g. "The Tao Teh King" (fols.103-150) ; h. "Lists of and Notes on the Rulers of China" (fols.151-182)]

11. James Legge, *Lectures Delivered, 1880—1885*, ms.eng.misc.c.863, unpublished material, New Bodleian Library, University of Oxford.[including: a. "Confucius and the Religion of China" (fols.1-22) ; b. "The Great Archer"

（fols.23-32）；c. "On Future Punishment as Conceived by Confucianists" （fols.33-51）；d. "Wu Yun, or Wa Tsze-his, the Hero of Vengeance" （fols.52-75）；e. "On the City of Pekin" （fols.76-96）；f. "Mencius" （fols.99-114）；g. "Ch'in Shih Hwang-Ti, the First Emperor of the Ch'in Dynasty" （fols.115-144）；h. "Lao Tsze" （fols.145-167）；i. "Miscellaneous Translations from the Chinese" ］

12. James Legge, *Notebook*, ms.eng.misc.d.1258, unpublished material, New Bodleian Library, University of Oxford. ［including: a. "An Incomplete Draft for a Chinese-English Dictionary, Interspersed with Miscellaneous Notes on Chinese History" （fols.1-54）；b. "A Commentary on the Yih King, 1881." ］

13. James Legge, *Notebook*, ms.eng.misc.e.1378, unpublished material, New Bodleian Library, University of Oxford. ［including: a. "A Historical Account of the Ch'in Dynasty" （fols.1-55）；b. "An Incomplete History of the Five Ti's" （fols.123-117）］

14. James Legge, *Notebook including list of expenses*, ms.eng.e.556, unpublished material, New Bodleian Library, University of Oxford.

15. James Legge, *Reminiscence*, ms.eng.misc.c.812, unpublished material, New Bodleian Library, University of Oxford.

16. Dominica Legge, *James Legge*, ms.eng.misc.c.865, unpublished material, New Bodleian Library, University of Oxford.

17. James Legge, *Family Letters*, ms.eng.misc.c.865, unpublished material, New Bodleian Library, University of Oxford. ［including: a. "Passport of James Legge" （fol.1）；b. "Accounts of James Legge with Clarendon Press for Books Published, 1886—7" （fols.2-5）；c. "Typscripte Copy of Legge's Notes on a Chinese Martyr, Che'a Kin Kwang" （fols.15-23）；d. "Executor's papers" （fols.24-32）；Dominica Legge, James Legge, ms.eng.misc.c.865

（fols.33-48）］［Also, Letters between 1837—1896: CWM China. Personal Box 4-10, Letters between 1859—1897: MS.380476，in School of Oriental and African Studies, London University（SOAS），（also refer to）*Mission Magazine*（*Missionary Chronicle and Magazine*）］［Also refer to Johnston, Mary Hannah，a Journal, ms.eng.misc.d.1264.］

　　执教牛津期间，应穆勒邀请，理雅各参与《东方圣书》（共 50 册）丛书的英译工作，完成其中 6 册，包括儒经译本的重译和儒道著作的新译，是译过儒家经典最多的外国人。经过了一段时间的思考，理雅各想再次出版《中国经典》。19 世纪 90 年代初，他再一次将精力集中到自己在牛津授课用的《中国经典》上，于 1893 年至 1895 年对其进行修订，并由克莱仁登出版社出版发行。

　　理雅各坚持授课与汉学翻译，于 19 世纪 80 年代末进一步探究了汉传佛教和叙利亚基督教在中国早期形态的相关问题。理雅各与住在牛津附近的继女及其丈夫、学者、学生和朋友长期往来，因此不至于隐居遁世。直到去世前几天，理雅各还在教书。终其职业生涯，他都与非国教派机构及其传教事业密切相关。其一生饱受诟病，只因正面评价中国古代圣人。因此，理雅各对自己的传教士生涯与汉学研究的反思《我的一生》带有忧郁的色彩。很大程度上，正是他对中国经典客观而非批判的态度，使 19 世纪 90 年代越来越多的国外学界人士关注中国经典。理雅各大胆倡导自由的福音传统，以使传教适应中国传统文化。他将中国典籍中的"上帝"译为《圣经》中的"God"，愿意尊孔子为"夫子"，这种立场选择是传教士学术史上的一座里程碑。[1]

---

［1］岳峰等编译：《翻译研究的跨学科方法——费乐仁汉学要义论纂》，第 49 页。

第二章 理雅各译"四书"

"四书"即《大学》《中庸》《论语》《孟子》，这是为方便刻写出版的通行排序，但朱熹按照由浅入深进修的早期排序是《大学》《论语》《孟子》《中庸》。理雅各的《中国经典》第一、二卷是"四书"的翻译，其中第一卷是《论语》《大学》《中庸》的译本，第二卷是《孟子》的译本。《论语》是记载孔子及其弟子言行的书，由孔子的弟子及再传弟子集录、整理而成；《大学》，原是《礼记》中的一篇，相传是曾子所作；《中庸》相传为孔子的弟子子思所作；《孟子》是孟子及其弟子的言论辑录。理雅各这样排序的目的可能在于突出孔子，因为孔子在中国文化中的地位最高。理雅各迫切希望先向西方剖析孔子思想以便于传教，但受非国教背景与爱尔兰哲学的影响，其对孔子的评价在 1861 年出版的《中国经典》里发生过先贬后褒的转变。

理雅各把儒家经典"四书"翻译成英文，对西方理解中国文化产生了深远影响。他的译本采用了详尽的注释，助力学者研究，但也使普通读者望而生畏。他的译文忠实于原文，力求保持原文和译文在句式上的一致。理雅各尊重中国文化，翻译时多采用异化策略。理雅各的译本功能不在于科普，而在于供学者研究。[1]

---

〔1〕岳峰：《儒经西传中的翻译与文化意象的变化》，福建人民出版社 2006 年版，第 136 页。

第一节　《中国经典》第一卷：奠定译介总基调

　　理雅各采用中英双语对照的排版方式，不仅提供了英文翻译，还在每页配有原文和详尽注释。理雅各为经典确定的英文书名被后世沿用，其为孔子做的传记在当时也是欧洲最全面的。《中国经典》按序言、正文、索引的顺序编排。理雅各撰写的详尽序言占很大篇幅。索引收录了经典原文的术语专名，按照《康熙字典》部首顺序排列。理雅各对孔子和儒家经典做了评价，也提出了一些不同观点。书中列有理雅各参考的中外文献目录。第一卷的英译严谨细致，采用特定编号方式便于参照。理雅各解释了许多古汉语词语，并进行了跨文化比较。他参考古籍观点进行译注。该书翻译精良，学术价值高，在相关领域占有重要地位。随后出版的《中国经典》各卷基本采取这种模板与风格，《东方圣书》中他的译本也类似。

一、《中国经典》第一卷概貌

　　张西平、费乐仁（Lauren F. Pfister）对《中国经典》的描述是现有研究中最详尽具体的，其中对第一卷的介绍简述如下。[1]《中国经典》第一卷集《论语》《大学》《中庸》于一体，译著多次再版，引用与评论最多。这些书籍深受历代读者和学者喜爱的主要原因之一在于它们每页采用了中英双语对照的排版方式。自 1861 年理雅各首次出版《论语》英译本起，150 年来其他学者编撰的英译本都沿用了他最初确定的书名译名，《大学》和《中庸》的英文书名也是如此。理雅各翻译的这三部儒家典籍所采用的英文术语一直为后来学者所采纳使用，由此可见其译作在英语世界和相关

---

〔1〕张西平、〔美〕费乐仁：《理雅各〈中国经典〉第一卷引言》，见〔英〕理雅各编《中国经典》第一卷，华东师范大学出版社 2010 年版，第 1-17 页。

领域确立了汉学翻译的标准。

　　该卷按序言、正文、索引的顺序编排。三部儒家经典英译部分约占全书的三分之二。序言部分即理雅各撰写的"绪论"，长达 136 页。正文之后附有七个"索引"，实为三部儒家经典中出现的所有古代汉字和词组列表，依照《康熙字典》214 个部首排序。索引中理雅各标注了出现在三部儒家典籍中的术语出处。索引信息量很大，置于全书末尾。

　　序言主要篇幅是对孔子及其弟子的描述。一方面，理雅各积极评价孔子，不仅赞扬其谦逊的品格，也赞同其主张统治阶级应具备某些道德素质，反对腐败；另一方面，他基于自身信仰对孔子提出异议。序言末尾附有注释的文献目录，介绍相关书籍内容与评价，收录大量相关的中外书刊、丛书与专题著作。尽管普通读者往往忽视了理雅各译著中的学术研究，但其内容丰富，使理雅各成为儒家传统学说的参与者和主动诠释者。这份文献目录是《中国经典》最长的部分之一，不仅包含第一卷中提及的与三部儒家典籍相关的书籍，还包括理雅各编撰时参考的主要资料。目录共收录 63 种文献，其中 43 种为中文书目，均附内容简介；20 种欧文书目仅提供相关出版信息，没有更多注解。中文书目中有 7 部字典，置于末尾。其他 36 种文献包括若干专题丛书，如含百余种的《皇清经解》丛书，及全套"二十四史"等。理雅各使用了 20 种以欧洲文字出版的文献，其中 3 种为拉丁文，6 种为法文，11 种为英文。其中两本为多卷本，包括英文期刊《中国丛报》共 20 卷，由广州新教传教士编辑；以及 17、18 世纪法国传教士的信件，这些作品的作者包括法语和英语学者；此外还有 7 位天主教作家和 6 位新教学者的作品。

　　第一卷主要呈现三部儒家经典《论语》《大学》《中庸》的英译。每页不仅提供英译，还配有超过译文长度三倍的文本。页首为标准古典中文，中间英译，页尾为小字注释和解释。中英文文本都用不同数字标注书、章、段，这是理雅各特意添加的参照体系，以便准确定位儒家经典某段内容。

此外，仔细观察译本可发现某些汉字有小圆圈标记，表示该汉字有不同读音和声调。理雅各还谨慎添加一些与中文不对应的斜体英文，帮助英文读者理解原文意思；他有时也用斜体标出中文文本有争议的句子。

索引部分采用特殊的参照方式。所有索引采用罗马数字标记，如 VI：iii 表示第六章第三节出现的术语；大写字母 A/GL/DM 分别表示《论语》《大学》《中庸》。这样可以像欧洲《圣经》和古希腊拉丁文献那样提供准确参照。

理雅各在书中解释了专有中文词组，如"六艺"。他会积极评论文本，评价其警句风格，并提供类似的《圣经》格言做比照。他也会指出历史上解经者的谬误。理雅各进行了不少跨文化历史比较，如乐器、古代中国礼仪与罗马文化、中国社会阶级与欧洲封建制度的比较等，展现出他的知识广度和思考的深刻性。他参考了诸多学者的解经观点，如翻译《论语》时引用孔安国、何晏、王引之的著作，翻译《大学》时参考唐代孔颖达和清代罗仲藩的看法。

理雅各《中国经典》第一卷为整卷奠定了学者型厚重式的翻译基调，是供学者研究的，译文只是译著的一部分，同样重要的是文化研究部分。19 世纪 50 年代，理雅各为翻译儒经研习中国文化；其间，中国翻译家严复于 1854 年出生。1895 年，理雅各的《中国经典》再版。次年，严复的《天演论》出版，也是厚重式翻译，其按语评述与译文一样长，等于与原作者合作。在整个中国翻译史上，以这种方式翻译出版了系列译著的，也只此二人。

二、文化负载词翻译

《论语》中含有大量文化负载词，在西方语言中很难找到完全对应的词语。我们对《论语》文化负载词做了系统的梳理[1]，其中理雅各的译法分析如下。

（一）中国古典神话意象词"凤鸟"

《说文解字》中对"凤鸟"的解释为："凤，神鸟也。天老曰：凤之像也，麐前鹿后，蛇颈鱼尾，龙文龟背，燕颔鸡喙，五色备举。出于东方君子之国，翱翔四海之外，过崐崘，饮砥柱，濯羽弱水，莫宿风穴。见则天下大安宁。"[2]可见《论语》中的"凤鸟"与英语中的"phoenix"并非等同，而后者恰恰是许多汉学家所用的词。

子曰："凤鸟不至，河不出图，洛不出书，吾已矣夫！"（《论语·子罕》）

The Master said, "The Feng bird does not come; the river sends forth no map: —it is all over with me."[3]

理雅各采用音译"The Feng bird"来翻译"凤鸟"。这种译法避免将目的语中原有词语"phoenix""phönix"与具有中国特色的"凤鸟"混淆起来。理雅各通过直接音译，与目的语已有词语区分开来，可以让读者对中国传统文化中的"凤鸟"形成相对独立的认知。原文中的"凤鸟"被认为是中国传统道德的代表，古人以凤鸟身上的各个部位、文饰来比拟仁、义、礼、智、信等美德，突出表明凤鸟作为美德的化身。理雅各用音译的方法保留凤鸟的文化特性，又通过注释传达其中的儒家伦理观念，指出这是中国传统思想中真善美理念的具体表现。音译尊重原文鲜明的民族特点，

〔1〕岳峰：《在世俗与宗教之间走钢丝：析近代传教士对儒家经典的翻译与诠释》，厦门大学出版社 2015 年版，第 58-78 页。
〔2〕[汉]许慎撰，[清]段玉裁注：《说文解字注》，上海古籍出版社 1981 年版，第 148 页。
〔3〕[英]理雅各英译、杨伯峻今译：《四书》，湖南出版社 1996 年版，第 137 页。

086

有利于通过副文本体现中国古代道德、仁义的象征意义。

（二）中国古代器皿词语

1. 觚

《论语》中有许多具有中国特色的古代器皿词语。它们不仅仅是具体的词语，还蕴含圣人的微言大义，反映当时的社会现象。因此，对这类词语的翻译涉及对传统经典的解释和传承。下文中的"觚"代表了中国特有的一种古代木质酒器。

> 觚不觚，觚哉！觚哉！（《论语·雍也》）
>
> The Master said, "A cornered vessel without corners. —A strange cornered vessel! A strange cornered vessel!"[1]

理雅各用"A cornered vessel without corners"准确表达了"觚"的形状，意为"无角容器"。虽然"vessel"在英语中的原意为用于装液体的容器，如碗、杯子等。但理雅各的用词为目的语读者呈现了一个与原来"vessel"不同的东西。

2. 木铎

> "天下之无道也久矣，天将以夫子为木铎。"（《论语·八佾》）
>
> 铎是一种铜制的大铃铛，因所用的舌头不同分成"金铎"和"木铎"。金铎是古代打仗时使用的，而木铎是在宣布新的政教法令时，派人四处振铎以引起人们注意。[2]
>
> The empire has long been without the principles of truth and

---

〔1〕〔英〕理雅各英译、杨伯峻今译：《四书》，第137页。

〔2〕陈绍敏主编：《大学·中庸》，中国致公出版社2003年版，第17页。

right; Heaven is going to use your master as a bell with its wooden
tongue.[1]

理雅各的译文可回译为：上天将你们的老师视作一个有木舌的铃铛。
他强调这不是一个普通的铃铛，而是一个具有木舌的铃铛，即"a bell with
its wooden tongue"。正是因为理雅各对中国文化的透彻理解，即使是翻译
一个古代器皿词时，也能通过强调外形凸显其内涵，即这是木铎而非金铎，
也非任意的铃铛。

（三）中国古代礼制词语

《论语》中还有一些与传统礼制相关的词语，简单的直译往往无法充分
介绍中国古代的传统礼制，比如"佾"。"佾"代表着中国特有的一种古代
乐舞的行列。"一佾"为八人一行；"八佾"即八行八列，共六十四人。

八佾舞于庭。（《论语·八佾》）
He had eight rows of pantomimes in his area.[2]

理雅各将"八佾"译为"eight rows"，可能属于翻译不足。英译本
中的"eight rows"只能表达出八排的意思，但无法传达每排中有八人的
意思，且"八佾"不仅仅是数字概念。原文还表达了孔子对君不君、臣
不臣的愤慨。而译文的"eight rows"无论从字面意义还是从文化内涵上
看都存在欠缺。

对于一些不常见又饱含中国古代文化内涵的礼制词语，理雅各受自身
与时代的限制，翻译仍存在不足。

---

〔1〕[英]理雅各英译、杨伯峻今译：《四书》，第85页。
〔2〕同上，第79页。

088

（四）哲学思想承载词语

1. 仁

儒家学说中的"仁"是一个宽泛的概念，可以包含诸多道德与社会实践方面的观念。可以说，"仁"是儒家文化的基础，是孔子理想人格的核心。在《论语》中有 109 个"仁"字，每个含义都不同，包含恭、宽、信、敏、惠、智、勇、忠、恕、孝、礼、悌等[1]，这就要求译者在翻译"仁"字的时候要充分考虑语境，在译文中灵活处理。

> 子曰："不仁者，不可以久处约，不可以长处乐。仁者安仁，知者利仁。"（《论语·里仁》）
>
> The Master said, "Those who are without virtue cannot abide long either in a condition of poverty and hardship, or in a condition of enjoyment. The virtuous rest in virtue; the wise desire virtue."[2]

理雅各对"仁"的翻译基本采用"virtue"等相对固定的译法。但考虑到"仁"在不同语境中的多层含义，有时将其译为"the good""benevolent actions""the excellence"等。理雅各在注释中提到，"virtue"作为含义广泛的词语，更能反映"仁"的多种内涵；如果都用"benevolence"进行翻译，在文中许多章节会显得不太贴切。[3]因此，在翻译表示全德的"仁"时，选择这样含义宽广的英语词语是明智之举。

再以《论语·颜渊》中"颜渊问仁"一段为例：

> 颜渊问仁。子曰："克己复礼为仁。一日克己复礼，天下归

---

[1] 徐志刚译注：《论语通译》，人民文学出版社 1997 年版，第 145 页。
[2] ［英］理雅各英译、杨伯峻今译：《四书》，第 89 页。
[3] 杨平：《论语核心概念"仁"的英译分析》，《外语与外语教学》2008 年第 2 期。

仁焉。为仁由己，而由人乎哉？”

　　Yan Yuan asked about perfect virtue. The Master said, "To subdue one's self and return to propriety is perfect virtue. If a man can for one day subdue himself and return to propriety, all under heaven will ascribe perfect virtue to him. Is the practice of perfect virtue from a man himself, or is it from others?"[1]

　　理雅各将"仁"翻译为"perfect virtue"。"virtue"在英语中表示高尚的道德、正直的品性。[2] 原文中，孔子告诫颜渊"仁"是内心观念，"礼"是"仁"的衡量标准。这里突出了通过自律和修身达到的一种境界，这样的"仁"是后天获得的。将"仁"翻译成道德是正确的，"virtue"可以表达广泛的美德。

　　与之类似，在《论语·宪问》中，子路曰："桓公杀公子纠，召忽死之，管仲不死。曰：未仁乎？"子曰："管仲九合诸侯，不以兵车，管仲之力也。如其仁，如其仁！"字面上，"仁"与前文一致，因此理雅各沿用之前的选词"virtue"。但在这段话中的"仁"是社会品质要求的反映，表达了"忠"的含义。子路认为管仲没有以自杀的方式表示对公子纠的忠心，算是没有仁。孔子却指出，正是由于管仲的辅佐，齐桓公才能不用武力就使天下太平，这才是真正的仁。所以，理雅各通过语境将"忠"的含义表达出来，准确无误。

　　2. 信

　　《论语》中关于"信"的表述达 38 次，它有三层含义：首先，作为心性修养上的"信"，涉及人生追求和对人的道德要求，见于"谨而信"

---

〔1〕[英] 理雅各英译、杨伯峻今译：《四书》，第 167 页。
〔2〕陆谷孙主编：《英汉大词典》，上海译文出版社 2007 年版，第 2124 页。

（《论语·学而》）；"与朋友交，言而有信"（《论语·学而》）；"道千乘之国，敬事而信"（《论语·学而》）。

理雅各分别将以上的"信"翻译为"truthful"[1]"his words are sincere"[2]"sincerity"[3]。首先，在修养身心方面，"谨而信"针对自己，要求态度真诚端正，反映内心真正想法。理雅各选用"truthful"一词是明智的，一方面表明对自己真诚，另一方面包含追求真理。其次，"与朋友交，言而有信"要求对朋友应诚实，言行一致。理雅各选用的"sincere"可以表示真实的想法和感觉。最后，孔子指出治国要"敬事而信"，即取得人民信任才能长治久安，此处理雅各使用"sincerity"，翻译不够充分，无法表达治国情怀。

翻译孔子思想中的"仁""信""礼""孝"等词，不仅是一个词的转换，而是整个文化内涵的翻译。这些高频文化负载词给翻译带来了极大挑战。翻译《论语》的难点不仅在于理解，更在于传达，将古语中的智慧转达出来。这需要翻译者突破文化壁垒，充分领会古汉语的灵活多义，把握词语在特定语境中的深层含义。[4]理雅各经常将"道""仁""德"分别译为"principle""virtue""duty"。费乐仁说他读了苏格兰常识哲学派主要代表人物托马斯·里德（Thomas Reid）和杜格尔德·斯图尔特（Dugald Stewart）的作品后，才知道这些都是该哲学派系中的专业术语。理雅各之所以如此阐释儒家传统中的这几个主要术语，与这个苏格兰哲学派系中的专业术语有着莫大关系。[5]

---

〔1〕［英］理雅各英译、杨伯峻今译：《四书》，第 67 页。
〔2〕同上。
〔3〕同上，第 56 页。
〔4〕郑易：《〈论语〉六个英译本的比较》，福建师范大学硕士学位论文，2012 年。
〔5〕Lauren F. Pfister & Yue Feng, "The Goal of Translation Research, Disciplinary Tools and Hermeneutic Orientations: A Cross-disciplinary Dialogue with Professor Lauren Pfister", *Chinese Translator Journal*, No. 2, 2010.

三、从策略到风格

如上所述，理雅各的译文包含详尽的注释和序言，其中有大量背景知识。理雅各力求使译文结构与原句尽可能一致，保留原文的语句特点，保持译文的简洁性，这在格言式文本的处理中尤为明显。

（一）增补文本外信息，贴近原句式翻译

研究显示，理雅各在翻译上有明显不同的理念和策略[1]，具体分析如下。首先，理雅各选择详细而不是简洁的译文注解。含有详尽说明的译文对学者研究大有裨益，但也会使普通读者望而却步，因为后者更倾向于简单轻松的译本，而这类译本又难以满足学者的需求。理雅各的译文包含详尽的注释和序言，如果将这两部分与译文合计，字数远超原文，等于译者和原作者合著。他在序言里进行文本介绍、背景解释、来历考证和评论评价。他考察了汉朝学者对《论语》成书历史的研究、《论语》最早成书时间、作者和权威性，以及历史上出现过的《论语》版本。他甚至发现在某些问题上中国学者所依据的解释或文本并不可靠。[2]对可能使读者费解之处，理雅各逐一做出解释。比如，上文提到，他对"木铎"一词做了注解，以帮助西方读者理解它的含义。这样的注释既让西方人明白木铎是何物，也让东方人看到理雅各心目中的孔子形象。理雅各翻译《论语·学而》时，自己添加了小标题"Filial piety and fraternal submission are the foundation of all virtuous practice"，这种增益性的解释概括了孝悌与仁的关系，突出了主题。费乐仁认为，理雅各从中国传统学者对儒经的浩瀚注

---

〔1〕岳峰：《儒经西传中的翻译与文化意象的变化》，第 136-138 页。
〔2〕Lauren F. Pfister, "Serving or Suffocating the Sage? Reviewing the Efforts of Three Nineteenth Century Translators of the Four Books, with Special Emphasis on James Legge（A. D. 1815—1917）", *The Hong Kong Linguist*, spring & autumn, 1990, pp. 43, 47.

092

释中梳理出一条完整连贯的线索[1]，因而能够用他的长篇序言与注释为读者提供百科全书般的知识；其译文中给人印象最深刻的手法就是有意识地诠释、解义与加注，而在他那个时代再没有一个译者给研究者提供过同样多的信息[2]。

其次，理雅各对汉语古文的理解力很强，其译文贴近古文的语句。通常情况下，依照汉语古文句式译出句子可能更简洁；而且如果原文是箴言，这种译法效果更好，至少可能保留对仗等修辞特色。理雅各采取使译入语与译出语结构尽可能一致的译法，正如费乐仁所说，他"有时简直是有意字斟句酌"[3]。比如，他把《论语·子罕》的"知者不惑，仁者不忧，勇者不惧"译为"The wise are free from perplexities, the virtuous from anxiety and the bold from fear"[4]。他把《论语·为政》的"学而不思则罔，思而不学则殆"译为"Learning without thought is labour lost. Thought without learning is perilous"[5]。译文与原文结构可对应，而且译文也接近原文的箴言风格。理雅各的译文之所以贴近原文，部分原因在于它依据原句直译。而当代译者在翻译中国古经时，往往是先由其他专家把古文翻译成白话文，然后根据白话文翻译，这样的译文很难像理雅各的译文那么简洁。[6]

（二）综合风格比较分析

我们曾撰文对比理雅各与英国另一位具有代表性的汉学家韦利的译著

〔1〕Lauren F. Pfister, "Mediating Word, Sentence, and Scope without Violence: James Legge's Understanding of 'Classical Confucian' Hermeneutics", in Tu Ching-I, ed. *Classics and Interpretations: The Hermeneutic Traditions in Chinese Culture*, New Brunswick and London: Transaction Publishers, 2000, pp. 371-372.

〔2〕Lauren F. Pfister, "Reassessing Max Weber's Evaluation of the Confucian Classics", in Jon Davies and Isabel Wollaston eds. *The Sociology of Sacred Texts*, Sheffield: Sheffield Academic Press, 1993, pp. 99-110.

〔3〕Lauren F. Pfister, "Serving or Suffocating the Sage? Reviewing the Efforts of Three Nineteenth Century Translators of the Four Books, with Special Emphasis on James Legge（A. D. 1815—1917）", p. 43.

〔4〕［英］理雅各英译、杨伯峻今译：《四书》，第 143 页。

〔5〕同上，第 75 页。

〔6〕岳峰：《儒经西传中的翻译与文化意象的变化》，第 139-140 页。

风格，具体有下述三点。[1]

　　其一，在学术性、忠实性与细腻化方面，理雅各略胜韦利一筹，他的学术积累更深厚。理雅各大半生都在中国度过，对中国文化的理解和体悟都非常深入，此外还有王韬协助他的翻译工作。《中国经典》中的论文和翻译注解为西方研究中国提供了丰富信息。他认为，即使一百个读者中只有一个关注这些冗长的评论式注释，也应该为这个人辛苦一番。[2]他认为这些注释对汉学学者必定大有裨益。正因如此，理雅各的注释在国际汉学界独树一帜，《中国评论》（*China Review*）曾提倡学者向理雅各学习这种注释方式。[3]汉学学者从理雅各的评注中受益匪浅，这也是理雅各译本百年来仍广受关注的重要原因。当然，韦利虽未来过中国，并不代表他对中国知之甚少。但是作为后来者，他站在理雅各等汉学巨擘的肩上自然有更好的研究基础。在"四书"研究方面，韦利多是继承。总体来说，理雅各的译本整体上胜过韦利的译本，但这种优势只是相对于目标受众的需要而言。一般读者可能觉得韦利的译本更轻松易读，但对中国文化的具体体验会弱些。

　　在句式方面，上文说过，理雅各的译文风格更贴近原文。他力求原文和译本在句式结构上保持一致，尤其是格言类文本。这种译法有时会走极端而产生某些缺点，但对理雅各这样高水平的汉学大师来说，这种方法在多数情况下能产生好的译文。关于这点，我们可以把理雅各的译本与1992年山东友谊出版社出版的老安的《论语》英译本进行比较。老安的译本可能是基于白话文译本，所以译文句式与白话文相近，古本那种简洁的风格

---

〔1〕岳峰、周秦超：《理雅各与韦利的〈论语〉英译本中风格与译者动机及境遇的关系》，《外国语言文学》2009年第2期，第102-109页。

〔2〕James Legge, *The Chinese Classics with a Translation, Critical and Exegetical Notes, Prolegomena, and Copious Indexes*, Vol. 1, *Confucian Analects, The Great Learning and The Doctrine of the Mean*, London：Henry Frowde, Oxford University Press Warehouse, Amen Corner, E. C., 1861,1939年伦敦会香港印刷所影印本第一卷，第8页。

〔3〕Helen Edith Legge, *James Legge：Missionary and Scholar*, pp. 211-212.

094

和某些修辞特征就无法体现出来了。

在措辞方面，理雅各的译文词汇丰富且细腻，能全面考虑不同语境下文化负载词的不同含义。中国典籍中的一些高频词，如"君子""仁""义"等内涵丰富，会随语境变化而变化，这与人名、地名等专有名称有很大不同。理雅各译的《中国经典》1939年香港影印版每一卷末尾都有一份理雅各编制的附录，列出同一词语的不同译法，这也是《中国经典》的一个特色。但这个附录在湖南出版社的版本中被删除了，笔者觉得非常可惜。

费乐仁曾针对《中国经典》中理雅各对"君子"一词的翻译进行过专门整理。比如，《论语·八佾》中的"君子无所争，必也射乎！揖让而升，下而饮。其争也君子"，理雅各译为"The student of virtue has no contentions. If it be said that he can not avoid them, shall this be in archery? But he bows complaisantly to his competitors: thus he ascends the hall, descends, and exacts the forfeit of drinking. In his contention, he is still the Chün-tsze"[1]。第一次出现的"君子"被译为"the student of virtue"，后面出现的音译为"Chün-tsze"，与上下文语境基本吻合。他在论语第四章第五节和第十节、第八章第六节以及第十二章第四节中将"君子"译为"the superior man"；在第三章第七节用了音译；在第二十章第二节译为"the person in authority"，在第八章第四节译为"the man of high rank"，这两种译法突出"君子"的政治地位；在第一章第八节译为"the prince scholar"；在第二章第十二节译为"accomplished scholar"，在第十一章第一节译为"accomplished gentleman"，在第六章第十一节译为"a scholar after the style of the superior man"，这三种译法凸显"君子"受教育、有修为、有成就的特点；在第五章第六节译为"virtuous man"，在第六章第

〔1〕James Legge, *The Chinese Classics with a Translation, Critical and Exegetical Notes, Prolegomena, and Copious Indexes*, Vol. 1, *Confucian Analects, The Great Learning and The Doctrine of the Mean*, pp. 80-81.

十六节译为 "man of virtue"，在第七章第二十五节译为 "real talent and
virtue"，在第五章第二节译为 "the man of superior virtue"，在第十八章
第十节译为 "virtuous prince"，在第十九章第十二节译为 "the sage"，这
些译法都突出了"君子"的高尚品德。[1]考察韦利的译本之后发现，韦利
把中国典籍中的"君子"与西方的 "gentleman" 对应。[2]当然，这么译的
一个好处是可以保持同一词语译名前后的连贯性，但是这样有时难免与具
体语境不太吻合。另一个例子是，理雅各将《论语·学而》《论语·里仁》
《论语·先进》中的"国"分别译成 "country" "kingdom" "state"[3]，而
韦利则统一译为 "country"[4]。这反映出理雅各对中国历史有更深入的理解。
总体来说，理雅各的译文在语义挖掘上更为深刻，考量更为全面，诠释也
更为准确，整体上十分出色。韦利的译法虽然连贯，但与不同语境的贴合
度则稍微弱些，在内涵的具体体现方面也有明显不足。

    其二，在文本理解与表达技巧方面，理雅各稍逊韦利。何刚强教授指
出，韦利的译文晚出理雅各七十年，在这七十年中，西方对中国文化有了
更为深入的了解，这也是韦利的错译比理雅各少的原因。[5]这个观点符合
历史发展轨迹。通常来说，科学家能站在前人肩膀上看得更远，人文学科
也是如此。韦利的译本往往考虑到广大普通读者，因此在理解和表达某些
语句上胜过理雅各。首先是文本理解方面的差异。例如，《论语·为政》：
"今之孝者，是谓能养。至于犬马，皆能有养；不敬，何以别乎？"根据

〔1〕Lauren F. Pfister, "Serving or Suffocating the Sage? Reviewing the Efforts of Three Nineteenth Century
Translators of the Four Books, with Special Emphasis on James Legge（A. D. 1815—1917）", p. 40.

〔2〕Arthur Waley, *The Analects*, Beijing: Foreign Language Teaching and Research Press, 2000, pp. 3, 7, 9, 17, 27, 37,
41, 43, 47, 49, 55, 67, 71, 73, 75, 89, 91, 93, 95, 97, 99, 107, 111, 121, 129, 137, 141, 147, 149, 153, 155, 157, 159,
171, 177, 187, 189, 195, 199, 201, 205, 207, 209, 211, 217, 221, 225, 229, 231, 237, 239, 249, 251, 253, 255, 259,
261, 265, 267.

〔3〕[英] 理雅各英译、杨伯峻今译：《四书》，第 65、99、163 页。

〔4〕Arthur Waley, *The Analects*, pp. 5, 43, 143.

〔5〕何刚强：《文质颉颃，各领风骚——对〈论语〉两个海外著名英译本的技术评鉴》，《中国翻译》2007 年
第 4 期。

096

杨伯峻注解，此句意为：如今在人们看来，似乎只要养活父母就可称"孝"了，但是人们也养马养狗；如果我们不尽心尽力孝顺父母，那供养父母岂不与养活犬马一样。[1] 理雅各译此句为："The filial piety of nowadays means the support of one's parents. But dogs and horses likewise are able to do some things in the way of support; —without reverence, what is there to distinguish the one support given from the other."[2] 此译文含"连犬马都可以养活父母"的意思，显然理解有误。韦利译为："Filial sons' nowadays are people who see to it that their parents get enough to eat. But even dogs and horses are cared for to that extent. If there is no feeling of respect, wherein lies the difference？"[3] 韦利正确理解了原文。再如，理雅各将《论语·学而》"人不知而不愠，不亦君子乎？"译为："Is he not a man of complete virtue, who feels no discomposure though men may take no note of him?"[4] 原文"不知"指人不理解自己内心，所以理雅各译文有些偏差。韦利译为："To remain unsoured even though one's merits are unrecognized by others, is that not after all what is expected of a gentleman?"[5] 原文"知"后无宾语，韦利补充了自己的理解。

　　但这并不意味着韦利所译均正确，两人在同一处也可能同时失误。如理雅各将《论语·为政》"吾十有五而志于学，三十而立"译为："At fifteen, I had my mind bent on learning. At thirty, I stand firm."[6]"立"这里指在社会上站稳脚跟，而非"站立"。理雅各译文令人联想到"站立"之意。作为汉学大师，理雅各不大可能如此理解此句，他本可以增译以明确

---

〔1〕〔英〕理雅各英译、杨伯峻今译：《四书》，第72—73页。
〔2〕同上，第146页。
〔3〕Arthur Waley, *The Analects*, p. 15.
〔4〕〔英〕理雅各英译、杨伯峻今译：《四书》，第65页。
〔5〕Arthur Waley, *The Analects*, p. 3.
〔6〕〔英〕理雅各英译、杨伯峻今译：《四书》，第70页。

意思，如"At thirty, I stand firm in society"。韦利则译为"At thirty, I had planted my feet firm upon the ground"[1]。这种隐喻式译法因缺乏上下文提示，同样容易引起误解，读者有可能联想到病愈之人。

综上，准确理解原文对翻译的准确性至关重要。理雅各和韦利在某些细节上都曾失误，但这在翻译过程中也属于难免的情况。整体而言，韦利的译文在语句通顺程度和可读性上略占优势，这主要是因为他更多考虑到普通大众的需要。

在表达技巧上，理雅各的译文语言有时较为生硬，过度追求与原文保持一致，韦利的措辞则更加地道流畅。例如，理雅各将《论语·雍也》"敬鬼神而远之"译为"Reverence spiritual beings, and keep them at a distance"[2]，韦利译为"Revere the spirits, but keep them far from you"[3]，韦利使用了更简洁地道的表达。

其三，理雅各和韦利都采用了区分性的策略来翻译宗教或超自然类名词。《论语·八佾》中有"祭如在，祭神如神在"一句，理雅各将其中的"神"字译为"spirits"[4]，韦利译为"spirit"[5]。《论语·述而》中"子不语怪、力、乱、神"中的"神"，理雅各译为"spiritual beings"[6]，韦利译为"spirits"[7]；同一章中"上下神祇"一词，理雅各译为"the spirits of the upper and lower worlds"[8]，韦利译为"the sky-spirits above and the earth-spirits below"[9]。可以看出，理雅各和韦利在翻译"神"的时候都使用了表

---

[1] Arthur Waley, *The Analects*, p. 13.
[2]［英］理雅各英译、杨伯峻今译：《四书》，第113页。
[3] Arthur Waley, *The Analects*, p. 73.
[4]［英］理雅各英译、杨伯峻今译：《四书》，第81页。
[5] Arthur Waley, *The Analects*, p. 31.
[6]［英］理雅各英译、杨伯峻今译：《四书》，第121页。
[7] Arthur Waley, *The Analects*, p. 87.
[8]［英］理雅各英译、杨伯峻今译：《四书》，第125页。
[9] Arthur Waley, *The Analects*, p. 93.

098

示神灵的"spirit"一词。世界各地都有自己的宗教和超自然现象，对这些现象的本质争议历来未决。但是我们可以推测，多数西方人与基督教关系密切，要么笃信，要么深受其影响。对他们来说，《圣经》是终极信仰依据，所以其他宗教典籍中的非基督教内容一般不会被纳入其信仰体系。如果所翻译的文献涉及中国民间多神崇拜，两位译者会自觉地将其与基督教区分开来，以示此"神"异于彼"神"。这就是两位译者没有用基督教的至高神"God"来翻译"神"的原因。类似的，《论语》中还有许多西方宗教没有的概念，比如"鬼神"。两位译者也没有用"God"来翻译这类词语，显示了谨慎的宗教文化态度。

关于人名的翻译，如果与辜鸿铭的译本进行比较，我们就能更好地理解理雅各和韦利译本的特点。例如，《论语·八佾》"管仲之器小哉"一句，理雅各先将"管仲"音译，然后注释他的身份；韦利也采用了同样的方法。而辜鸿铭直接译为"a famous statesman（the Bismarck of the time）"，将管仲比作普鲁士政治家俾斯麦。[1] 这种归化翻译与两位西方译者的异化翻译形成了鲜明对比。孔子的许多弟子的名字，理雅各和韦利也采用了音译加注释的方式处理，而辜鸿铭则经常用《圣经》中的人名来对应。总之，两位西方汉学家在翻译专有名词上更为谨慎。辜鸿铭学识渊博、译法大胆，但有时这种同化策略尺度过大，也可能误导读者，毕竟管仲与俾斯麦是很不同的人物，他不宜用两人在某个相似点上的联想来引导读者。也不是所有西方读者都熟悉俾斯麦，与其让读者花时间去了解俾斯麦，不如专心解读管仲，毕竟这是译文正文，不是注释或学术研究论文，所以还是理雅各与韦利的异化译法比较合理。

理雅各和韦利的《论语》译本各有千秋，在国际上都有着不可替代的影响力。但国内外不同领域的学者对两个译本的偏好不尽相同。就笔者在

---

[1] 岳峰：《儒经西传中的翻译与文化意象的变化》，第 151 页。

国内外参加学术会议过程中对这个问题的调查来看，人文学科的学者对理雅各的译本更感兴趣，这一点从相关的论文对其译著引用的数量上也可以看出来。

余论

费乐仁指出，自理雅各把《论语》译成英文出版以来，这本书又被翻译成多种语言，其中最有影响力的是耶稣会传教士学者顾赛芬的法语和拉丁语译本以及卫礼贤的德语译本。汉学的发展极大地提高了他们翻译的准确性和洞察力，但理雅各的译本一直是研究和引用的典范。

应该重视的是理雅各的学习经历和清教生活对他作品的重要影响，以及这些影响是如何帮助他完成译本的。在整个 20 世纪，来自欧美的海外学术机构都在世俗的评判声中把这些因素抛诸脑后。最近，这些翻译的趋势有所改变。正如之前所说，在后世俗主义的国际环境下，我们基于新的因素来重新评价像理雅各这样的学者。现存的译著将帮助我们更好地理解和吸收相关资料并提供更充足的信息，于是，对理雅各的评价就可以不断更新，从而唤醒在中国文学历史长河中那些为现代社会所淡忘的过去，并重新定位其价值[1]，并助力当下中国文献的输出。

第二节　《中国经典》第二卷：开创性与局限性

在《中国经典》第二卷，理雅各翻译的是《孟子》。他在第二卷关于《孟子》的序言中，引用了汉代赵岐和唐代韩愈的文献。在《孟子》注释

---

[1] 张西平、[美] 费乐仁：《理雅各〈中国经典〉第一卷引言》，见 [英] 理雅各编《中国经典》第一卷，第 3-9 页。

中，理雅各强调了许多学者的文章，最多的是汉代赵岐和宋代朱熹，还有汉代司马迁和郑玄，宋代孙奭，明代邓林，清代王引之、汪廷机、曹之升等。其中，清朝学者们对《孟子》最著名的注释很少被提及。理雅各是一个完全的学者，一个融入目标语文化的学者，但他的注解仍受历史局限，这与他在香港的生活条件有关。但与其他非亚裔海外汉学家相比，他的翻译和阐释还是展现出了极高的认知深度。

理雅各对孟子有批评，有赞赏，他的传道方式也受到孟子修辞的影响。但理雅各认为孟子的一大弱点就是自我满足。了解自我是学会谦卑的重要一步，但孟子没有做到。作为为政之师，孟子的弱点与孔子是一样的，他们只知道自己那个时代的需求，而不知道这个世界上还有那么多独立的民族，而统治阶级却乐意接受他的观点，以至于时至晚清，清朝政府在外国人面前从未放弃"天朝大国"的优越感。中国的新一代应该把孟子作为研究的对象而不是领路人，因为他的哲学有严重的缺陷。理雅各于 1861 年译完《孟子》之后，过了好一段时间才译出《中国经典》第三卷《书经》，部分原因在于理雅各感觉体力透支，决定休整一下以恢复体力，同时完成一些事工与应酬。1895 年新版《中国经典》第二卷里，理雅各对孔子的评价发生了巨大的变化，但对孟子的评价却没有明显的改变。

一、《中国经典》第二卷概貌

费乐仁对该卷做了系统的描述[1]：在 1861 年的版本中，理雅各对《孟子》的形成和历史做了详细描述。文中，他指出《孟子》一开始并没有被当作儒家经典的一部分，直到宋代，也就是在问世一千多年后，该书才得

---

[1] 张西平、〔美〕费乐仁：《理雅各〈中国经典〉第一卷引言》，见〔英〕理雅各编《中国经典》第一卷，第 1-17 页。

到重视。孟子去世后才被尊称为"亚圣"。理雅各解释了这位被忽略的先秦智者如何成为中国历史上的圣人。在对孟子生平和著作做全面介绍后，理雅各也提出有关孟子的文献没有孔子那么多，所以对孟子的评价并不容易。他列举了孟子所有已知的弟子，共24位，远远少于孔子有文献记载的80多位弟子。解释了这点之后是注疏的书目，只有三个书名，其中两个是中文，另一个为拉丁文。这两部中文作品为哲学家墨子和唐代文人韩愈之作，为读者提供了有价值的参考。《孟子》拉丁文版是一部多卷译本，译者是法国学者儒莲，属于现代研究方式。理雅各非常重视注释，但为什么该卷参考文献比《中国经典》第一卷中的文献简单？因为第一卷开头的目录已经包含了许多与《孟子》相关的著作。

理雅各出版《中国经典》第二卷的第二版时，只对中文名称和专门术语进行了修改和更新，没有改动1861年做出的任何评价或结论。这表明理雅各在自己的传教和学术生涯中，对孟子的生平和著作的态度基本没有改变。理雅各重视清代学者焦循的《孟子正义》，因为该书对《孟子》的诠释做出了重要的学术贡献。理雅各将他的作品与宋代孙奭的评论进行了比较，觉得相见恨晚。现在，研究《孟子》的学者仍认为焦循的评论是一部力作。根据《孟子》一书，理雅各撰写了孟子生平事迹。他意识到关于孟母的事迹蕴含着深刻的文化内涵。在孟母的影响下，中国人，尤其是中国女性，都讲忠贞。理雅各通过不断寻找历史和传说的差异，力求完整地呈现出人物的个性。

与第一卷排版一样，《孟子》译本每页上方是18、19世纪清朝标准中文文本，中间为理雅各的英文翻译，下方用小体字书写注释。由于原文太长，理雅各在文末只加入两个索引（主题和人名）。目录的最后部分仍保留了中文汉字词汇表，使基本概念、语法提示和详细解释可以相互参照。

理雅各在序言中表示，《孟子》一书的形成与真实历史一致，他找到了对汉代儒家学者赵岐生平的介绍，后者最早整理、编排和注释《孟子》。

理雅各赞赏赵岐的英雄特质，在译本中收入了这部分内容。理雅各一生中一直在追求这种品行，这也反映出在理雅各所处的时代托马斯·卡莱尔（Thomas Carlyle）影响下的苏格兰文学的主流思潮。1841 年，卡莱尔出版了《论英雄、崇拜英雄与历史中的英雄概念》，理雅各借鉴其中的观点，称颂一些著名的中国学者。他自己身上也彰显出英雄气质，比如，在 19 世纪 60 年代至 70 年代早期，理雅各等外国人多次抗议英国官方和军方的所作所为，堪称英雄。1861 年，理雅各将对赵岐英雄特质的赞赏延伸到孟子身上，但他不认为孔子是英雄式的人物。

费乐仁分析道，仔细阅读理雅各第二卷序言和注解，会发现许多基督教和《圣经》教义，这些教义塑造了理雅各自己的诠释意识。后来的批评者认为这个因素扭曲了他的翻译和解释，误导了读者。这些批评可以总结为两个重要观点：第一，理雅各的基督教解读模式源自基督教新教传统；第二，儒家典籍只有一种解读方法，即传统的解经法，但此说其实未必尽然。

理雅各赞赏孟子，但也指出孟子学说的弱点。虽然孟子的道德价值观念强大且严密，但理雅各认为，孟子自己并不总是言行一致，比如，他是否应该从自己反对的政治家那里获得经济救助？理雅各认为这是孟子对自己所秉承价值观的妥协，削弱了其论证的力度和可信度。在道德观念的另一层面，理雅各认为孟子在不断追求完美以求得世人的钦佩，这样做会让人们真正相信他的道德观念能赢得最高荣誉，但这并没有帮助人们真正理解人类善变的本质。虽然孟子觉得自己不如尊师孔子，但他有时也很傲慢，不愿意给予那些堕落的人一点怜悯。缺乏同情心与他自己所倡导的"大爱"相违背，他的智慧是不完美的，人格也是不完善的，对当时中国所面临的挑战也是无所裨益的。

最后，费乐仁提到，韦利批判理雅各过度依赖朱熹的著作，但理雅各对此不以为然，他虽然依赖大量中国文献，但仍是一个独立思考的学者。尽管他的译文中有明显的错误和不通顺的翻译，但他的文本是基于对《孟

子》透彻的学术研究，连同他的《中国经典》各卷为他那个时代的汉学设
置了新标准。[1]

二、文化负载词翻译

关于《孟子》中的文化负载词"气""言""仁"等，笔者曾撰文[2]
将理雅各的译法归纳如下，并将之与刘殿爵（D. C. Lau）的译法作比对。

（一）"气"的翻译

"气"在《孟子》中出现了 20 次，主要集中在《公孙丑上》一章。
"气"是一个意义非常丰富的文化负载词，在不同语境中，其意思各不相
同。根据《古代汉语词典》，"气"有以下诸多义项：1. 指云雾等气态物
质。2. 指风雨、天气等自然现象。3. 气味。4. 气势，气概。5. 古代医学术语。
6. 古代哲学概念。7. 古代文论术语。8. 风尚、风气。9. 器具。[3] "气"与孟
子的哲学观念息息相关。为了理解孟子思想，必须对当时流行的关于"气"
的观念有充分了解。刘殿爵在其翻译的《孟子》导论中，概述了公元前 4
世纪时广泛流传的一种宇宙论。这种宇宙论认为"气"构成了宇宙。"气"
可分为两类，一类较重，组成大地；一类较轻，上升形成天空。当时关于
"气"有两大流派：一派认为人生来"气"储备固定，"气"从毛孔进入
人体，是否聚留取决于心是否纯净。为使"气"留存，心必须无欲。另一
派认为人生来"气"不可补给，思考活动会消耗"气"，过度感知外物也
会不必要地消耗"气"，因此主张关闭毛孔。[4] 从下文分析可知，孟子对

---

〔1〕［美］费乐仁：《理雅各〈中国经典〉第二卷引言》，见［英］理雅各编《中国经典》第二卷，华东师范
大学出版社 2010 年版，第 1-18 页。
〔2〕岳峰：《在世俗与宗教之间走钢丝：析近代传教士对儒家经典的翻译与诠释》，第 88-103 页。
〔3〕古代汉语词典编写组编：《古代汉语词典》，商务印书馆 2001 年版，第 1203 页。
〔4〕D. C. Lau（tr.），*Mencius*, Hong Kong: The Chinese University Press, 2003, pp. xxiv-xxv.

"气"的看法显然属于前一派。

在《孟子·公孙丑上》中，有以下提及"气"的语句：1."孟施舍之守气，又不如曾子之守约也。"2."告子曰：'不得于言，勿求于心；不得于心，勿求于气。不得于心，勿求于气，可；不得于言，勿求于心，不可。夫志，气之帅也；气，体之充也。夫志至焉，气次焉。'故曰：'持其志，无暴其气。'"3.曰："我知言，我善养吾浩然之气。""孟施舍之守气，又不如曾子之守约也。"孟子这里谈到如何培养"气"。但他对"气"的解释超越了当时的宇宙观，没有完全遵循当时关于"气"的理论，而是做出一些改变。[1]孟子提出"浩然之气"，而不是简单的"气"，二者的区别在于"勇"。[2]本章中，公孙丑问孟子什么是真正的勇气。孟子指出真正的勇气应该得到"理"和"义"的支持。众所周知，"理"和"义"是孟子哲学的核心要素。从这个角度理解孟子的"浩然之气"，我们可以看出：一方面，孟子说的养"气"是养"勇"；另一方面，孟子的"气"必须与"理""义"结合。

理雅各将《孟子·公孙丑上》中的"气"多翻译成"passion-nature"[3]。根据《牛津高阶英汉双解词典》，"passion"的意思是：1.强烈情感，激情；2.盛怒，激愤；3.强烈的爱；4.热爱，热衷。[4]从上可知，"passion"的中文意思与"勇"差别很大。由于英文中没有对应词，若不采用异化翻译，应选择一个意思相近的词，"courage"最为合适。刘殿爵采用异化翻译，将"气"音译为"Ch'i"[5]。不同于理雅各，刘殿爵在导论中对"气"做了详尽解释，这种处理方式是以读者为中心的。

〔1〕D. C. Lau（tr.），*Mencius*, p. 32.

〔2〕ibid.

〔3〕James Legge, *The Works of Mencius*, p. 188.

〔4〕［英］霍恩比：《牛津高阶英汉双解词典》，石孝殊等译，商务印书馆 2004 年版，第 1257 页。

〔5〕D. C. Lau（tr.），*Mencius*, p. 32.

（二）"言"的翻译

不得于言，勿求于心；不得于心，勿求于气。(《孟子·公孙丑上》).

What is not attained in words is not to be sought for in the mind; what produces dissatisfaction in the mind, is not to be help by passion-effort.[1]

《孟子·公孙丑上》中孟子谈到培养"气"的方法，难解晦涩。孟子的弟子公孙丑问孟子他的养气观与告子有何不同，孟子引述了告子的十六字来反驳告子。理雅各和刘殿爵都将"言"理解为"言语"，因此均译为"words"，但理解这句话的关键在"言"字。根据《国语·周语》，"言"指君王发布的诰训等政令。[2]据此，"言"应译为"moral doctrines"或"rules"。但是在该句的语境里，原文中"言""心""气"的关系犹如"言""德""行"的关系。《论语·宪问》中孔子这样表达"言"与"德"的关系："有德者必有言，有言者不必有德。""言"为心声，"心"即"德"。孟子认为人有四种心，分别对应四德。有德之人言语中必现端倪。得之于心，见之于行事，"气"是行事时的气度。人若在言上无法获胜，应省视自己的心是否符合道德；若心不达标准，就不要装出有此气度。这与杨伯峻对"不得于心，勿求于气，可；不得于言，勿求于心，不可"的注解一致。[3]因此，这里的"言"指言语，翻译成"words"更恰当。

但想完全理解此句含义，还需涉及孟子和告子对人性的不同见解。告子

---

〔1〕James Legge（tr.），*The Works of Mencius*, p. 188.

〔2〕彭岁枫：《"不得于言，勿求于心；不得于心，勿求于气"新解》，《中国文化研究》2003 年第 2 期。

〔3〕Richard Wilhelm & Yang Bojun（今译），*Mong Dsï*, Beijing: Foreign Language Teaching and Research Press, 2010, p. 60.

106

认为人性本无善恶，全凭环境。他否认人的内在因素影响人性。[1]在《孟子·告子上》第一章中，告子将"性"比为"杞柳"，将"义"比为"杯"。"性"与"义"的关系犹如"杞柳"与"杯"，必须施加外力，"性"才可向"义"转化。这外力就是"礼"，即"言"。告子认为"言"能将"性"塑造成"义"要求的形态。因此，告子得出"义，外也，非内也"的结论。告子的"不得于言，勿求于心"的意思是直接做"礼"规定之事，不问为何。这是达到"不动心"最直接的方式，故孟子说"告子先我不动心"。[2]

在"不动心"上，孟子与告子意见相左。孟子认为"不得于言，勿求于心，不可"。在他看来，"义"不仅通过"礼"塑造，还内在于人的本性中。[3]

综上所述，要全面表达这十六个字的意思，仅仅翻译是不够的，而是需要一篇专题论文，或者至少一段简短介绍。《孟子》内容简短但语义隐晦，翻译过程中需要这样的说明来提醒读者。理雅各的译本中有很长的解释可供参考。

（三）"仁"的翻译

"仁"在《孟子》中是一个非常重要的概念。刘殿爵多将"仁"译为"benevolence"，理雅各则翻译为"virtue"和"benevolence"。不同译法反映了译者对"仁"的不同理解，也会让西方读者对"仁"形成不同印象，尤其是那些对中国文化所知甚少的读者。对这个意涵丰富的文化负载词，想达成翻译共识并不实际，但对它的讨论可以加深对"仁"的理解。

根据《说文解字》，我们可以得到两个重要信息：第一，"仁"意味"爱"；第二，"仁"由两个部分组成，左边是"人"，右边是"二"。[4]

问题在于"仁"既有确切含义，又有泛指的意思。这在《论语》中也

---

〔1〕彭岁枫：《"不得于言，勿求于心；不得于心，勿求于气"新解》，《中国文化研究》2003 年第 2 期。
〔2〕同上。
〔3〕同上。
〔4〕Yu Jiyuan, "Translation of Ren in Van Norden's *Mengzi*", *Journal of Chinese Philosophy*, No. 4, 2010, p. 661.

存在。在《论语》中，孔子没有将 "仁" 视作某一具体品德，而是将其作为多个品德的总称。在许多篇章中，"仁" 与勇气、知识、信任、正直和坚定等品德有所区别。但是，当 "仁" 作为品德总称时，它包括了知识、勇气、孝悌、忠诚等品质。[1]

　　"仁" 作为品德总称或特指某个品德，在《孟子》中都出现过。一方面，"仁" 是人性中 "四端" 之一，它从 "四端" 中一个端点滋生，构成人性善的一面；另一方面，"仁" 又是一个总的品德，包括所有 "四端"。[2]

　　"仁" 在《孟子》的翻译中最常用的译词是 "benevolence"，有大量例证支持。在许多段落中，"仁" 与同情尤其是孝道密不可分。在这些情况下，用 "benevolence" 翻译 "仁" 是恰当的。[3]但是，当 "仁" 作为道德总称时，"benevolence" 在某些场合并不适用。另一个建议译法是 "humanity"。有一点是肯定的，那就是都要根据上下文，依据权威注疏进行翻译。

　　理雅各的英译中国经典著作，特别是儒家典籍系列，在英语国家产生了深远影响，为欧美人士打开了了解中国文明的窗口，从而也奠定了他在 19 世纪英国等西方国家汉学界的地位。在何立芳看来，不能简单地判断理雅各的身份是 "传教士与学者"；段怀情认为理雅各作为传教士时就已经是中国经典文献的翻译者、汉学家，"一个在西方基督教和中国儒家之间进行对比沟通的比较宗教学者"[4]。理雅各认为，如果 "没有完全掌握中国经典，没有亲自调查那些中国圣贤们曾经涉足的思想领域的话，他就不适合他所担当的职责和正在从事的工作，因为正是在那些经典和思想领域中，可以找到中国人的道德、社会和政治生活的基础"[5]。正因为理雅各尊重和

---

〔1〕Yu Jiyuan, "Translation of Ren in Van Norden's *Mengzi*", *Journal of Chinese Philosophy*, No. 4, 2010, p. 662.
〔2〕ibid.
〔3〕ibid, p. 663.
〔4〕何立芳：《理雅各英译中国经典目的与策略研究》，《国外理论动态》2008 年第 8 期。
〔5〕同上。

108

崇敬中国文化，他在翻译中秉持一个原则，即对原文的忠实。这个原则也影响了他在翻译中的策略选择。无论从词汇层面还是文化层面看，理雅各在翻译时都更多地采用异化的译法。[1]

三、语篇翻译索瑕

理雅各的翻译版本也存在一定缺陷。楚至大指出理雅各的《孟子》译文过直，未能充分表达原文的精髓，外国读者或难以深入理解。此外，理雅各对中国古代的地域人文背景了解不足，特别是对古代社会风土民情的把握有欠缺，导致其译文在细节方面存在失误。楚至大举了两个例子：

例1：孟子谓戴不胜曰："子欲子之王之善与？我明告子。有楚大夫于此，欲其子之齐语也，则使齐人傅诸？使楚人傅诸？"曰："使齐人傅之。"曰："一齐人傅之，众楚人咻之，虽日挞而求其齐也，不可得矣；引而置之庄岳之间数年，虽日挞而求其楚，亦不可得矣……"（《孟子·滕文公下》）

Mencius said to Dai Busheng: "I see that you are desiring your king to be virtuous, and I will plainly tell you how he may be made so. Suppose there is a great officer of Chu here, who wishes his son to learn the speech of Qi. Will he in that case employ a man of Qi as his tutor, or a man of Chu ? " "He will employ a man of Qi to teach him," said Dai Busheng. Mencius went on. If but one man of Qi be teaching him, and there be a multitude of men of Chu continually shouting out about him, although his father beat him every day,

---

〔1〕付平平：《〈孟子〉两部英译本的比较研究》，福建师范大学硕士学位论文，2012年。

wishing him to learn the speech of Qi, it will be impossible for him to do so. But in the same way, if he were to be taken and placed for several years in Zhuang or Yue, though his father should beat him, wishing him to speak the language of Chu, it would be impossible for him to do so…"[1]

　　此段是说仅仅依靠善士薛居州在宋王左右很难使宋王施行仁政，因为其余的都是奸佞小人。孟子先用一个楚国大夫教儿子学齐语的例子作比喻，以说明学习一种语言需要适当的语言环境。楚至大认为理雅各对这段原文的理解有点生硬。首先，"大夫"不应直译为"great officer"，更准确地翻译应为"high-rank officer"或"minister"。其次，"齐语"和"楚语"中的"语"也不应理解为"speech"或"language"，更恰当地翻译应是"dialect"。因为在那个时代，各诸侯国使用的语言文字大体相通，属于汉语不同的方言，彼此还能够交流。这可以从孔子和孟子周游列国时没有带翻译看出。"众楚人咻之"直接翻译成"there be a multitude of men of Chu continually shouting out about him"，确实会使英语读者误解楚国人在无缘无故地围着一个孩子大喊大叫。其更准确地翻译应该是"a lot of men of Chu interfered him with the dialect of Chu"，这样可以避免歧义，更容易让读者理解其真正含义。"虽日挞而求其齐也"翻译成"his father beat him every day"则过于武断。考虑到古代教育中体罚的情况，翻译成"even if he were beaten every day"更为恰当，体罚者不一定是父亲，也可能是老师。此外，"引而置之庄岳之间数年"中将"置"处理为"placed"也过于直译。"置"这里意为安置生活，应该翻译成"taken to live"或"taken to settle down"，这样更符合原意。

---

[1] 楚至大：《难能可贵与美中不足——评理雅各两段〈孟子〉的译文》，《中国翻译》1995年第6期。

例 2：必有事焉而勿正，心勿忘，勿助长也。无若宋人然：宋人有闵其苗之不长而揠之者，芒芒然归，谓其人曰："今日病矣！予助苗长矣！"其子趋而往视之，苗则槁矣。天下之不助苗长者寡矣。以为无益而舍之者，不耘苗者也；助之长者，揠苗者也。非徒无益，而又害之。（《孟子·公孙丑上》）

There must be the constant practice of this righteousness, but without the object of thereby nourishing the passion nature. Let not the mind forget its work, but let there be no assisting the growth of that nature, Let not be like the man of Song, who was grieved that his growing corn was not longer, and so he pulled it up. Having done this, he returned home, looking very stupid, and said to his people: "I am tired today. I have been helping the corn to grow long." His son ran to look at it, and found the corn all withered. There are few in the world, who do not deal with their passion- nature, as if they were assisting the corn to grow long. Some indeed consider it of no benefit to them, and let it alone: they do not weed their corn, they who assist it to grow long pull out their corn. What they do is not only of no benefit to the nature, but it also injures it.

这段文字阐释了孟子"集义养气"的哲学观点，即此"气"（passion-nature）"以直养而无害"，必须顺应自然，不能人为地去强化，否则会产生相反的效果。为说明违反客观规律、急于求成的危害，他使用了揠苗助长的故事。楚至大提出，理雅各的翻译基本传达了原文意思，但仍有些地方可以改进。"corn"在英国泛指谷物，主要是麦类，而宋国位于黄河南部，种的很可能是小麦。这里的"苗"应译为"wheat shoots"而不是"corn"。"闵"与"悯"同义，朱熹注为"忧也"，意为"忧虑"，将其译为"grieved"不确切，译为"worried"更恰当。"芒芒然归"中的"芒芒"意为"茫然"，不仅有"ignorant"的意思，也有"不知所措"和"糊里糊涂"的意思，译为"looking very stupid"与上下文不协调，缺乏逻辑性。因为这个宋国人并不知道自己做错了事，他只是非常困惑。将其译为"being at a loss"或"perplexed"或许更符合原意。"助长"已经译为"help the corn to grow"足矣，没有必要添加一个"long"，反而显得生硬别扭。"趋"意为"快步走"，不一定是跑，将其译为"ran"不如译为"rushed"更贴切生动，可以恰如其分地表达他儿子的焦急。后面加上的那句关于"passion-nature"的话，原文中根本没有，只能算注释而非翻译。"无益"就是"无用"，"no benefit"过于拘泥原文，翻译成"useless"更加自然通顺。

余论

　　理雅各译本是有可完善之处，但瑕不掩瑜，其总体理解和翻译属于上乘，其东西文化比较视角下的相关研究更是令人瞩目，其对经典的诠释与理解之透彻在他那个时代的汉学家中是首屈一指的。他的一些翻译问题与他认真而拘谨的态度有关，不太敢放开去想象原文的语境和情景，导致在度的把握上有失生动，亦步亦趋，宁拘谨而不愿因想象而失控，但其之后的古经翻译越来越好，对情景的把握越来越深入，生动的措辞一步到位呈现画面，这在本书后面有例证。

　　最后，值得重视的是，理雅各把翻译所得用于传教。由《孟子》的案例来看，《孟子》文本吸引了理雅各等传教士。《孟子》不像《论语》那样通篇是简洁的格言，孟子更喜欢对话式讨论和论证。理雅各注意到了并很欣赏孟子的这种论证形式——归谬法（reductio ad absurdum），在早期传教作品中，他也应用此法。理雅各认为孟子使用例子的方式很机敏灵巧，恰如其分，因而他的文体独具魅力，孟子式的优雅修辞可以用于传教

112

文本中。[1]理雅各与何进善的布道稿子经常引用孟子的形象与话语，这些
稿子多数是 1861 年出版的《中国经典》第二卷之前写的，进而可以理解
为何他如此肯定孟子的学说。爱德华·萨义德（Edward Said）的"东方主
义"说的是西方操纵下对东方元素的扭曲，费乐仁创造一个词"汉学东方
主义"，说的是反向的做法，即西方传教士经由儒家元素来追求传教效果，
打造一种中国化的基督教模式，即我们现在说的基督教本土化。如果比较
宗教学仅仅关注儒家与基督教学者的对立，那么这种论述是有所欠缺的，
因为没有把握儒耶对话广泛的历史图景与社会现实。理雅各经由《孟子》
而倡导基督教神学与儒学的对话，推行适应主义立场是一种积极的创造[2]，
更有利于文化交流与传播。

　　理雅各的《孟子》译本如同《中国经典》里的其他译本是开创性的，
其诠释的透彻度是前所未有的。既是开创性的，就必有不足之处。其译文
虽总体有可圈可点之处，但也有可完善的地方。如果理雅各翻译文本能够
像做序言那样放得开，不那么拘谨，其译文一定会大放异彩。但问题就出
在理雅各给自己戴上一副锁链，他翻译《易经》时讲的一段话实际上也是
他翻译所有经典的导向。理雅各认为翻译典籍不能无拘无束，而是要尽可
能准确简洁地表达出原文的内涵。[3]他是把自己约束得太过了，以至于情
景想象力发挥不足。反观不受约束的辜鸿铭，他的译风潇洒自如，翻译的
经典有其成功之处。理雅各作为开创者不好把握一个自由度，但随着时间
的流逝，效果与约束的关系就看得更清楚了。

---

〔1〕Lauren F. Pfister, "Mediating Word, Sentence, and Scope without Violence: James Legge's Understanding of 'Classical Confucian' Hermeneutics", pp. 371-382.

〔2〕Lauren F. Pfister, "The Mengzian Matrix for Accommodationist Missionary Apologetics: Identifying the Cross-cultural Linkage in Evangelical Protestant Discourse within the Chinese Writings of James Legge（1815—1897）, He Jinshan（1817—1871）, and Ernst Faber（1839—1899）", *Monumenta Serica*, 50（2002）, pp. 391-416.

〔3〕James Legge, *The Yi King or Book of Changes*, p. xvi.

第三章 理雅各译"五经"

"五经"按通常的排列顺序是《诗经》《尚书》《礼记》《周易》《春秋》。理雅各翻译的《中国经典》并不包括《周易》与《礼记》，他的这两部译本归属于《东方圣书》。本书的讨论沿袭中国传统"五经"排序，有利于从传统认知体系的视角了解理雅各的翻译。理雅各翻译"四书"之后，以锐不可当之势全译"五经"，其译文直面他人未译或回避的难点，是翻译史上的创举。

第一节 《诗经》：在文化性与文学性之间

《诗经》约成书于公元前 6 世纪，收集了西周初年到春秋中叶的诗歌，是中国最早的一部诗歌总集，堪称上古文化瑰宝、人类文学宝库。《诗经》中的诗歌可以演唱，分为"风""雅""颂"三类。"风"指各地乐调；"雅"意为"正"，相当于"雅言""雅乐"；"颂"用于宗庙祭祀，即咏唱之词。《诗经》在词语上使用叠字、重复词、双声、叠韵等形式，如"关关""夭夭""灼灼""依依""菲菲""迟迟""载饥载渴""悠哉悠哉""窈窕"等。在句法上主要呈现四字格，言简意赅、音韵和谐、节奏整齐，加之重章叠句手法，每首诗韵律分明，旋律委婉，视觉效果优美。《诗经》多采用赋、比、兴等表现手法。赋，即直陈描写；比，使事物特

114

征更突出；兴，以其他事物引出正题。[1]

一、译本概况

　　理雅各的《诗经》译本见于《中国经典》第四卷，费乐仁对该译本的
概述要点如下。[2]第一，该卷采用的音译体系依据马礼逊的中文字典，与
前两卷修订版使用的威妥玛（Thomas Wade）英译系统不同。因此，读者
会发现一些不熟悉的拼写，有些实际上是广东话发音，而非官话读音。第
二，理雅各在整卷正文中主要采用诗节形式呈现诗歌。他以十年为单位给
诗歌排序，以罗马数字编排每首诗，然后用阿拉伯数字标记每个诗节，尽
可能实现准确的相互参照。第三，理雅各出版过三个不同版本的《诗经》
译本。第四，基本内容方面，《诗经》里未出现的古诗，其翻译不放入正
文，而是放在附录里，以附录形式出现。排版方面，中文原文在页面上方，
英文译文在下方。附录总共选编古代诗歌 43 首，大部分出自《左传》与
《春秋》（10 首）、《大戴礼记》（6 首）和《太平御览》（9 首），显示出
理雅各倾向于选择代表先秦儒家传统的主要作品。理雅各用简单韵式做了
7 首韵律译文，接着选译汉代儒家学者早期著作的内容，从中选出 16 节，
简要地向读者介绍主题编排方式并提供其他学者的批评观点。最后是对中
国诗歌的韵律阐释。序言中有个附录，这是比较特殊的情况。

　　除了上面这些材料的介绍性英译，还有理雅各的三篇与《诗经》有
关的论文。第一篇置于"小序"英文本后，题为"A Table of the Pieces in
the She（Shī）Chronologically Arranged"。理雅各写出具体诗歌中所涉及
的各类名称，并提供了一些细节，有时根据共同主题编排，可能反映了共

---

[1] 岳峰：《儒经西传中的翻译与文化意象的变化》，第 157 页。
[2] [美] 费乐仁：《理雅各〈中国经典〉第四卷引言》，见 [英] 理雅各编《中国经典》第四卷，华东师范
大学出版社 2011 年版，第 1-20 页。

同的历史背景。综观大量注释，理雅各的评述直接关联 312 篇诗。理雅各
的第二篇文章详述古代中文的"尾韵"。第三篇文章系 19 世纪早期法国汉
学家毕欧于 1843 年所撰，由理雅各翻译，文章描写古代中国人生活习俗中
的 19 个特点。另外，该卷附的参考书目录带注释。该卷还有长篇附录，由
理雅各的同事湛约翰编写了索引，为日后古诗研究提供了有价值的资料。
在注释中，理雅各常引一术语或短语概括相关的所有的诗和评论。他还根
据传统经学和自己的研究，将诗分为"叙事体""暗示体""象征体"三
大基本类别。一些长诗融合两三种基本元素，理雅各认为有必要阐明其复
杂风格。译本每页正文包含三部分：页首简述清代中文文本，页中为理雅
各的译文，页尾为评论性注脚，注脚竟占三分之一篇幅。

　　理雅各认为王韬对《诗经》的注释历史价值甚高，他声明自己的译本
注释完备多样主要归功于王韬的著作，但他也指出自己与王韬的分歧。此
外，理雅各比较关注朱熹的评论，他常反对朱熹的观点，常列举其错误；
同时，他引用 13 世纪诗人严粲的一些观点，对其作品高度评价。这些说明
他对他人见解能择善用之，并不盲从一家之说。

二、三译《诗经》

　　理雅各最初的《诗经》版本于 1871 年在香港出版，1895 年于牛津再
版；被称为"现代版韵律译文"的第二版与《中国经典》其他卷册一起于
1876 年在伦敦出版。1879 年发行的第三版被收入《东方圣书》系列《中
国圣书》第一卷，只重新编排和选辑涉及宗教范畴的诗篇，未采用先前以
十年为一节的格式。

　　关于理雅各头两部《诗经》译著，笔者曾撰文[1]对比，观点如下。读

---

〔1〕岳峰：《儒经西传中的翻译与文化意象的变化》，第 157 页。

116

者通常预期《诗经》译本应呈现一部诗集，但如前所述，理雅各更注重《诗经》的学术价值，强调其文化性而选择性忽视文学性，因此其 1871 年第一版译本为非韵律版本[1]，这个译本遭到学界批评。为此他又翻译出 1876 年韵律译本。[2]但早先国内学者对这个版本知之甚少，一些评论者针对第一版译本，批评理雅各《诗经》译文缺乏文采。如有学者批评理雅各"毫无诗歌韵律及形式追求的蜡味翻译，则显得拙劣不堪"[3]，"缺乏应有的文学色彩"[4]；辜鸿铭也说理雅各"文学训练还很不足，完全缺乏评判能力和文学感知力"[5]。

　　针对第一译本，这些批评确有其理。例如《诗经·周南·螽斯》，理雅各将其翻译为：

　　　　　Ye locusts, winged tribes.

　　　　　How harmoniously you collect together!

　　　　　Right is it that your descendants

　　　　　Should be multitudinous!

　　　　　Ye locusts, winged tribes.

　　　　　How sound your wings in flight!

　　　　　Right is it that your descendants

　　　　　Should be as in unbroken strings!

　　　　　Ye locusts, winged tribes.

〔1〕James Legge, *The Chinese Classics*, Vol. 4-5, Hong kong, 1871.
〔2〕James Legge, *The Chinese Classics*, Vol. 3, London: Trubner & Co., Ludgate Hill, 1876.
〔3〕黄兴涛：《文化怪杰辜鸿铭》，中华书局 1997 年版，第 84 页。
〔4〕汪榕培：《契合之路程：庄子和〈庄子〉的英译本》（下），《外语与外语教学》1997 年第 6 期。
〔5〕辜鸿铭：《英译〈论语〉序》，见《辜鸿铭文集》（下），海南出版社 1996 年版，第 345 页。

How you cluster together!

Right is it that your descendants

Should be in swarms!^[1]

　　原文意思翻译出来了，忠实严谨是理雅各一贯的优势，但译文无韵无味无趣，不如说是分行写的散文，难怪当时赞誉不多，批评较多。比利时学者何赖思（Charles de Harlez）致信理雅各称："我非常欣赏你绝对忠实的翻译，我的译本代表不同风格，我们互为补充。"^[2]实际上，他委婉指出理雅各文风有待提升。阿连璧（Clement F. R. Allen）认为理雅各译文作为英诗并无价值。^[3]

　　那么，理雅各为何如此翻译呢？他在 1871 年版《诗经》译本的序言中声明，其译文的目标是呈现原文内容，因此没有必要译为韵体，当然如果有人愿意，也可以译为韵体版本，他个人则倾向于直译。他重文化内涵而轻原诗的音美与形美。当时他反对德庇时提出的"以诗译诗"操作法^[4]，批评凑韵凑句求工整的翻译，认为总体上无此必要，译者应更关注内容的传播。^[5]在第二章末尾我们讨论《中国经典》第二卷理雅各《孟子》的译文时引述了理雅各翻译《易经》的导向，理雅各认为翻译典籍不能无拘无束，而是要尽可能准确简洁地表达出原文的内涵。^[6]这实际上是他翻译所有经典的导向，但在翻译《诗经》时，这种翻译导致的后果特别严重。理雅各《诗经》译本的亮点在序言的文化研究方面，他不仅严谨地阐述《诗经》文本的文学意义，还分析考证其历史背景，认真对待许多译者

---

〔1〕James Legge, *The Chinese Classics*, Vol. 4, pp. 11–12.
〔2〕Helen Edith Legge, *James Legge: Missionary and Scholar*, p. 222.
〔3〕马祖毅、任荣珍：《汉籍外译史》，第 56 页。
〔4〕James Legge, *The Chinese Classics*, Vol. 4, pp. 109, 116.
〔5〕Helen Edith Legge, *James Legge: Missionary and Scholar*, pp. 41–43.
〔6〕James Legge, *The Yi King or Book of Changes*, p. xvi.

118

回避的生物学问题。

　　《诗经》的翻译涉及诸多动植物的术语，包括爬行类、两栖类、鱼类与昆虫类等。那个时代还没有生物术语英汉对照表或词典，而当时已有的《诗经》诠释本从未对此做出清楚解释，在理雅各之前的译本也未从科学的角度去处理这些问题。一向严谨的理雅各下决心弄清楚动植物的名称，于是他向在日本的美国专家詹姆斯·柯蒂斯·赫本（James Curtis Hepburn）和英国植物学家科莱莫（Kremer）求教，分别将《毛诗名物图说》寄给他们，结果考证了 159 种动物与 139 种植物，以科学研究的态度做翻译，最终只有少数名称未确认。理雅各《诗经》译本的注释向读者展示了这些动植物的文化意义。运用自然科学研究方法考证文中术语，这在翻译家中并不多见。他在《诗经》序言中称，译作完成极其艰辛，注释和论述花费巨大心血，尽可能使之完善，希望真正的学者认为这是一部可靠译本。[1] 在理雅各之前，耶稣会的神父孙璋（Alexandre de la Charme）已用拉丁文翻译了《诗经》，但过了三十年才印刷，由巴黎汉学家朱尔斯·莫尔（M. Jules Mohl）编辑。理雅各批评孙璋的译文多有纰漏，注释过于简短，无法令人满意。若像孙璋那样翻译，工作量将大减，而读者也定感失望。荷兰汉学家施古德说："在难点上，理雅各从不轻描淡写、回避问题，而这是不少汉学家的通病。"[2] 确实，理雅各对《诗经》所做的系统考察堪称空前绝后，其考证也成为人们研究中国经典的重要参考。

　　尽管理雅各极其用心，他的译文有时确实乏味，以至批评者连其生物学价值一并否定。但这能说明他缺乏文学素养吗？

　　其一，即使在第一版译本中也有部分韵译，如下面的译文呈现出优美的"abab"韵式：

─────────────

〔1〕James Legge, *The Chinese Classics*, Vol. 4, pp. 5–6.
〔2〕Gustaaf Schlegel, "Necrology-James Legge", p. 63.

How martial looks my noble man,

The hero of the land!

See him in chariot lead the van,

His halberd in his hand![1]

　　译文不仅押韵，节奏也明快生动，尽管整体上这类翻译不是该译本的
特色，但至少可以说明理雅各并非无文学才华。再看《中国经典》第四卷
前言第三章中关于中国诗歌韵律的 30 页论文，可知理雅各对此颇有研究。
由此看来，对理雅各的批评可能过于简单化。

　　其二，更重要的是，理雅各对当时汉学家的批评做出了让步。基于首
译本打下的良好基础，文采斐然、韵味浓郁的修订版很快问世。在第二版
译本中，理雅各经常重新组合整首诗的意思，使句式更灵活，并仍旧保持
严谨特色。以《诗经·周南·螽斯》译文为例：

Ye locusts, winged tribes,

Gather in concord fine;

Well your descendants may

In numerous bright hosts shine!

Ye locusts, winged tribes,

Your wings in flight resound;

Well your descendants may

In endless lines be found!

---

〔1〕James Legge, *The Chinese Classics*, Vol. 4, p. 109.

120

Ye locusts, winged tribes,

Together cluster strong;

Well your descendants may

In swarms for ever throng![1]

　　该译文不仅保留首译本的忠实特质，还增加韵脚，呈现"abcb"的韵式，诗意浓郁，抒情强烈。其实，在《中国经典》序言中有三个译文示例，理雅各采用汉语的平仄标识表示诗歌韵律，"平"为平声，"仄"为传统汉语其余三声。通过这些方法，理雅各不仅介绍了汉诗的押韵、韵律和长度，也为有兴趣的读者略述部分诗意，对中国诗歌韵律的运用其实也表现了他的美学追求。[2]

　　倘使我们考察一番理雅各的背景，便不难发现他本人确是善于用韵的。理雅各母亲及启蒙老师（一位盲女）皆擅长吟诵赞美诗。苏格兰学者乔治·布坎南（George Buchanan）曾以诗体改写赞美诗，他对理雅各的影响是深远的。理雅各在初中阶段便被布坎南的翻译策略吸引。[3] 而后，理雅各不断尝试以韵体来翻译赞美诗。自 1873 年他从伦敦会退休至 1876 年任教牛津，理雅各致力于以韵体翻译拉丁语赞美诗，其翻译成果长达 330页。[4] 由此可见，理雅各对于韵体是相当熟悉的，其成长环境、个人兴趣及实践都充分说明了这一点。有趣的是，理雅各有时反而用韵体来处理非诗体的文献（例如《尚书》），从而增强文段的表现力。理雅各处在矛盾之中，他翻译《诗经》的初衷是忠实再现中国古代文化，甚至提出可复原译文的想法。但学者不可能回避社会，大多数读者的预期是读到诗体的

〔1〕James Legge, *The Chinese Classics*, Vol. 3, p. 62.

〔2〕［美］费乐仁：《理雅各〈中国经典〉第四卷引言》，见［英］理雅各编《中国经典》第四卷，第 9 页。

〔3〕Dominica Legge, "James Legge", 新波德雷安图书馆档案编号：ms. eng. misc. c. 865, p. 11.

〔4〕Lauren F. Pfister, "Clues to the Life and Academic Achievements of One of the Most Famous Nineteenth Century European Sinologists—James Legge（AD 1815—1897）", p. 190.

译文。面对无韵体译文的指责，他不得不在新译本中造韵，而他本来认为
这没有必要。[1]就官方意识形态而言，自先秦至清末两千多年来，《诗经》
一直被视为儒家经典，解经主要服务于传统的再现和国家意识形态，整个
社会的《诗经》认知设置在经学框架内。[2]理解了这一点，学者对理雅各
的第一版译本也不必太纠结，其无韵特征有其道理：理雅各意识到儒家经
典在中国的权威地位，认为必须了解儒家思想精髓，他力求最大限度地忠
实于原文，采用这种译法的目的在于服务传教需要。

理雅各的第三版译本仅选取了《诗经》中与宗教相关的内容，这表明
他回到了最初的思索与实践——非韵体译本。

三、《诗经》译本的文化负载词翻译

《诗经》呈现了从西周初年到春秋中叶的社会风貌和历史状况，其中
的文化负载词极具美学价值，对它们的正确理解和翻译于原文意美的传递
至关重要。笔者曾撰文从生态文化、社会文化、物质文化和宗教民俗文
化四个方面分析理雅各对文化负载词翻译的精准度和不足之处，要点如
下所述。[3]

（一）《诗经》生态文化负载词的翻译

生态文化体现人类从古至今对自然界的认识和探索。植物与动物文化
负载词是《诗经》的一大特色，它们种类繁多，具有独特的文化内涵，显
示了当时的自然面貌，是研究周代民俗文化和自然景物的重要文献。

首先，植物文化负载词的翻译。《诗经》中的植物蕴含中华民族独特
的文化内容，体现了先民对大自然的感受。

---

〔1〕岳峰：《架设东西方的桥梁——英国汉学家理雅各研究》，第200页。

〔2〕犹家仲：《〈诗经〉的解释学研究》，广西师范大学出版社2005年版，第39页。

〔3〕岳峰：《在世俗与宗教之间走钢丝：析近代传教士对儒家经典的翻译与诠释》，第113-157页。

122

> 南山有台，北山有莱。(《诗经·小雅·南山有台》)

The southern hills the t'ai plant show,

The northern yield the l'ai.[1]

Note: The t'ae is the name of a plant called also "莎草" and "夫须"，the stalk and leaves of which are three-cornered, with hairy roots. The leaves, when dried, can be made into rain cloaks and hats. The name "夫须" is said to mean "Poor man's need (贱夫所须)". Medhurst says the lae is "the orach", and Willians calls it'a sow-thistle. "All I can find about it is that its leaves are fragrant, and may be cooked and eaten."[2]

陆玑《诗疏》曰："台……莎草也，可为蓑笠。"而"莱"为藜，是贫者常常食用的野草。[3]是否直译这两种草对于传达原文作者的交际意图并无太大影响，却侧面反映了译者对于较为生僻之植物的态度和处理方法。理雅各1871年的译本采用了音译加注的策略，注释详尽严谨，但他对"莱"确切为何草并不确定，因此采用音译法。对于自己实在无法分辨清楚的名物，理雅各宁可牺牲可读性，也要采用音译的策略，以保持《诗经》之"经"的尊严。[4]前面我们说过理雅各的《诗经》第一版译本是非韵体本，第二版译本才是韵体的，理雅各在这个译本中删除了对这两种植物的注释，因为该译本强调文学性。

其次，动物文化负载词的翻译。《诗经》中有20多篇诗歌写到"鱼"，

---

〔1〕James Legge, *The She King or the Book of Ancient Poetry, Translated in English Verse, with Essays and Notes*. London: Trubner & Co., Ludgate Hill, 1876, p. 207.

〔2〕James Legge, *The Chinese Classics Translated into English with Preliminary Essays and Explanatory Notes*, Vol. 4, Hong Kong, 1871, p. 272.

〔3〕[清] 徐鼎纂辑，王承略点校解说：《毛诗名物图说》，清华大学出版社 2006 年版，第 317 页。

〔4〕李玉良：《理雅各〈诗经〉翻译的经学特征》，《外语教学》2005 年第 5 期。

其多为性爱之隐语、匹偶之象征，反映了先民较为复杂的生殖崇拜观念。

敝笱在梁，其鱼鲂鳏。(《诗经·齐风·敝笱》)

Rent is the basket at the dam,

Where bream and kuan abound.[1]

"鲂鳏"指的是鲂鱼和鳏鱼，是隐语，暗指品行不端而难以制管的女子，即文姜。理雅各采取音译的策略来翻译"鳏"，说明他对"鳏"具体为何种鱼可能并无把握，也再次反映了理雅各对待《诗经》名物的严谨态度。这个译本虽然保留了"鲂鳏"这一意象，但是"鱼"在译文读者的认知语境中并无此象征意义，译者未能加注相关暗指意义，因此读者不易获得原文作者的交际意图。

《诗经》中的某些动物还象征着祥瑞，它们的出现往往与王道之兴、国家之兴紧密相连。[2]

彼茁者葭，壹发五豝，于嗟乎驺虞!(《诗经·召南·驺虞》)

Five boars collect where grow the rushes rank and strong;

He only sends one arrow all the five among.

Oh! the Tsou Yü is he!

Note: Celebrating some prince in the south for his benevolence.[3]

理雅各以音译的形式来翻译"驺虞"这一传说中的仁兽，表现了浓厚的经学色彩。

---

〔1〕James Legge, *The She King or the Book of Ancient Poetry, Translated in English Verse, with Essays and Notes*, p. 114.

〔2〕张守华:《〈诗经〉动物意象研究》，曲阜师范大学硕士学位论文，2010 年，第 16 页。

〔3〕James Legge, *The She King or The Book of Ancient Poetry, Translated in English Verse, with Essays and Notes*, p. 24.

124

（二）社会文化负载词的翻译

社会文化属于群体文化，具有地域、民族或群体的共同特征。本小节主要分析《诗经》中称谓文化词"君子"和婚恋礼俗文化词的翻译。

1. "君子"的译法

（1）对统治者和贵族男子的通称

　　例1：阪有漆，隰有栗。既见君子，并坐鼓瑟。（《诗经·秦风·车邻》）

When access to the the prince we've found...[1]

　　例2：假乐君子，显显令德。（《诗经·大雅·假乐》）

What brilliant virtue does our king...

Notes: In praise of some king, perhaps King Cheng...[2]

　　例1中"君子"指的是贵族秦仲，理雅各译为"prince"，传达了原文的交际意图。例2中的"君子"指的是"成王"。理雅各将其译为"king"，并在注释里点明了是什么人，给读者提供了足够的信息来理解原文。

（2）对丈夫或爱人的敬称

　　君子于役，不知其期。（《诗经·王风·君子于役》）

The gudeman's awa, for to fetch wi'the strangers...

Note: The feelings of a wife on the prolonged absence of her husband on service...[3]

---

〔1〕James Legge, *The She King or the Book of Ancient Poetry, Translated in English Verse, with Essays and Notes*, p. 141.

〔2〕ibid, p. 365.

〔3〕ibid, p. 76.

　　例子中"君子"指的是丈夫。理雅各将其译为"gudeman"（good
man），并在注释里说明了此诗是妻子盼丈夫归来的诗歌，不仅传达了"君
子"在本诗中的内涵，而且用"gude"传达了"君子"所具备的品德。

（3）有教养、有才德之人

　　　　窈窕淑女，君子好逑。（《诗经·周南·关雎》）

　　　　...Where could be found, to share our prince's state...[1]

　　　　Notes: Celebrating the virtue of the bride of King Wen, his
　　　　quest for her, and welcoming her to his palace.

　　理雅各将"君子"译为"prince"，从注释可知其选取的是赞美"后
妃之德"这一诗旨，体现了他对儒家文化和思想的亲和与认同。理雅各没
有把《诗经》中的诗真正当作文学作品来翻译，而是在翻译中对其中的道
德礼教内容予以几乎与经学传统一样的关注和强调。[2]而他对道德礼教的
亲和与认同，正是出于在中国传播基督教的需要。

　　综上所述，理雅各在翻译中比较注重考察"君子"内涵的多样性，根
据上下文的语境来翻译，但对于注疏未能确定的那些诗歌，他多采用经学
派的阐释，因此他的译文带有一定的经学色彩。

　　2. 婚恋礼俗文化词

　　（1）"父母之命，媒妁之言"的婚俗

　　　　取妻如何？匪媒不得。（《诗经·齐风·伐柯》）

　　　　In taking a wife, be sure 'tis a fact,

---

〔1〕James Legge, *The She King or the Book of Ancient Poetry, Translated in English Verse, with Essays and Notes*, p. 1.
〔2〕李玉良：《理雅各〈诗经〉翻译的经学特征》，《外语教学》2005 年第 5 期。

126

That with no go-between you never can speed.[1]

此诗说明男女双方的结合一定要有媒人。[2]理雅各把"媒"译为"go-between"，译义读者是可以理解的，因为在西方读者的认知环境中，这个词的内涵等同于中国文化中"媒"的概念。

（2）赠物定情

静女其娈，贻我彤管。(《诗经·邶风·静女》)
Oh! The maiden, so handsome and coy,
For a pledge gave a slim rosy reed.[3]

在这首诗中，"彤管"为"静女"赠予"我"的定情信物，是爱情忠贞的象征。理雅各把"彤管"译为小草，采用直译并在译文中添加了"for a pledge"这一信息，更好地传递"彤管"包含的文化内涵，让译文读者更好地接受原诗作者的交际意图，也扩大了译文读者的认知环境，达到与原文的最佳关联。

（三）物质文化负载词的翻译

物质文化指为了满足人类生存和发展需要而创造的物质产品及其所表现的文化。《诗经》中的物质文化涉及方方面面。首先是服饰颜色的翻译。

绿兮衣兮，绿衣黄里。心之忧矣，曷维其已？(《诗经·邶风·绿衣》)
When the upper robe is green,

---

〔1〕James Legge, *The She King or the Book of Ancient Poetry, Translated in English Verse, with Essays and Notes*, p. 180.
〔2〕黄元英：《〈诗经〉婚恋诗的民俗文化观》，《延安大学学报》(社会科学版) 2004 年第 2 期。
〔3〕James Legge, *The She King or the Book of Ancient Poetry, Translated in English Verse, with Essays and Notes*, p. 47.

With a yellow lining seen，

There we have a certain token，

Right is wronged and order broken.

How can sorrow from my heart

In a case like this depart?

Note: The complaint, sad but resigned, of a neglected wife. [1]

此诗用颜色比喻妻妾错位。[2] 理雅各除了直译原文的字面意思，还增译了解释，给译文读者足够的语境来理解这一诗旨，也传递了黄色与绿色在服饰中独特的文化内涵；今人认为这是一首男子悼念亡妻的诗，由"绿衣"至"黄里"足见其反复抚摸观看，睹物思人。

其次是涉及服饰与身份的词语的翻译。从《诗经》中服饰的色彩、质地、图案等能判断出着装之人的身份和地位。

岂曰无衣？七兮。不如子之衣，安且吉兮？

岂曰无衣？六兮。不如子之衣，安且燠兮？（《诗经·唐风·无衣》）

State robes can he be said to want?

His robes the seven high symbols show.

But let him have them by your grant,

That peace and fortune will bestow.

State robes can he be said to want?

---

[1] James Legge, *The She King or the Book of Ancient Poetry, Translated in English Verse, with Essays and Notes*, p. 27.

[2] 金启华、朱一清、程自信主编：《〈诗经〉鉴赏辞典》，安徽文艺出版社 1990 年版，第 64 页。

128

The symbols six his robes display.

But let him have them by your grant,

And that will lasting peace convey.

Note: A request to the king's envoy for the acknowledgement

of Duke Wu as marquis of Chin.[1]

此处"六"和"七"分别指六章之衣和七章之衣，即饰以六道或七道
彩饰的礼服，代表着古代诸侯的身份。理雅各将"衣""六""七"分别
译为"state robes""symbols six""seven high symbols"，不仅传达了原文
作者的交际意图，也保留了这三个词的文化内涵。

羔裘逍遥，狐裘以朝。(《诗经·桧风·羔裘》)

In lamb's fur robe you lounge about,

Hold court in fox fur clad.

Note: Some officer of Kuei laments over the frivolous character

of his ruler, fond of displaying his robes, instead of attending to the

duties of government.[2]

此诗主要表达诗人对其国君每日只知美服、遨游而荒于国事的担忧。[3]
这两句诗看似描写国君的服饰，实际上充满讽刺色彩。理雅各采用了直译
加注的译法，传达了原作者的交际意图，但是未点明"羔裘"和"狐裘"
的文化含义，读者不易领悟。

---

〔1〕James Legge, *The She King or the Book of Ancient Poetry, Translated in English Verse, with Essays and Notes*, p. 1366.

〔2〕ibid, p. 161.

〔3〕金启华、朱一清、程自信主编：《〈诗经〉鉴赏辞典》，安徽文艺出版社 1990 年版，第 351 页。

（四）宗教民俗文化负载词的翻译

宗教以信仰为核心，是一种群体的社会行为，影响着社会的精神文化
生活。

1. 门

《诗经》中多次提及"门"的概念，如"东门""北门"，除了是出
入的通道，还具有特定的宗教内涵。

> 墓门有棘，斧以斯之。（《诗经·陈风·墓门》）
>
> Where through the gate in to the tombs we turn,
>
> Thick jujube trees the ax requiring grow.[1]

"墓门"有以墓门命名城门和墓道之门两种说法。总之，墓门均是不
祥之门，灾难之门。[2]理雅各采用第二种解释，分别将"墓门"直译为"the
gate in to the tombs""tomb gate""burial gate"。相比来说，他的译文更能
激发读者对这不祥之门的共鸣和联想，也更符合全诗哀怨讽刺的意境。

2. 天

《诗经》中的"天"多指自然存在的天空，或指至高神"上帝"。
"雅"和"颂"的诗中"天"与"帝"有着相同的概念。

> 例1：昊天有成命，二后受之。（《诗经·周颂·昊天有成命》）
>
> 1871 版：Heaven made its determinate appointment,
>
> Which［our］two sovereigns received.[3]

---

〔1〕James Legge, *The She King or the Book of Ancient Poetry, Translated in English Verse, with Essays and Notes*, p. 157.

〔2〕闫孟莲：《〈诗经·陈风·墓门〉论考》，《信阳师范学院学报》（哲学社会科学版）2006 年第 6 期。

〔3〕James Legge, *The Chinese Classics Translated into English with Preliminary Essays and Explanatory Notes*, Vol. 4, p. 575.

130

1876 版：The fixed decree of mighty Heaven

Had long to Chou assigned the throne. [1]

例 2：天子穆穆……燕及皇天……（《诗经·周颂·雝》）

1871 版：While the Son of Heaven looks profound...

Giving rest even to great Heaven... [2]

1876 版：The King, Heaven's son, with looks profound...

Come all the other gifts of Heaven... [3]

　　理雅各认为例 1 和例 2 中的"昊天"与"皇天"均指至上神，与"帝"是同一个概念，是至高无上的存在，是全能的、无所不在的、公义的、仁慈的、统治世间的一切。[4] 在 1871 年和 1876 年的译本中，他均用大写的"Heaven"来翻译，喻指"上帝"。

　　理雅各注重忠实传递这些文化词的内涵，多采用直译加注，给译文读者提供充分的语境，从而更好地传达原文作者的交际意图，达到与原文的最佳关联，对文化负载词的翻译准确率较高。

四、理雅各译《诗经》之艰辛

　　由于理雅各《诗经》第一版译本受攻击最多，我们也回顾其《诗经》译路之艰辛，以纪念其付出与执着。首先，哥哥乔治的去世给理雅各带来巨大打击。乔治是公理会牧师和教派领袖。由于苏格兰文化像中国文化一

---

〔1〕James Legge, *The She King or the Book of Ancient Poetry, Translated in English Verse, with Essays and Notes*, p. 427.

〔2〕James Legge, *The Chinese Classics Translated into English with Preliminary Essays and Explanatory Notes*, Vol. 4, p. 589.

〔3〕James Legge, *The She King or the Book of Ancient Poetry, Translated in English Verse, with Essays and Notes*, p. 438.

〔4〕关于《诗经》中"帝"的译法，详见本书第五章第五节第二小节专论。

样强调孝顺，年轻的理雅各与侄子一起整理他哥哥最有影响力的讲章集，并于1863年出版。该文集中的一卷记录了他们作为新教徒的家庭生活，他们为之增添了长达100页的回忆录。理雅各两次在香港的布道中谈到哥哥的死对他的影响，他意识到自己也终有一死，如果不够自律谨慎的话，可能无法完成事业。事实上，在1861年和1864年，他两次出去度假旅行，分别去了广东东江和西江，第二次旅行期间还两次遭到当地居民的投石袭击。与此同时，理雅各还面临来自家庭、教会和体制方面的其他困扰。一方面，他的第二任妻子汉娜很难适应中国东南的潮湿炎热气候，最终于1866年初与四个孩子先于理雅各返回苏格兰。另一方面，19世纪50年代末，伦敦会秘书田德敏（Arthur Tidman）开始质疑理雅各"花过多时间"翻译中国经典，忽视了侍奉。这对像理雅各这样尽忠职守的传教士而言是最严重的指控。尽管这些指责随着田德敏1866年退休而结束，但其负面影响持续近十年。他的《诗经》出版也遭到意想不到的挫折，装运该卷印刷用纸的船只在即将入港时沉没，不得不再次从欧洲运来高质量印刷纸。[1]

　　平时，理雅各在烦琐的教会工作后早已疲惫不堪，但他仍然坚持翻译《诗经》。他在给妻子的信中写道："今晚我从九点钟开始翻译，当下我的精神状态相较白天更佳。白天做摘录、处理事务、接待中国访客等工作几乎占据了我所有的时间。我深感疲倦，无力翻译《诗经》。""我刚处理完《诗经》中的一首长诗。每当想到自己需要完成所有的翻译工作，心里便咯噔一下，但一页一页进行下来还算是快的。好比是爬坡，站在斜坡底下时，你一抬头看到那么长一段路，要迈出步子是艰难的。但只要埋头奋进，虽避免不了喘息与呻吟，不久之后总归是能看到顶的。要是我的身体状况允许，我将立于《诗经》翻译之巅，进而攻取《易经》的山头。"[2]可以说，于疲倦的理雅各而言，《诗经》所展露的魅力及其对自身的要求是他投身

[1][美]费乐仁：《理雅各〈中国经典〉第四卷引言》，见[英]理雅各编《中国经典》第四卷，第2-3页。
[2] Helen Edith Legge, *James Legge: Missionary and Scholar*, pp. 41-42.

132

翻译且坚持不懈的精神动力，正如他所言，"《诗经》令我振奋"，"《诗经》赋予我新鲜血液"[1]。理雅各的书信及其第二版译本让我们看到，对他的评判应更为公允，他的译本值得更多的推崇。

　　我们理解理雅各翻译《诗经》的用心，也理解读者阅读诗体翻译的预期，但理雅各的另一境界值得我们探究。理雅各还在英国的时候，曾有熟人得知他从未到剧院看过一个著名的舞娘跳舞，于是便邀他前去欣赏。理雅各到剧院的时候，剧院还没开门，他就到一家咖啡屋小坐。在喝咖啡的时候，他想："我到这里干什么？我要做的是上帝的仆人，还到这里来看舞娘跳舞？"于是他买了单就回去了。[2]理雅各一生没有平常人的娱乐，在他构建的文化诠释王国里也没有娱乐。从性情的角度说来，这也是为什么他义无反顾地选择无韵体，这与他声明的重文化、轻文学的传教目的一样重要。而同样是翻译《诗经》，别的传教士也有选择韵体的。理雅各是远离娱乐的人，就连休息也是一种奢望，他承担起了前无古人、后无来者的翻译大业。1845年4月8日，理雅各在日记中写道："我一直没有休息，从离开故乡开始就是如此。"[3]这个没有娱乐、忙碌一生的人，一直工作到去世的前几天，最终他达到了一个常人无法想象的解经境界。

第二节　《书经》：以铿锵古风译艰涩古文

　　《尚书》，也称《书经》，是中国最古老的历史文献汇编，位列儒家"五经"之一，对中国的史学和文学的发展都产生过深远的影响。美国学者克雷·沃尔瑟姆（Clae Waltham）曾在《书经：理雅各〈尚书〉译本的

---

[1] Helen Edith Legge, *James Legge: Missionary and Scholar*, p. 42.

[2] ibid, p. 7.

[3] ibid, p. 52.

现代版》一书中说道："《尚书》同《易经》和《诗经》一样，是世界上
最古老的书籍……它对人类智识的发展起到了重大作用。它在东方思想史
中的地位就好比柏拉图和亚里士多德在西方思想史中的地位。想要了解中
国的历史和政治，读《尚书》是基本功课。"[1]尽管《尚书》语言佶屈聱牙、
晦涩艰深，古今中外诸多学者依然孜孜不倦地钻研和翻译。据马祖毅的
《汉籍外译史》所记，《尚书》是最早引起西方传教士注意的典籍之一，其
翻译史可以追溯到明朝。1626年，耶稣会士金尼阁（Nicolas Trigault）在
杭州出版了拉丁文版的"五经"译本，这是在中国本土刊印的第一部西方
语言《尚书》译本。此后，《尚书》又被译成几十种不同语言的版本，其
中英语译本（不包括节译本）至少就有七种，分别是：麦都思1846年译
本、理雅各1865年译本、欧德（Walter Gorn Old）1904年译本、高本汉
（Bernhard Karlgren）1950年译本、彭马田（Martin Palmer）2014年译本，
以及中国本土译者杜瑞清1993年译本和罗志野1997年译本。另外，克
雷·沃尔瑟姆还将理雅各《尚书》译本中的音译用威妥玛拼音和现代拼音
重新做了处理，以"书经：理雅各《尚书》译本的现代版"为题于1971
年在芝加哥出版。在这七个译本当中，理雅各的译本影响最为广泛。理雅
各译有两个《尚书》版本。第一个版本作为《中国经典》系列译本第三卷
于1865年出版。王韬协助了这个版本的翻译工作。第二个译本在第一个译
本的基础上做了一些修改，收入东方学家穆勒所编的《东方圣书》，作为
该丛书的第三卷于1899年出版。本文采用的是第二个版本。在1865年的
版本中，理雅各就明确交代翻译《尚书》的目的是"为中国提供最好的帮
助"[2]，要使中国人实事求是看待先贤，避免盲目崇拜，促进文化交流。[3]

---

〔1〕Clae Waltham, *Shu Ching, Book of History*, Chicago: Henry Regnery Company, 1971, back cover.

〔2〕James Legge, *The Shoo King or the Book of Historical Documents*, p. vii.

〔3〕Lin Feng and Yue Feng, "A Study on the Translation of Chinese Classics in the Context of 'The Belt and Road' Initiative —A Linguistic Analysis of James Legge's Translation of *Shangshu*," *Proceedings of China's First International Symposium on Ethnic Languages and Culture under "The Belt and Road Initiatives"*, American Scholars Press, 2017, pp. 126–132.

一、概貌

　　刘家和对《中国经典》第三卷有详细的论述[1]，他认为如果人们有意研究或者翻译《尚书》，会遭遇一些比研究其他儒家经典更特殊的困难。这是因为《尚书》不仅存在古汉语的理解问题，而且还有其他经书所没有的关于篇数多少和文本真伪的问题。理雅各译注《书经》是他在解决了各种困难，综合了诸多学者的研究成果之后做出的一项重要学术贡献。理雅各翻译注解的《书经》至今仍是西方学界的重要参考，因为其注疏的透彻性是其他译注本难以超越的。后来瑞典顶尖汉学家高本汉的《尚书注释》和《尚书》英文选译本也只包含今古文共有的篇目，而未译伪《古文尚书》二十五篇。尽管高本汉译注《尚书》因晚出而较之理雅各译本更为精当，但他并没有注解全部条目，因而在覆盖面上并没有超越理雅各。理雅各翻译的《古文尚书》虽为伪书，但仍是研究晋代以降儒家思想的一项重要资料，其中所引若干先秦文献也具有一定参考价值。从这个角度看，若西方学者欲辨明《尚书》今古文的真伪，则理雅各译本无疑是无可取代的。

　　刘家和认为理雅各译注《书经》不仅是翻译之作，更是阐释其思想之作，书中序言与他的注疏选材都是其思想体系的呈现。首先，理雅各翻译《书经》为何兼选《竹书纪年》？因为《书经》没有年代的顺序。而理雅各非常重视历史年代，为此他在序言第三章专门讨论了《书经》中的年代问题，还特邀天文历法专家湛约翰撰写有关中国古代天文历法的文章作为附录。其次，理雅各翻译《书经》仍收《古文尚书》，因为他认为《古文尚书》是真书，当然就不存在将其删去不译的可能性。关于《书经》的文献分类问题，理雅各不像当时中国主流经学家那样，把

---

[1] 刘家和:《理雅各〈中国经典〉第三卷引言》，见［英］理雅各编《中国经典》第三卷，第1-17页。

《尚书》分成“今文”和“古文”两个部分，而是采取了另一种分类方法。《尚书》通常按朝代分为五种，理雅各则根据内容的可信度，将前两种和后三种分为两类。刘家和也指出理雅各的一些小失误，比如理雅各把《周书·梓材》中的“中国”译为“this Middle kingdom”，使它成为一个专有名词，严格地说不太准确。“中国”此处即指“国中”，意思是“这个国”，并没有相对于其他国家或民族而言的意思。

刘家和也讨论了理雅各的《书经》译本，强调在评论译文前，必须说明他从事这项工作的艰辛。《尚书》之难懂众人皆知。许多学者研究和注解《尚书》，通常只做力所能及的部分，无法解决的则不为，或留待后人解决。对理雅各而言，既然要翻译全书，就不能绕过某部分不译，所以他还面临如何处理难解之处的问题。这样看来，理雅各遇到的困难比一般经学家更大。理雅各完成《书经》翻译的能力与其阐释《圣经》的经历有关，与他性格的坚韧与面对挑战的勇气有关，而后者又与他的传教动机息息相关。他以《钦定书经传说汇纂》和《尚书正义》为参考书，严谨地对待古经的阐释与解经的困难，不断扩大参考文献的范围，直到解惑，从而译出自己满意的文句。他努力超越文字字面解读，追求阐释经典的透彻度。刘家和举了两个例子来说明理雅各在译注中如何处理蔡沈所遇到的难解之处。

比如，《周书·大诰》中“民养其劝弗救”一句，蔡传曰：“民养，未详”，然后引苏轼之说略述其大意。理雅各在注中如实说明蔡传没有解决“民养”的问题，然后根据苏轼所言译为英文。孔颖达疏亦未提出合理解释，这凸显出理雅各严谨而慎重的学风。再如，《周书·多士》“弗吊旻天，大降丧于殷”句，蔡传云：“弗吊，未详。”理雅各注中没有引蔡氏此语，而是根据《周书·大诰》等篇注释直接解决。这本不是难题，不知蔡沈为何在此说“未详”。朱子对此已经有解释。这说明理雅各没有盲从蔡氏，蔡氏以为“未详”而他能解决的，他直接释译，不重复蔡氏无必要之词。

136

　　理雅各解决了当时能解决的理解问题，就翻译成明晰的英文，不能解决的则如实记录，以期后续研究。我们可以说，理雅各的译注直到今天仍有参考价值。当然，由于理雅各未完全通晓《书经》，其译文难免也存在一些问题。为叙述方便，我们把这些问题分两类来讨论：第一类是因误解经文或旧注而产生的问题。如果算上较小的毛病，这类问题还是不少。比如《虞夏书·尧典》中"黎民于变时雍"一句，他把"黎民"译为"the black haired people"。中国传统注疏都把"黎"解为"众"，所以"黎民"就是"众民"。在先秦时期，"黎"作"黑"解也并非指头发颜色。第二类是因沿袭中国传统注释的错误而重复其误解。第三类是理雅各本身解经失误。

　　刘家和声明之所以举这些例子，并非要强调理雅各英译的失误，而是说明任何译文都不可能完美无缺，总有改进空间。比如，理雅各没有参考王引之代表作，因此文字训诂上显示出弱点；而高本汉是西方汉学界古汉语研究的重要权威，在这方面超过理雅各。为学如积薪，后来居上是天经地义。因此，我们今天阅读理雅各译注，不仅要广泛参考他未见到的中国清代及现代学者对两书的研究，也要参考后来西方学者如高本汉的著作。[1]

二、语言分析

　　笔者曾撰文从语言角度分析理雅各对《书经》的翻译[2]，分为词汇与语法两方面。他基本采用直译的方法，希望这种译法能够使他的译本"同

---

〔1〕刘家和：《理雅各〈中国经典〉第三卷引言》，见［英］理雅各编《中国经典》第三卷，第 11-17 页。
〔2〕Lin Feng and Yue Feng, "A Study on the Translation of Chinese Classics in the Context of 'The Belt and Road' Initiative —A Linguistic Analysis of James Legge's Translation of *Shangshu*", pp. 126-132.

以往的译本比较起来更忠实于汉语原文"[1]。同他一贯的翻译风格一样，理
雅各《书经》译本中也附有长篇序言和较为详细的脚注。即便是在一百多
年后的今天，理雅各的《书经》译本依然是最有影响力的译本之一。

（一）词汇层面

《尚书》成书于数千年前，其语言古奥晦涩，要解读这样的古书，我
们需要特别注意三个现象：词义的历时变迁、通假字的使用以及一词多义
现象。在这些问题的处理上差之毫厘，就会使得文章的解读和翻译谬以千
里。理雅各的误译有不少也是由这些问题引起的。

首先看词义的历时变迁。语言的意义和用法不是亘古不变的，《尚书》
中很多字词的意思和表述的方法在春秋时期就已经不再为人们所用，渐渐
被遗忘。如今，字还是那些字，但它们的含义早已不同，甚至有了同当初
截然相反的意义，译者很容易落入这样的陷阱。理雅各的译本中不乏这样
的例子，如：

> 例 1：士制百姓于刑之中，以教祗德。（《周书·吕刑》）
>
> The Minister of Crime exercised among them the restraint of
> punishment in exact adaption to each offence, and taught them to
> reverence virtue.[2]

在奴隶社会，普通百姓是没有姓的，姓是贵族和官僚阶级的专属物。
譬如《诗经·小雅·天保》有"群黎百姓"一句，郑玄注解道："百姓，
官族姓也。"但是春秋后半期，宗族制度逐渐破坏，地主阶级兴起，将土地
嫡子世袭的领主阶级取而代之，"百姓"逐渐失去贵族的意义，社会地位

---

[1] James Legge, *The Shoo King or the Book of Historical Documents*, p. vi.
[2] ibid, p. 258.

138

与黎民相似。[1] 所以，早期的"百姓"和今天人们所理解的"百姓"大不相同。许多中国人尚且不知道这一点，更不用说外国人了。理雅各译文中的"them"是个代词，指代的就是前一句译文"When the three princes had accomplished their work, it was abundantly well with the people"中的"people"，也就是说，理雅各将"百姓"理解成了"people"。而据前所述，这里宜译成"gentry"或"officers"[2]。

例2：皇后凭玉几。(《周书·顾命》)

Our royal sovereign, leaning on the gem-adorned bench...[3]

此例中的"皇后"与今天人们理解的通常意义上的"皇后"有很大的不同。早期文献如《诗经》中，"皇"是一个形容词，指的是"大"，譬如《说文》释："皇，大也。"我们常常见到的类似表述有"皇天后土""皇道""皇皇巨著"等。根据《尚书》研究专家刘起釪所言，"皇"字作为名词使用表示"皇帝"这个用法是战国晚期才开始的。他还指出，商周时期，在世的皇帝称为"王"，已故的称为"后"。所以句中的"皇后"是对已故皇帝成王的敬称。理雅各的译文虽不至过分谬误，但译成"Our great former king, leaning on the gem-adorned bench..."则更精确。

例3：予小子新命于三王，惟永终是图。(《周书·金縢》)

I, the little child, have got the renewal of his appointment from the three kings, by whom a long futurity has been consulted for.[4]

---

〔1〕林沄：《"百姓"古义新解——兼论中国早期国家的社会基础》，《吉林大学社会科学学报》2005年第4期。
〔2〕林风：《〈尚书〉四译本比较研究》，福建师范大学硕士学位论文，2012年。
〔3〕James Legge, *The Shu King or the Book of Historical Documents*, New York: Charles Scribner's Sons, 1899, p. 241.
〔4〕James Legge, *The Shu King or the Book of Historical Documents*, p. 154.

在古汉语中，人们有时会将宾语提到谓语的前面以达到强调的效果，譬如“唯利是图”“何罪之有”等都属于这种情况。同样，此例中的“惟永终是图”实际应作“惟图永终”，意思是“我所期望的是我们的帝国能够千秋万代，延绵不绝”。理雅各对这个特殊的现象判断正确，但是对于句中的“小子”一词理解却有偏差。“小子”在古汉语中是谦称，“予小子”是一个意群，与“鄙人”“在下”等词性质相同，翻译成英语写作“I”即可，不必再说“the little child”[1]。

其次看通假字。早期，汉字字词的意思还处在形成的过程之中，有时没有固定的规律，既可以用某一个字表达一个意思，也可以用与它发音相近的另一个字表达同一个意思。有时也是因为古人在记录的过程中忘记了该字的写法，就用了别字代替。这就是通假字的由来。通假字的使用历来是国人解读古籍的一大难点，对于外国人来说更是如此。《尚书》中的许多通假字不规则，且比其他典籍中的用法更加复杂，后世极少使用，这也是《尚书》语言较为难懂的原因之一。[2]

　　例 1：诗言志，歌永言。（《虞夏书·尧典》）

　　Poetry is the expression of earnest thought; singing is the prolonged utterance of that expression.[3]

这是一句工整的对仗句，其中“言”和“永”相对，都是动词。[4]清末知名文学家俞樾认为，“永”即为“咏”，歌唱的意思。[5]理雅各显然

---

〔1〕林风：《〈尚书〉四译本比较研究》，福建师范大学硕士学位论文，2012年。
〔2〕郑丽钦：《与古典的邂逅：解读理雅各的〈尚书〉译本》，福建师范大学硕士学位论文，2006年，第3页。
〔3〕James Legge, *The Shu King or the Book of Historical Documents*, p. 45.
〔4〕郑丽钦：《与古典的邂逅：解读理雅各的〈尚书〉译本》，福建师范大学硕士学位论文，2006年。
〔5〕顾颉刚、刘起釪：《尚书校释译论》，中华书局2005年版，第295页。

140

没有看出这里的通假意义，而错把"永"字按照现代的字面意义翻译成
"prolonged"（长期的）。相较之下，高本汉的翻译[1]则显得简洁而准确，
即"Poetry expresses the mind, the song is a chanting of（its）words"[2]。

　　　例2：我后不恤我众，舍我穑事，而割正夏？（《商书·汤
誓》）

　　　Our prince does not compassionate us, but（is calling us）away
from our husbandry to attack and punish Hsia.[3]

　　刘起釪认为，此句中"割"本应作"害"，而"害"又同"曷"，意
思是"为什么"。另外，"正"同"征"，征讨的意思。[4]所以"割正夏"
就是"曷征夏"，意思是："为什么要去征讨夏朝呢？"理雅各把"割"
理解为"攻击"（attack），因此对整句话的理解略有偏差。[5]罗志野的译
文可以为我们提供参考："Our king does not take compassion on us, neglect
our agricultural production, why does he want to send a punitive expedition
against the country Xia?"[6]

　　最后看一词多义。在中国文字系统发展的早期阶段，汉字数量还比较
贫乏，一个汉字往往"身兼数职"，用以表达多个不同的意思，一词多义
的现象十分普遍，如果不结合语境查字典、仔细揣摩，很容易理解错误。

　　　例1：潍、淄其道。（《虞夏书·禹贡》）

---

〔1〕Bernhard Karlgren, *The Book of Documents*, Stockholm: The Museum of Far Eastern Antiquities, 1950, p. 7.

〔2〕林风：《〈尚书〉四译本比较研究》，福建师范大学硕士学位论文，2012年。

〔3〕James Legge, *The Shu King or the Book of Historical Documents*, p. 85

〔4〕顾颉刚、刘起釪：《尚书校释译论》，第929页。

〔5〕林风：《〈尚书〉四译本比较研究》，福建师范大学硕士学位论文，2012年。

〔6〕Luo Zhiye, *Book of History*, Changsha: Hunan People's Publishing House, 1997, p. 69.

The Wei and Sze were made to keep their old channels.[1]

此句中，"道"与一般情况下我们所理解的"道路"或者"说"等意思有很大的差异，它应当念作"dǎo"，意为"疏通"[2]。易学专家钱宗武也认为"道"应该解释为"疏浚"[3]。理雅各按照字面意思把它误译作"渠道"，这充分说明联系语境对原文内涵进行推敲的重要性。这句话可以译为"The Wei and Zi rivers were conducted"。

例 2 ：伯相命士须材。(《周书·顾命》)

...as chief (of the west) and premier, he ordered the (proper) officers to prepare the wood (for all the requirements of the funeral).[4]

《说文解字》释"材"："木梃也。从木才声。""木梃"就是树干的意思。[5]但是后来，这个字的内涵得到了扩展，可以用来指木头或者材料。文中的"材"指的是后文所罗列的众多物品，包括黼扆、缀衣、黼纯等。理雅各把它译成"木材"显然是不准确的，因为后文所列的物件是由多种不同的材料制成。实际上，将这里的"材"译作"different materials"[6]较为得当。

虽然翻译中难免犯一些错误，但更多的时候，理雅各能够灵活多变地采用一词多译的方法，颇为精准，形成风格特色。比如，虚词语义复杂，

---

〔1〕James Legge, *The Shu King or the Book of Historical Documents*, p. 66.

〔2〕中华书局编辑部编：《中华古汉语词典》，中华书局 2009 年版，第 132 页。

〔3〕钱宗武、杜纯梓：《尚书新笺与上古文明》，北京大学出版社 2004 年版，第 68 页。

〔4〕James Legge, *The Shu King or the Book of Historical Documents*, p. 238.

〔5〕[东汉] 许慎：《说文解字》，九州出版社 2001 年版，第 329 页。

〔6〕林风：《〈尚书〉四译本比较研究》，福建师范大学硕士学位论文，2012 年。

142

语法功能纷繁。以"惟"字为例[1]，它在《尚书》中出现 396 次，并有异体"唯"和"维"[2]。"惟"字置于句首，作为语气助词无实义，理雅各相应省略，而在句式、行文中体现其内涵[3]，示例如下。

　　　例 3：惟荒度土功。(《虞夏书·皋陶谟》)

　　　I kept planning with all my might my labor on the land.

　　"惟"可作副词。"惟"用在句首或谓语之前，可表"只""仅仅""只有"的意思，表示对事物或动作范围的限定，理雅各相应译之为"only""indeed""simply"等。[4]

　　　例 4：惟慢游是好。(《虞夏书·皋陶谟》)

　　　He found his pleasure only in indolence and dissipation.[5]

　　"惟"可作连词，用于连接并列成分。

　　　例 5：惟简在上帝之心。(《商书·汤诰》)[6]

　　　I will examine these things in harmony with the mind of God.

　　此外，"惟"同"为"，在不同的语境中有不同的意义，理雅各则根据语境译成不同的动词。

---

〔1〕James Legge, *The Chinese Classics*, Vol. 3, p. 72.
〔2〕钱宗武：《今文尚书语言研究》，岳麓书社 1996 年版，第 16 页。
〔3〕岳峰：《儒经西传中的翻译与文化意象的变化》，第 182-186 页。
〔4〕郑丽钦：《浅析尚书中"惟"字的英译》，《长春师范学院学报》2005 年第 4 期。
〔5〕James Legge, *The Chinese Classics*, Vol. 3, p. 39.
〔6〕ibid, p. 185.

例 6：食哉惟时。(《虞夏书·尧典》)

The food!—it depends on observing the seasons.[1]

例 7：古我前后，罔不惟民之承保。(《商书·盘庚中》)

Our former kings of old always hoped to make the people live
and labor in peace and contentment.[2]

从以上例子可以看出，《尚书》中虚词词义繁多，语法功能复杂，实
词亦然。理雅各均灵活应对，形成其译本的活译风格。

（二）句法层面

理雅各在句法层面上对《尚书》的误读主要由两个因素造成，一是断
句问题，二是对语境的误判。

首先看断句问题。在宋代之前，中国古籍多数没有句读，需要读者根
据语境自行断句。同一句话，句读不同，其所呈现的意思全然不同，甚至
截然相反。这也常常成为经学家们注疏解经时论争的话题。

例 1：象恭滔天。(《虞夏书·尧典》)

He is respectfully (only) in appearance. See! The floods assail
the heavens![3]

这句话是大臣们推荐"四恶"之一的共工协助尧时，尧回复大臣的
话，意思是共工此人表里不一，表面恭敬（象恭），实际傲慢（滔天）。
所以"恭"和"滔天"是一对反义词。依照今天的理解，"象恭"和"滔

---

〔1〕James Legge, *The Chinese Classics*, Vol. 3, p. 42.
〔2〕ibid, p. 39.
〔3〕James Legge, *The Shu King or the Book of Historical Documents*, p. 34.

天"是同一句话的两个分句。理雅各在解读这句话的时候，在"象恭"和"滔天"之间加了一个句号，读成了两句话，意思是"他只是表面恭敬。看哪！那洪水滔天。"实际上，这句话可以译作"He is in appearance respectful, but he swells up to heaven with arrogance"[1]。

例 2：不能胥匡以生，卜稽，曰其如台？（《商书·盘庚上》）

...where they cannot（now）help one another to preserve their lives. I have consulted the tortoise-shell, and obtained the reply——"this is no place for us"[2]。

理解这句话的重点在于"曰其如台"。"曰"常见的意思是"说"，一般用来引出引语。理雅各也是按照这个思路，将"曰其如台"翻译成"and obtained the reply—'this is no place for us'"，即"曰：其如台。"但这个断句可能是错误的。根据钱宗武的研究，这里的"曰"并不作"说"解，它实际上只是一个语首助词，没有实际意义。"如台"在这里应该念作"rú yí"，是一个疑问词，意思是如何、怎样。[3]因此，"曰其如台"是一个意群，应该理解为"将会如何"[4]。罗志野的译文可以为我们提供参考："But now if we cannot help one another to preserve our lives, only by examine the matter by divination, how will we do?"[5]

其次看语境判断上的问题。《尚书》几乎没有句读，表述极为简洁，有时甚至接近电报体，加上古汉语中一些特有的语法现象，这些都给文意的解读增加了很多困难。

〔1〕林风：《〈尚书〉四译本比较研究》，福建师范大学硕士学位论文，2012 年。

〔2〕James Legge, *The Shu King or the Book of Historical Documents*, p. 104.

〔3〕钱宗武、杜纯梓：《尚书新笺与上古文明》，第 92 页。

〔4〕林风：《〈尚书〉四译本比较研究》，福建师范大学硕士学位论文，2012 年。

〔5〕Luo Zhiye, *Book of History*, p. 73.

例 1：禹锡玄圭。(《虞夏书·禹贡》)

Yu presented the dark-colored symbol of his rank.[1]

古汉语中一个特别的现象是主动态和被动态有时在表述上没有区别，读者要根据上下文语境自行判断。例 1 的语境是：大禹治水有功，尧帝赏赐了一个黑色的玉圭给他。所以这里的"禹锡玄圭"实际是被动态，应该理解为"禹受赏得了一块玄圭"。理雅各没有理解此处的语境，翻译成了主动形态。实际上这里译成"Yu was bestowed a black jade as the symbol of his rank"则比较妥当。[2]

例 2：予不敢宿，则禋于文王、武王。(《周书·洛诰》)

I dare not keep this by me, but offer it in sacrifice to king Wan and king Wu.[3]

理解本句的关键在于"宿"字。清代文字学家朱骏声《尚书古注便读》释"宿"："经宿也。公以王不来洛，命己摄查，不敢宿君命，即则禋于文、武。"[4]"宿"即过夜。理雅各误解为"保留"，把整句话理解为"我不敢私自留存"，与原文意思相去甚远。[5]此处高本汉的译文可作参考："I dare not stay overnight before I（thus）made the pure sacrifice to Wen Wang and Wu Wang."[6]

〔1〕James Legge, *The Shu King or the Book of Historical Documents*, p. 76.
〔2〕林风：《〈尚书〉四译本比较研究》，福建师范大学硕士学位论文，2012 年。
〔3〕James Legge, *The Shu King or the Book of Historical Documents*, p. 194.
〔4〕顾颉刚、刘起钎：《尚书校释译论》，第 1495 页。
〔5〕林风：《〈尚书〉四译本比较研究》，福建师范大学硕士学位论文，2012 年。
〔6〕Bernhard Karlgren, *The Book of Documents*, p. 53.

146

（三）风格层面

笔者也曾撰文讨论理雅各译本的风格，分为仿古体式译文与语言力度
两个问题。[1]其一，理雅各译本以仿古体式译文再现了原文的古韵与力度。

例 1：异哉，试可，乃已。(《虞夏书·尧典》)

His eminence said, "Well but—Try him, and then you can have
done with him."[2]

理雅各译文里有已经不用的古英语"can have done something"，表现
出古风。

例 2："逖矣西土之人。"王曰："嗟！我友邦冢君。"(《周
书·牧誓》)

"Far are ye come, ye men of the western regions!" He
added: "Ah! Ye hereditary rulers of my friendly States. "[3]

理雅各用古英语"ye"而不用现代英语"you"来表示"你"或受话方；
"Far are ye come"句式也是古典的，展现出古典风韵。即使对普通读者而
言，这种古体也有感染力。这种仿古的翻译风格不仅呈现在理雅各对《尚
书》的译本里，在其他文本中也可窥见一二。古英语的使用为译文增加了
独特的时代氛围。若整篇采用现代英语，原文古朴高雅的韵味就难以完整
传达。此外，理雅各还巧妙地运用拉丁语、希腊语和希伯来语来翻译一些
典雅的词句。个别学者批评理雅各的词汇过于陈旧，但正是这种仿古的翻

---

[1] 岳峰：《儒经西传中的翻译与文化意象的变化》，第 175-182 页。
[2] James Legge, *The Chinese Classics*, Vol. 3, p. 25.
[3] ibid, pp. 300-301.

译风格能够呈现古典作品的韵味。

其二，语言力度。《尚书》的演讲词充满激情，掷地有声，理雅各的
译文复活了铿锵语言。如：

例1：无偏无陂，遵王之义；无有作好，遵王之道；无有作
恶，遵王之路。无偏无党，王道荡荡；无党无偏，王道平平；无
反无侧，王道正直。会其有极，归其有极。(《周书·洪范》)

Without deflection, without unevenness,

Pursue the Royal righteousness;

Without any selfish likings,

Pursue the Royal way;

Without any selfish dislikings,

Pursue the Royal path;

Without deflection, without partiality,

Broad and long is the Royal path.

Without partiality, without deflection,

The Royal path is level and easy;

Without perversity, without one-sidedness,

The Royal path is right and straight.

Seeing this perfect excellence,

Turn to this perfect excellence.[1]

原文运用整齐的四字格和叠词表达了坚守"王道"的主旨，整齐
排列的四字短语和叠词有很好的效果。理雅各用英语诗歌形式翻译此

---

[1] James Legge, *The Chinese Classics*, Vol. 3, pp. 331-332.

文，整体文句颇为匀称，以十四行排列，接近英语的十四行诗，韵式为
"aabcbdedfgahii"。措辞贴切，行句铿锵，可谓佳译。

　　例 2：今商王受惟妇言是用，昏弃厥肆祀弗答，昏弃厥遗王
父母弟不迪，乃惟四方之多罪逋逃，是崇是长，是信是使，是以
为大夫卿士。俾暴虐于百姓，以奸宄于商邑。(《周书·牧誓》)

　　译文 1：Now Show, the king of Shang, follows only the words
of his wife. He has blindly thrown away the sacrifices which he
should present, and makes no response for the favours which he
received; he has blindly thrown away his paternal and maternal
relatives, not treating them properly. They are only the vagabonds
of the empire, loaded with crimes, making them great officers and
nobles, so that they can tyrannize over the people, exercising their
villainies in the city of Shang.[1]

　　译文 2：Now King Zhou of Shang follows only what the woman
said, leaves the offering to his ancestors aside, slights and abandons
his cousins and the posterity of his former king, whom he does not
assign to proper posts. On the contrary, he, to our surprise, only
knows to honor and respect those who are vagabonds with crimes
from every place, whom he trusts and appoints in the high positions,
such as great officers and nobles, in this way, they cruelly oppress the
ordinary the ordinary people and do evil things in Shang.[2]

[1] James Legge, *The Chinese Classics*, Vol. 3, pp. 302-304.
[2] 罗志野英译，周秉钧今译：《尚书》，湖南出版社 1997 年版，第 107 页。

　　这里我们把理雅各的译文与罗志野的作比较。理雅各两次用"blindly thrown away"来表示"轻看并抛弃"的意思，表现力度强于罗志野的"leaves... aside"；以"loaded with crimes"表示"重罪"，力量同样强于罗志野的"with crimes"；用"tyrannize"翻译"暴政"也比"cruelly oppress"到位。

　　总之，理雅各的《尚书》译文有力度，古朴雄浑，独树一帜，成功地再现了古风。

三、文化层面

　　《尚书》中文化负载词很多，笔者曾就汉学家的相关译法做过梳理，其中理雅各的译法整理如下，按器物名称、官衔、数字、地名与风俗礼仪归类。[1]

（一）器物名称的翻译

　　　　例 1 ：夔曰："戛击鸣球，搏拊琴瑟以咏。"(《虞夏书·皋陶谟》)

　　　　Khwei said, "When the sounding-stone is tapped or struck with force, and the lutes are strongly swept or gently touched, to accompany the singing."[2]

　　琴和瑟都是中国最古老的弹拨乐器，二者都呈方形，与西方古代常见弹拨类乐器形状不同。鲁特琴与吉他一样呈梨状，通常具有细长的琴颈；

---

〔1〕岳峰：《在世俗与宗教之间走钢丝：析近代传教士对儒家经典的翻译与诠释》，第 166–197 页。
〔2〕James Legge, *The Shu King or the Book of Historical Documents*, p. 61.

150

竖琴的整体轮廓为三角形；里拉琴呈"U"字形。这些乐器的第二个差异在于摆放方式。演奏时，琴和瑟平放于琴桌上；鲁特琴和里拉琴直立持握或抱在怀里；较大的竖琴通常直立放在地面弹奏。实际上，除了都属于弹拨类乐器，这些乐器间没有太多共通之处。理雅各将"琴"和"瑟"译作"lutes"，即鲁特琴，但它们无论在形态还是在弹奏方式上都不大一样，弹拨乐器中"zither"（齐特琴）则更贴近一些。

例 2：禹锡玄圭，告厥成功。（《虞夏书·禹贡》）

Yu presented the dark-coloured symbol of his rank, and announced the completion of his work.[1]

"圭"亦作"珪"，为长条形的玉器，曾作为礼器用于中国古代贵族的朝聘、祭祀、丧葬。理雅各将"圭"译作"symbol of his rank"（地位的象征），强调了圭的象征性作用，但忽略了其质地。要知道，玉在古代贵族的文化生活中占据举足轻重的地位。若将"圭"译为"jade mace"可更全面深入地突出"圭"之文化内涵。

例 3：牖间南向，敷重篾席、黼纯，华玉仍几。（《周书·顾命》）

Between the window（and the door）, facing the south, they placed the（three）fold mat of the fine bamboo splints, with its striped border of white and black silk, and the usual bench adorned with different-coloured gems.[2]

---

〔1〕James Legge, *The Shu King or the Book of Historical Documents*, p. 76.

〔2〕ibid, p. 238.

黑白相间称作"黼"[1]。由《尔雅·释器》可知，席子黑白相间的花边
称作"黼纯"。理雅各通过译文较好地展示了"黼纯"和"玉几"这些周
康王受遗命君临天下时所用的重要家具。如果理雅各能在注释中对古人在
席地而坐的历史阶段用到的"凭几"（跪坐时凭依扶靠的家具）略加介绍
则更好。

　　例 4：东序西向，敷重丰席、画纯、雕玉仍几。（《周书·顾
命》）

　　In the side-space on the east, which faces the west, they placed
the threefold mat of fine grass, with its border of painted silk, and
the usual bench carved, and adorned with gems.[2]

　　古时，堂上的东西墙叫作"序"。[3]理雅各把"序"错译成"the side-
space on the east"（西面边房），其实这个"序"宜译作"eastern wall"。
　　"丰席"是古代一种由莞草编织而成的席子[4]，理雅各模糊化处理了
"丰席"的具体材质，译为"mat of fine grass"，总体意义上与原文较为
贴近。

　　例 5：大辂在宾阶面，缀辂在阼阶面，先辂在左塾之前，次
辂在右塾之前。（《周书·顾命》）

　　The grand carriage was by the guests' steps, facing（the
south）; the next was by the eastern（or host's）steps, facing（the

---

[1] 钱宗武、杜纯梓：《尚书新笺与上古文明》，第 286 页。
[2] James Legge, *The Shu King or the Book of Historical Documents*, p. 238.
[3] 钱宗武、杜纯梓：《尚书新笺与上古文明》，第 285 页。
[4] 同上，第 286 页。

south）. The front carriage was placed before the left lobby, and the
one that followed it before the right lobby. [1]

　　古时国君乘坐的车辆为"辂"，原作"路"。"大辂"指玉路，"缀
辂"是金路，"先辂"为象路（由象骨制成），"次辂"即木路。[2]理雅各
的译法未体现这些"辂"因材质不同而有区别。"大辂"和"次辂"宜分
别译作"carriage made of Jade"和"carriage made of wood"，"先辂"宜
译为"carriage made of elephant bone"。而"阼阶"指主人登堂的台阶，
位于东面。理雅各为该词附加了详细脚注："On the west side of the hall
were the guests' steps（or staircase），by which visitors ascended, and on the
east were those used by the host himself."意思是堂西面的台阶是供客人登
堂所用，而东面的台阶则供主人自己使用。理雅各对中国文化研究的功力
可见一斑。

　　　　例6：伻来毖殷，乃命宁予以秬鬯二卣。（《周书·洛诰》）
　　　　The king has sent messengers to admonish（the people of）
　　Yin, and with a soothing charge to me, along with two flagons of
　　the black-millet herb-flavoured spirits. [3]

　　"秬鬯"是古代的一种美酒，用于祭祀或赏赐贵族。[4]理雅各的译文
"black-millet herb-flavoured spirits"当属精到。另一种器物"卣"是一种
盛行于商和西周的酒器。理雅各的译文"flagon"（大肚短颈瓶）与"卣"

〔1〕James Legge, *The Shu King or the Book of Historical Documents*, p. 239.
〔2〕钱宗武、杜纯梓：《尚书新笺与上古文明》，第287页。
〔3〕James Legge, *The Shu King or the Book of Historical Documents*, p. 194.
〔4〕顾颉刚、刘起釪：《尚书校释译论》，第2125页。

的形象大致吻合。

（二）官衔的翻译

例 1：黎民阻饥，汝后稷，播时百谷。（《虞夏书·尧典》）

The black-haired people are（still）suffering from famine. Do
you, O prince, as Minister of Agriculture,（continue to）sow（for
them）the various kinds of grain.[1]

"稷" 可谓世界上最古老的粮食作物之一。总管农业的官员也称
"稷"，与今天的农业农村部部长相当。理雅各深入理解了该词的文化内
涵，将其准确译为 "Minister of Agriculture"。

例 2：有能奋庸熙帝之载，使宅百揆亮采，惠畴？（《虞夏
书·尧典》）

Is there any one who can with vigorous service attend to all the
affairs of the Ti, whom I may appoint to be General Regulator, to
assist me in（all）affairs, managing each department according to
its nature？[2]

商周以前，"百揆" 为我国官名，指总揽朝政之官，类似于今天的总
理一职。理雅各译之为 "General Regulator" 是可取的。

例 3：王左右常伯、常任、准人、缀衣、虎贲。（《周书·立

---

[1] James Legge, *The Shu King or the Book of Historical Documents*, p. 42.

[2] ibid.

154

政》）

In close attendance on your majesty there are the regular presidents, the regular ministers, and the officers of justice; the keepers of the robes (also), and the guards. [1]

"缀衣"即后世的"尚衣"，掌管王的衣服。[2] 理雅各对其进行了准确的翻译。而由《周礼·夏官·虎贲士》可知，"虎贲"是古代朝廷的警卫军将领，平日守王官，王出行则随前后。理雅各用了简简单单的一个"guards"，译文最为贴切。

例 4：立政：任人、准夫、牧作三事。（《周书·立政》）

In establishing their government, the three things which principally concerned them were to find the men for (high) offices, the officers of justice, and the pastors. [3]

"准夫"是司法的长官。[4] 理雅各将其译作 "the officers of justice"（司法长官），十分恰当。

例 5：虎贲、缀衣、趣马、小尹、左右携仆、百司、庶府。（《周书·立政》）

（ They had) the guards; the keepers of the robes; their equerries; their heads of the small departments; their personal

---

〔1〕James Legge, *The Shu King or the Book of Historical Documents*, p. 220.
〔2〕顾颉刚、刘起釪：《尚书校释译论》，第 1663 页。
〔3〕James Legge, *The Shu King or the Book of Historical Documents*, p. 222.
〔4〕顾颉刚、刘起釪：《尚书校释译论》，第 1663 页。

attendants; their various overseers; and their treasurers.[1]

　　"趣马"指掌王室马匹之官。[2] 理雅各的译文简洁贴切，其中
"equerry"指的正是"旧时王室的掌马官"。"小尹"表示小官或小官之
长，理雅各上述译文也是准确的。而"左右携仆"是携带王所用的器物或
驾车的仆夫。[3] 理雅各的译文"personal attendants"（私人侍从）与原文
大致对应。

　　　　例6：大都、小伯、艺人、表臣百司。（《周书·立政》）
　　They had their governors of the larger and smaller cities
assigned in the royal domain to the nobles; their men of arts; their
overseers whose offices were beyond the court.[4]

　　"大都、小伯"指大小采邑的长官。理雅各能准确理解出词中的互文，
但其译文中有一处错误——把"都"按其字面意义理解为"城市"。其
实这里的"都"特指贵族的采邑，宜译成"fiefs"。综上，可以取长补短，
将"大都、小伯"译为"governors of the larger and smaller fiefs"。
　　古时候"艺人"指的是征收赋税的官员[5]，理雅各将其译成"men of
arts"（有才艺之人）未能正确传达原文之意，译为"tax-collectors"（征
收赋税的官员）才准确无误。

　　　　例7：司徒、司马、司空、亚旅。（《周书·立政》）

---

〔1〕James Legge, *The Shu King or the Book of Historical Documents*, p. 222.
〔2〕顾颉刚、刘起钎：《尚书校释译论》，第1677页。
〔3〕同上，第1676页。
〔4〕James Legge, *The Shu King or the Book of Historical Documents*, p. 223.
〔5〕钱宗武、杜纯梓：《尚书新笺与上古文明》，第273页。

156

（in the external states）there were the Minister of Instruction, the Minister of War, and the Minister of Works, with the many officers subordinate to them.[1]

古时，"司徒""司马""司空"并称"三卿"，在西周早期分别负责教化民众、掌控军队、公共工程建设。[2]理雅各精准地理解并译出了"三卿"的职位。

（三）数字的翻译

汉语数字有时并非实指，而是虚指，笼统的数字概念需要斟酌，而有时非数量词却用来表示数量。

例1：无教逸欲，有邦兢兢业业，一日二日万几。（《虞夏书·皋陶谟》）

Let not（the Son of Heaven）set to the holders of states the example of indolence or dissoluteness. Let him be wary and fearful,（remembering that）in one day or two days there may occur ten thousand springs of things.[3]

"一日二日"主要有两种解释，一是"日日"，二是很短的时间。[4]理雅各将其直译为"one day or two days"（一天或者两天）不太恰当，译作"every day"（每天）最为贴切。

---

[1] James Legge, *The Shu King or the Book of Historical Documents*, p. 222.
[2] 顾颉刚、刘起釪：《尚书校释译论》，第 208 页。
[3] James Legge, *The Shu King or the Book of Historical Documents*, p. 55.
[4] 顾颉刚、刘起釪：《尚书校释译论》，第 419 页。

例 2：邦之不臧，惟予一人有佚罚。(《商书·盘庚上》)

If it fails of prosperity, that must arise from me, the One man, erring in the application of punishment.[1]

"一人"常与"予"或者"我"连用，组成"予一人"或"我一人"，是古代君主的自称语。理雅各将其译作"One man"，其实此例中的"一人"可以省略不译，"予一人"或"我一人"可直接理解为"我"，并简练地译作"me"。

例 3：今予一二伯父尚胥暨顾，绥尔先公之臣服于先王。(《周书·顾命》)

Now do ye, my uncles, I pray you, consider with one another, and carry out the service which the dukes, your predecessors, rendered to my predecessors.[2]

"一二"在此为虚指，不用以表示"一两个"，而"一二伯父"指的是"伯父们"，理雅各对该词翻译准确。

例 4：询于四岳，辟四门，明四目，达四聪。(《虞夏书·尧典》)

He deliberated with (the President of) the Four Mountains how to throw open the doors (of communication between himself and the) four (quarters of the land), and how he could see with

---

〔1〕James Legge, *The Shu King or the Book of Historical Documents*, p. 107.

〔2〕ibid, p. 245.

158

the eyes, and hear with the ears of all.[1]

汉语的"四"字在很多情况下并不表示实际数字，而表达"数个""许多"或者"全部"之意。理雅各准确地理解了这一点，翻译正确。

　　例 5：惟吕命王享国百年，耄，荒度作刑，以诘四方。(《周书·吕刑》)

　　In reference to the charge to (the marquis of) lv:——When the king had occupied the throne till he reached the age of a hundred years, he gave great consideration to the appointment of punishments in order to deal with (the people of) the four quarters.[2]

"百"在此的意思不是"一百"，而是指数量众多，时间很久。[3]所以不能如理雅各一般，将"王享国百年"理解为"王在位直到将近百岁之时"。译为"the king had enjoyed the throne a number of years"（王在位许多年）才恰到好处。

（四）地名的翻译

翻译《虞夏书·禹贡》中的地理名称殊为不易，因为岁月沧桑，山河易名，这需要译者细析文本，并参考其他地理文献。

　　例 1：既载壶口，治梁及岐。(《虞夏书·禹贡》)

　　...he did his work at Hu-Khau, and took effective measures at

---

[1] James Legge, *The Shu King or the Book of Historical Documents*, p. 42.
[2] ibid, p. 255.
[3] 钱宗武、杜纯梓：《尚书新笺与上古文明》，第 310 页。

the（mountains）Liang and Khi.[1]

"壶口"即壶口山，因形同壶口而得名。理雅各只音译了"壶口"，未附加任何注释，使之看似一个城市或国家名，极易误导读者。如用"Hukou hill"在译文中直接体现"壶口"实为山名，则能提高读者的阅读顺畅度。句中"梁"是指梁山，位于今陕西省韩城市。[2]理雅各在音译"Liang"之前添加"mountain"来指明"梁"实乃一山名，表达清晰。

> 例2：既修太原，至于岳阳。(《虞夏书·禹贡》)
> Having repaired the works on Thai-yuan, he proceeded on to the south of（mount）Yo.[3]

"至于岳阳"中的"阳"为方位词，"岳阳"则指黄河以北太岳山的南面。[4]理雅各精准地把握住了这个知识点，正确译出了该地名。

> 例3：恒、卫既从，大陆既作。(《虞夏书·禹贡》)
> The（waters of the）Hang and Wei brought to their proper channels, and Ta-lu was made capable of cultivation.[5]

"大陆"亦称"钜鹿"，坐落于今河北省巨鹿县以北，是一片湖泽，由铭河、沙河和滏阳河汇聚而成。[6]理雅各仅将"大陆"音译作"Ta-lu"，

---

〔1〕James Legge, *The Shu King or the Book of Historical Documents*, p. 64.
〔2〕钱宗武、杜纯梓：《尚书新笺与上古文明》，第64页。
〔3〕James Legge, *The Shu King or the Book of Historical Documents*, p. 64.
〔4〕顾颉刚、刘起釪：《尚书校释译论》，第532页。
〔5〕James Legge, *The Shu King or the Book of Historical Documents*, p. 65.
〔6〕钱宗武、杜纯梓：《尚书新笺与上古文明》，第65页。

160

交代不明，显得模棱两可。此处只需用"Dalu Marsh"就可以将意思交代
清楚。

　　　例 4：大野既猪，东原底平。(《虞夏书·禹贡》)

　　　(The waters of) Ta-yeh were confined (so as to form a
marsh); and (the tract of) Tung-yuan was successfully brought
under management.[1]

"大野"也称"钜野"，坐落于今山东省巨野县北部，亦为一个大
泽。[2] 理雅各的译文清晰简练。

　　　例 5：原隰底绩，至于猪野。(《虞夏书·禹贡》)

　　　Successful measures could now be taken with the plains and
swamps, even to (the marsh of) Ku-yeh.[3]

"猪野"坐落于今河南省商丘市，是中国的一个古泽，亦称"孟
诸"。[4] 此处的"野"是地理名称的一部分，理雅各准确译出了这个词。

　　　例 6：底柱、析城，至于王屋。(《虞夏书·禹贡》)

　　　(After these came) Ti-ku and His-khang, from which he went
on to Wang-wu.[5]

〔1〕James Legge, *The Shu King or the Book of Historical Documents*, p. 66.
〔2〕顾颉刚、刘起钎：《尚书校释译论》，第 601 页。
〔3〕James Legge, *The Shu King or the Book of Historical Documents*, p. 71.
〔4〕钱宗武、杜纯梓：《尚书新笺与上古文明》，第 72 页。
〔5〕James Legge, *The Shu King or the Book of Historical Documents*, p. 72.

"厎柱""析城""王屋"均为黄河北岸太岳山脉的支脉。[1]理雅各并未在译文中体现出它们是山脉名称，只是模糊地将其音译成"Ti-ku""His-khang""Wang-wu"。宜在"析城"和"王屋"的音译之后加"hill"，表明"析城"和"王屋"是两座山。

例7：导渭自鸟鼠同穴，东会于沣，又东会于泾。(《虞夏书·禹贡》)

He traced the Hwai from (the hill) Niao-shu-thung-hsueh. Following eastwards, it united with the Feng, and eastwards again with the King.[2]

鸟鼠同穴山位于今甘肃省渭源县西南，又称青雀山。而鸟鼠同穴山得名于一种奇特的鸟鼠共生系统。[3]理雅各使用音译法交代了鸟鼠同穴是一座山名，虽未深入解释此山名的来由，但其译文并不妨碍读者理解。

（五）风俗礼仪的翻译

文明古国，礼仪万千，各地有异，又经历时变迁，这对译者的考证能力提出了相当高的要求。

例1：肆类于上帝，禋于六宗，望于山川，遍于群神。(《虞夏书·尧典》)

Thereafter, he sacrificed specially, but with the ordinary forms, to God; sacrifice with reverent purity to the Six Honoured Ones; offered their appropriate sacrifices to the hills and rivers; and

〔1〕钱宗武、杜纯梓：《尚书新笺与上古文明》，第73页。
〔2〕James Legge, *The Shu King or the Book of Historical Documents*, p. 74.
〔3〕顾颉刚、刘起釪：《尚书校释译论》，第746页。

162

extended his worship to the host of spirits.[1]

"类""禋""望"都是古代祭祀之名。"类"为对天的祭礼，"禋"是一种精意洁净的祭礼，"望"指祭祀山川之名。[2]理雅各将"望"误解为"恰当的祭礼"，进而将"望于山川"翻译成"为山川和河流献上恰当的祭礼"。此例中的"望于山川"宜译作"offer wang-sacrifice to mountains and rivers"或者"looked with devotion towards while offering sacrifice to the hills and rivers"。

例2：修五礼、五玉、三帛、二生、一死贽。(《虞夏书·尧典》)

He regulated the five (classes of) ceremonies, with (the various) articles of introduction, —the five symbols of jade, the three kinds of silk, the two living (animals) and the one dead one.[3]

"五玉"也称"五瑞"，是五个爵位作为符信的五种玉；"三帛"是指三种不同颜色的丝织品；"二生"指活羊羔和雁，由卿大夫所执；"一死贽"指死的野雉，由士所执。[4]理雅各仅按字面意义简单地译出原句，对文中提及的器物未做具体解释。如能详细介绍这些物件，读者将更好地领略中国古代的朝聘之礼。

例3：周公若曰："拜手稽首，告嗣天子王矣。"(《周书·立

---

〔1〕James Legge, *The Shu King or the Book of Historical Documents*, p. 39.
〔2〕顾颉刚、刘起釪：《尚书校释译论》，第121-122页。
〔3〕James Legge, *The Shu King or the Book of Historical Documents*, p. 39.
〔4〕顾颉刚、刘起釪：《尚书校释译论》，第189页。

政 》)

　　The duke of Kau spoke to the following effect: "With our hands
to our heads and our heads to the ground, we make our declarations
to the Son of Heaven, the king who inherited the throne." [1]

　　"拜手" 和 "稽首" 都是古时的跪拜礼。理雅各对此理解得当，翻译
得细致入微。

　　例 4：乃受同瑁，王三宿，三祭，三咤。(《周书·顾命》)

　　He then received the cup and the mace-cover. Thrice he slowly
and reverently advanced with a cup of spirits (to the east of the
coffin)；thrice he sacrificed (to the spirit of his father) (foot
note)；and thrice he put the cup down. [2]

　　"三宿" 指从站立之处徐行至神处以进爵三次，"三祭" 指酹酒于地三
次，"三咤" 指奠爵三次。[3] 理雅各对此翻译堪称精准，他甚至在脚注中对
各种仪式做了更详尽的解释，使读者能将中国古代祭祀文化了解得更细致。

　　例 5：王宾杀禋咸格，王入太室，裸。(《周书·洛诰》)

　　The king's guests, on the occasion of the killing of the victims
and offering the sacrifice, were all present. The king entered the
grand apartment, and poured out the libation. [4]

[1] James Legge, *The Shu King or the Book of Historical Documents*, p. 220.
[2] ibid, p. 241.
[3] 顾颉刚、刘起钎：《尚书校释译论》，第 1874 页。
[4] James Legge, *The Shu King or the Book of Historical Documents*, p. 195.

164

"裸"亦称"灌祭"，指酌郁鬯之酒灌地降神。[1]理雅各译其为"poured out the libation"是可取的，因为"libation"一词本就有"用以祭神的酒"或者"奠酒祭神仪式"的含义。

例 6：暨芮伯咸进，相揖。(《周书·顾命》)

The Grand-Guardian and the earl of Zui, with all the rest, then advanced and bowed to each other...[2]

"揖"是旧时行礼的一种形式，其基本的动作为举手抱拳。理雅各将"揖"译作"bow"（鞠躬），与上述分析的揖略有出入。译成"bowed with their hands clasped to each other"更为贴切。

总体来说，理雅各的理解与译法虽有偏差，但在汉学的开创时代是难能可贵的，也是明晰可读的。[3]

余论

理雅各翻译《书经》十分辛苦。根据其日记记载，他每天凌晨 3 点起床，工作到 7 点或 8 点才用早餐，然后一整天都是教会的工作。他在凌晨秉烛治学，视力逐渐下降。处理《书经》的经文是一项巨大的工程，需要大量的注释；他意识到自己翻译的一些章节很有可能是伪造的，他一直关注《书经》中疑似与史实不符的地方，用了大量时间思考、查证混杂在一起的真假文本，大篇幅引用儒家学者的批判性评论，指出作品中伪造的地方。总的来说，《中国经典》第三卷的注释比其他四卷的注释都长，一般

---

〔1〕钱宗武、杜纯梓：《尚书新笺与上古文明》，第 220 页。
〔2〕James Legge, *The Shu King or the Book of Historical Documents*, p. 244.
〔3〕林风：《〈尚书〉四译本比较研究》，福建师范大学硕士学位论文，2012 年。

来说至少有半页的篇幅。而在前两卷中，注释很少超过每页的三分之一。[1]

理雅各在《中国人的鬼神观》中提出，《书经》和《诗经》这两部儒家经典中提到的"上帝"相当于一神论传统观念中的"上帝"。理雅各研究帝王的祭天仪式后，提出"上帝"一词也在帝王的祭拜中出现，明显带有一神论的特征。基于这样的认知，理雅各主张将《圣经》中希伯来文的"Elohim"及希腊文的"Theos"译为"上帝"。反对这一主张的人则认为，在大众看来，"上帝"一词指的是道教中的神，这种译法会误导读者。但理雅各坚持自己的主张，在香港及牛津的四十多年里他一直坚持自己的译法。他认为中国传统文化记录显示公元前 2000 年中国人就有上帝观念，因此中国人读儒经是重温圣贤的宗教观念，这里的传统与基督教并不相悖，儒经是天然的神学桥梁。理雅各认为中国古人不一定像亚伯拉罕和摩西那样得到直接的启示，但先贤可以通过思考认识上帝。[2]了解理雅各的理念，有利于理解理雅各翻译超自然体的方法。

第三节　《礼记》：自成体系的宗教术语

《礼记》为儒家"五经"之一，记载了从春秋到战国时汉族的礼仪，今传世的是西汉学者戴圣所编的 49 篇，也称《小戴礼记》。《礼记》汇集了古代社会各个方面的儒家思想，介绍了丧葬、祭祀、成年、婚嫁等礼仪，对后世的文化、历史、哲学及政治思想影响深远，是研究中华民族文化传承和伦理思想的重要材料。

《礼记》的西方语言译本多为节译，理雅各的英译是唯一的全译本，

---

[1] 张西平、[美] 费乐仁：《理雅各〈中国经典〉绪论》，见 [英] 理雅各编《中国经典》第一卷，第 23-24 页。
[2] 岳峰等编译：《翻译研究的跨学科方法——费乐仁汉学要义论纂》，第 46 页。

166

收录在穆勒教授主编的《东方圣书》中。理雅各的译文庄重细致，可谓经典之作。他广泛参考了清代官方经书及王韬提供的各类注释，涵盖了近250年的注释成果。该译本延续了理雅各翻译加研究的学术风格，读者可以发现译本中他对《礼记》的研究篇幅已经达到了59页，索引共计14页。理雅各对自己的译作很满意，他的朋友儒莲曾认为人们不可能完成如此浩大的工程，但理雅各最终完成了这项翻译。

一、严谨治学的态度

理雅各以勤奋严谨的学术态度而著称，他选择翻译难度极高的《礼记》，花费25年完成。理雅各对前人的观点和译本采取批判性学习的态度[1]，不囿于一家之说，广泛参考不同资料，形成自己的见解。他特意邀请中国学者王韬协助，收集大量相关文献作为参考，但对这些资料保持独立思考。理雅各善于运用音译加释义的翻译方法，既保留原文特色，也让读者更好地理解，体现了对原文文化内涵的深刻理解。

首先，《礼记》年代久远，语言晦涩难解，篇幅浩繁，内容广泛，包罗万象，即使是以汉语为母语的读者也难以轻易读懂，更何况进行外语翻译。这也解释了该书为何难有全译本。理雅各在译本序言中记录了完成《礼记》翻译的努力过程，他觉得这是25年来他最为满意的一次翻译工作。其次，理雅各自身的经书翻译风格决定了《礼记》翻译的工作量之大。他的译本均附有长篇序言及大量注释。为使西方读者更好地理解他的译文，在序言部分他对每章的作者、成书时间、主要内容、文风等都做了介绍；文中的注释追根溯源，解释文中种种疑难问题。最后，理雅各渊博的学识

---

〔1〕林凤、林丽玲：《论理雅各的学术精神——基于〈礼记〉译本的文本分析》，《福建广播电视大学学报》2014年第6期。

和宽广的阅读面决定了他翻译的思想深度。他并不盲从经学家观点，勇于质疑权威，对文献进行批判性学习并采纳其长处。1885 年，理雅各在《礼记》译本序言中提到《礼记集释》是王韬专门为他编定的，汇集近 250 年的学术成果。[1]但在两大卷的译本中，理雅各只是在第一卷用了王韬的文献，第二卷中则用得很少。即使在第一卷的引用中，理雅各也有 5 次表达了不同意见，只有 6 次认同王韬的观点。[2]

理雅各的译本建立在对典籍的深入研读和对历代学者注释的批判性思考的基础之上。这种勤奋严谨的学术精神，后人难以望其项背。首先，《礼记》书名的翻译引发了不少争议。理雅各将之译为 "The Li Ki, A Collection of Treatises on the Rules of Propriety of Ceremonial Usages"，即 "礼记：礼教规范集释"。通过参考《说苑》《孟子》《康熙字典》，理雅各提出 "礼" 与宗教有关，这可追溯至 "礼" 的字体结构，繁体的 "礼" 字右边是 "豊" 字，表示在器皿中盛两件玉具以供奉神明。[3] "祭祀" 之说自汉代许慎以来得以延续，现代诗人郭沫若的看法亦是如此[4]，受众广泛，可信度较高。同时，理雅各根据司马迁《史记》的标题释义推论 "记" 有 "集释" 之义。其次，他音译加释义的翻译方法不仅更为清晰地表达了书名，也展现了异域风格。然而，一些西方汉学家只是将 "礼" 单纯地译为 "rite"，比如韦利与翟理斯译的 "Book of Rites" 以及当代老安译的 "The Book of Rites"。一些汉学家也意识到中国的 "礼" 内涵丰富，包含 "仪式" "礼节" "礼貌" "品行" "德行" 等。例如，法国汉学家汪德迈（Léon Vandermeersch）表示：礼治是治理社会的特别方法，尽管礼仪是世界的普遍现象，但中国在这方面的运用可以说是独树一帜的，因为各种礼仪被编

---

〔1〕James Legge, *The Li Ki*, Oxford: The Clarendon Press, 1885, p. lxxxii.

〔2〕[美]费乐仁：《王韬与理雅各对新儒家忧患意识的回应》，尹凯荣译，载林启彦、黄文江主编《王韬与近代世界》，香港教育图书公司 2000 年版，第 143-144 页。

〔3〕James Legge, *The Li Ki*, pp. 10, 12.

〔4〕郭沫若：《十批判书》，东方出版社 1996 年版，第 96 页。

168

织得异常严密以规范社会秩序。如此一来，在西方也很难找到"礼"的对
应词。[1]从理雅各对"礼"的音译便可看出，他也不认同"礼"等同于社
交性礼俗，认为"rite"无法清晰表达中国古代经典的含义。[2]

　　书中各章小标题的翻译亦饶具趣味与深意，值得推敲。比如《曲
礼》，老安译为"Minute Rules of Decorum"[3]，其中"Decorum"仅有
"礼貌"之意；加略利（Joseph Marie Callery）译为"Rites Divers"，意
为"礼法各异"；理雅各则译为："KHU Li or Summary of the Rules of
Propriety"[4]。实际上，理雅各多次运用了音译加意译的译法，这不仅便于
读者理解，也保留了原文的特色。有关《礼运》的翻译，老安的版本为
"Evolution of Rites"，加略利译为"*Phases du Cérémonial*"，理雅各的译
文为"The *Li Yun* or Ceremonial Usages; —Their Origin, Development, and
Intention"[5]。老安与加略利的译文侧重"礼"的发展阶段，理雅各译本的
内涵更为具体完整，便于理解。此外，理雅各译《孔子闲居》为"Kung-ze
Hsien Ku or Confucius at Home at Ease"，老安则译为"Confucius' Staying at
Home Idle"[6]。显而易见，"at Ease"比"Idle"更为符合孔子的大众形象。[7]

　　理雅各的翻译工作不仅体现了语言和文化的有效转化，也折射出个人
的学术魅力：他的批判性思维和独立思考的品质令人敬仰，也鞭策着一代
代的翻译工作者。理雅各阅读广泛，旁征博引，但从不随意附和他人观点。
对于先其而出的《礼记》译本，理雅各批判性分析了不同译者的译本，从
不吝啬赞美之词，也不乏适时的批判。以意大利汉学家加略利的译本为例，

〔1〕杨志刚：《中国礼仪制度研究》，华东师范大学出版社 2001 年版，第 5、22、21 页。
〔2〕辜鸿铭：《辜鸿铭文集》（下），第 345 页。
〔3〕老安英译，许超选今译：《礼记》，山东友谊出版社 2003 年版，第 9 页。
〔4〕James Legge, *The Li Ki*, pp. 15, 59.
〔5〕三种译法均见于 James Legge, *The Li Ki*, pp. 107, 23, 364。
〔6〕两种译法均见于 James Legge, *The Li Ki*, pp. 270, 307。
〔7〕岳峰：《儒经西传中的翻译与文化意象的变化》，第 196-198 页。

理雅各表示："加略利把（《礼记》）删定本多半译得不错。我时常参阅他的一些注释，这些注释做得非常好……"[1]但是加略利认为《礼记·曲礼》是对古书《曲礼》原稿的分析，理雅各则不以为然，他认为《礼记·曲礼》就是古书《曲礼》的原稿。[2]加略利也曾因《礼记·礼器》中"礼器"一词的翻译而犯难，担心"礼"和"器"二字会让人误解为仪式上的用具，因而采用了音译法。理雅各不同于此，他基于对原文主题的理解，认为《礼器》呈现了"礼"对"君子"性情形成的作用，因而将"礼器"译为 "The Li Khi or Rites in the Formation of Character"（礼器，或成德器之礼）[3]。此外，乾隆皇帝敕修的《钦定礼记义疏》将《月令》篇划分为六个部分，理雅各则主张分为四个部分，以便于研究。[4]可以说，理雅各译文及注释的字里行间反映了他对文字与文化的考究，以及一以贯之的思辨态度。他勇于批判，辩证思考古代经学家的注疏、前人的译本；他勤于考证，对典籍以及文本之外的因素（如作者、修订、版本等问题）有自己的评判。

二、宗教融合的翻译导向

通过对文本的仔细观察可以发现，理雅各在翻译《礼记》中一些表示超自然现象的词语时，采用了一贯的处理方法。[5]例如在《礼记·王制》中有这样一句话："天子将出，类乎上帝，宜乎社，造乎祢。诸侯将出，宜乎社，造乎祢。"这里的"上帝"一词，理雅各都翻译成了"God"。理雅各将"帝"译为"God"的情况至少还见于以下各处："乃命太史次诸

---

〔1〕James Legge, *The Li Ki*, p. xiii.

〔2〕ibid, p. 15.

〔3〕ibid, p. 25.

〔4〕ibid, p. 20.

〔5〕岳峰：《儒经西传中的翻译与文化意象的变化》，第 200-206 页。

170

侯之列，赋之牺牲，以共皇天上帝社稷之飨"（《礼记·月令》）；"故先王患礼之不达于下也，故祭帝于郊，所以定天位也"（《礼记·礼运》）；"是月也，天子乃以元日祈谷于上帝"（《礼记·月令》）；"大雩帝，用盛乐"（《礼记·月令》）；"是月也，大飨帝，尝牺牲，告备于天子"（《礼记·月令》）；"以养生送死，以事鬼神上帝"（《礼记·礼运》）；"祀帝于郊，敬之至也"（《礼记·礼器》）；"故天子牲孕弗食也，祭帝弗用也"（《礼记·郊特牲》）；"藏帝藉之收于神仓，祗敬必饬"（《礼记·月令》）；"文王谓武王曰：'女何梦矣？'武王对曰：'梦帝与我九龄。'"（《礼记·文王世子》）；"既事而退，柴于上帝，祈于社，设奠于牧室"（《礼记·大传》）；"孟献子曰：正月日至，可以有事于上帝"（《礼记·杂记下》）；"唯圣人为能飨帝，孝子为能飨亲"（《礼记·祭义》）。理雅各的译文分别见于《东方圣书》第二十七卷第 309、385、254、273、293、370、413、417、293、344 页，第二十八卷第 60、167、212 页。这不仅体现在《礼记》的翻译中，他在翻译其他儒家经典时也采用了同样的处理方式。通过这一系列例子可以推断，在他心目中，《礼记》中的"上帝"就是基督教的"God"。在这些语境下，"上帝"是人们膜拜的对象。

但是儒教体系中存在多神论，而基督教只信奉"一神"，因此理雅各使用"spirit"来指称儒家经典中除"上帝"之外的其他超自然体。理雅各将"神"等超自然体译为"spirit"的情况至少见于以下各处："其曰明器，神明之也"（《礼记·檀弓下》）；"山川神只，有不举者，为不敬"（《礼记·王制》）；"其帝大皞，其神句芒"（《礼记·月令》）；"五献察，七献神"（《礼记·礼器》）；"乡人禓，孔子朝服立于阼，存室神也"（《礼记·郊特牲》）；"社所以神地之道也"（《礼记·郊特牲》）；"所以交于神明之义也，非食味之道也"（《礼记·郊特牲》）；"所以交于神明者，不可同于所安东之也"（《礼记·郊特牲》）；"唯祭祀之礼，主人自尽焉尔，岂知神之所飨，亦以主人有齐敬之心也"（《礼记·檀弓下》）；"神则不怒而威"（《礼记·乐

记》）；"不名神也"（《礼记·杂记上》）；"衅屋者，交神明之道也"（《礼
记·杂记下》）；"非礼无以节事天地之神也"（《礼记·哀公问》）。理雅
各的译文分别见于《东方圣书》第二十七卷第 173、217、250、412、423、
425、434、436、169 页，第二十八卷第 125、138、170、261 页。

    理雅各翻译其他儒经时也沿用了这种方法，其中可能还有一个原因。
《礼记》和其他儒经中都有"神灵"与人交流的记载，比如《左传·庄
公三十二年》载："秋七月，有神降于莘。惠王问诸内史过曰：'是何故
也？'对曰：'国之将兴，明神降之，监其德也；将亡，神又降之，观其
恶也。故有得神以兴，亦有以亡，虞、夏、商、周皆有之。'王曰：'若之
何？'对曰：'以其物享焉，其至之日，亦其物也。'王从之。内史过往，
闻虢请命，反曰：'虢必亡矣，虐而听于神。'"原文说"神"降临了。而
《圣经》中也有"God"降世的记载，比如《出埃及记》第十九章第十六
节关于西奈山的记载。《圣经》和儒经关于相关时间地点的记述都很明确。
在理雅各心中，《圣经》是权威的启示，书中与人接触的是"God"，是至
高的神，而儒经中记载的内容则不可避免与《圣经》存在差异。但对于基
督徒而言，《圣经》是记录人与上帝接触的唯一权威依据。因此，理雅各
只能把《圣经》未记载的、与人接触的超自然体视作"上帝"以外的神
灵。所以，理雅各没有译作"God"，而用"spirit"表示。从宗教信仰的
视角来看，这是一种精确的处理方式，也反映在理雅各的其他著作中。早
在 1853 年，他在《中国人的鬼神观》中就提出中国人信奉的"上帝"即
基督教中的"God"。[1] 这一点从他的行为中也可以找到证明。1873 年，
理雅各退休回国前，曾在北京参观天坛，他虔诚地脱下鞋子，高唱赞美诗，
因为在他看来自己是在膜拜基督教的至高神。可以说，理雅各的翻译建立

---

[1] James Legge, *The Notions of the Chinese Concerning God and Spirits*, pp. 2, 4, 23.

172

在宗教融合的理念之上，对中国文化的态度是亲和的。[1]

理雅各把"帝"定位为"God"，把"神"定位为"spirit"，确定了
他翻译儒经超自然体的导向。但其实他本人的这种定位经历了变化，他起
初并不这么定位，他的心路历程值得追述。明末天主教再次传入中国后，
耶稣会士用儒经中的"上帝"与"神"两个词来翻译《圣经》中的"God"。
后来，这种译法受到质疑，龙华民（Niccolo Longobardi）严禁中国教徒使
用这种称呼，建议直接采用意大利语"Theos"的音译"陡斯"。雍正元年
（1723 年），清政府驱逐西方传教士，关于这个问题的争论暂时停止。

19 世纪初，新教传教士开始进入中国，马礼逊等人将《圣经》译为中
文。19 世纪 30 年代，部分人仍不认可马礼逊的译本，新教传教士遂计划
推出新的《圣经》中文版。1843 年 8 月 22 日至 9 月 4 日，来华英美新教
传教士在香港讨论《圣经》中文译本修订事宜，目的是推出统一的委办本。
理雅各作为通晓汉语和中国文化的学者之一，受邀主持会议。1847 年 7 月
2 日，与会代表开始修订委托译本，到 7 月 5 日就出现严重分歧。随后激
烈争论频频出现，即历史上的"译名之争"。争论焦点是基督教的最高神
"God"（希伯来的"Elohim"，希腊的"Theos"）在汉语中应译作"神"
还是"上帝"，或采取其他译法。[2]起初，理雅各倾向于使用"神"一词。
这与他来华前在英国学习汉语时，老师修德使用含马礼逊译本的教材有关，
他曾对麦都思说："我受的教育使我有这样的看法。在汉语学习上，我有
幸在1838年至1839年数月间受教于杰出学者修德，我不想反对他将'God'
译作'神'的观点。"在研究翻译中国典籍的过程中，理雅各很快开始重
新思考这个问题。经过数月思考，他放弃了使用"神"一词的原意见。他
说："'God'是属灵的，是与世俗相对的词语。我逐渐认为原本存在的汉

〔1〕岳峰：《儒经西传中的翻译与文化意象的变化》，第 200-206 页。
〔2〕岳峰：《翻译史研究的资讯与视角——以传教士翻译家为案例》，《外国语言文学》2005 年第 1 期。

语'上帝'一词更适合用以翻译'God'。""总之，只要我们采用'上帝'一词来尊称我们唯一的真神耶和华，就有望改变中国民间的偶像崇拜和迷信。""这样，我们可以告诉每个中国人关于罪的真理。他们知晓至高无上的'上帝'，就会本分地尊崇'上帝'。"[1]一些传教士学者反对理雅各，代表人物就是文惠廉（William Boone）。有意思的是，他的立场也经历过改变，但与理雅各的变化路线正好相反，他先后采用了与理雅各完全相反的译法。[2]1850年，文惠廉撰文写道：中国人并不知晓"God"的真正含义，也没有对应词语，所以我们应该找一个可以概括超自然体的汉语词语，这个词就是"神"。[3]理雅各则认为："神"只能相当于英文的"spirit"、希伯来文"ruach"和希腊文"pneuma"，只能用来翻译汉语中表述超自然的现象，中国人有许多"上帝"以外的其他崇拜。他坚持说："'帝'或'上帝'不是新词，我无意引入新词。"[4]这种措辞上的改变实际上反映了理雅各一个理念的形成，即将中国神秘文化与基督教文化融为一体，这是他研习和翻译儒经的思考结果。理雅各坚持信仰，而翻译中国经典促成了他微妙的意识变化。即使面对争议，他仍坚持自己的观点和这种以融合为导向的译法。[5]

三、文化负载词中的民俗大观园

笔者就理雅各对《礼记》中关于出生、死亡、婚礼的文化负载词和祭

---

〔1〕James Legge, *An Argument for* "上帝" （*Shang Te*）*as the Proper Rendering of the Words Elohim and Theos, in the Chinese Language: with Strictures on the Essay of Bishop Boone in favour of the term* 神 *Shin. etc*, Hong Kong: *Hongkong Register office*, 1850, pp. iii, iv, 43.

〔2〕Helen Edith Legge, *James Legge: Missionary and Scholar*, p. 69.

〔3〕*Chinese Repository*. 1850, Vol. 19, pp. 347-348.

〔4〕James Legge, *The Notions of the Chinese Concerning God and Spirits*, pp. 2, 4, 23.

〔5〕岳峰：《意识与翻译》，北京大学出版社2018年版，第70-73页。

174

器的翻译做了整理[1]，列举如下。

（一）关于出生的文化词语

比如，"妻将生子，及月辰，居侧室"（《礼记·内则》）。理雅各将"月辰"译为"the month of her confinement"[2]，即"临产的这个月"。但"月辰"的意思是临产当月的初一这一吉日。[3]这一天对古人生子意义重大，绝非随意之日。时至今日，人们仍按"坐月子"这一习俗寻找良辰。所以，理雅各译偏了。再如，"作而自问之，妻不敢见，使姆衣服而对"（《礼记·内则》）。"姆"即女师。古人以年五十无子者不再嫁娶，能以妇道教人的妇女担任女师。[4]理雅各将其译成"governess"[5]，也表达女教师之意，但教师资格、教授对象与内容未体现。再如，"择日剪发为鬌，男角女羁"（《礼记·内则》）。"角"指孩子鬌边靠近额角的头发留着不剪，"羁"指头顶部横纵各留一绺头发相交。这是男女婴儿剃胎发后的发型，西方无此习俗。理雅各的译文为"A day was chosen for shaving off the hair of the child, excepting certain portions, the horn-like tufts of a boy, and the circlet on the crown of a girl"[6]。理雅各对发型的解释详尽，翻译得当。

（二）关于死亡的文化词语

《礼记》关于丧葬礼仪的记录很多，《曲礼》《檀弓》《丧服小记》《丧大记》等章节均有涉及。比如，"复，尽爱之道也"（《礼记·檀弓下》）。"复"这里是招魂的意思。古人相信人有灵魂不死，特别是刚刚去世的人。为挽留亡者，亲友往往在他们刚死时举行招魂仪式，认为此时魂魄尚未远去，可能还有回来的希望。[7]由于英语中没有对应词语，理雅各将"复"

---

[1] 岳峰：《在世俗与宗教之间走钢丝：析近代传教士对儒家经典的翻译与诠释》，第 201-211 页。

[2] James Legge, *The Li Ki*, p. 471.

[3] 赵海宝、秦日龙：《〈礼记·内则〉"月辰"考辨》，《古籍整理研究学刊》2006 年第 3 期。

[4] 钱玄、钱兴奇、徐克谦等注译：《礼记》（上），岳麓书社 2001 年版，第 389 页。

[5] James Legge, *The Li Ki*, p. 471.

[6] ibid, p. 473.

[7] 杨志刚：《中国礼仪制度研究》，第 468 页。

译为"calling（the soul）back"[1]，准确理解了这一中国文化概念。又如，
"君夫人卒于路寝，大夫世妇卒于适寝，内子未命，则死于下室。迁尸于
寝，士之妻皆死于寝"（《礼记·丧大记》）。在中国传统文化中，对"死"
有严格的等级说法。皇帝"崩"，后妃、诸侯"薨"，大夫"卒"，士"不
禄"，平民直接说"死"，妇随夫爵位，"君夫人"与"大夫世妇"有爵
位，故用"卒"，"内子未命"和"士之妻"是平民，故用"死"。英语
中无论谁均可用"die"，即使用"pass away"等，也只是委婉说法，与身
份无关。因两种文化差异，理雅各无法在译文中体现"卒"与"死"的
区别。

对卧房的不同称呼也存在文化差异。中国古代一夫多妻制，妻妾各
自有房间，因地位不同，房间也有不同称呼。理雅各将"路寝"译为
"great chamber"，采用归化译法，中世纪欧洲将庄园或城堡主卧称"great
chamber"，与国君寝室大致相当，但基督教只有一夫一妻的传统，无名正
言顺的侧室。此外，"适寝"指代"世妇"（即正妻）之房，因而翻译成
"proper"。"下室"表示妾自己一个人的居室，理雅各采用异化法将其翻
译为"inferior chamber"，突显了房间与其主人的地位。但不了解中国古
代家庭结构的外国读者可能会产生理解偏差，难以将"inferior"或是其对
应的"higher"或"superior"与妻子的地位相联系。

以下为更多有关出生或死亡的翻译例子：

　　　例1：凡讣于其君，曰："君之臣某死"；父母、妻、长子，
　　曰："君之臣某之某死"。君讣于他国之君，曰："寡君不禄，敢
　　告于执事。"夫人，曰："寡小君不禄。"大子之丧，曰："寡君之
　　适子某死。"（《礼记·杂记上》）

---

〔1〕James Legge, *The Li Ki*, p. 167.

In every announcement of a death to the ruler it was said, "Your lordship's minister, so and so, has died." When the announcement was from a parent, a wife, or an eldest son, it was said, "Your lordship's minister, my—, has died." In an announcement of the death of a ruler to the ruler of another state, it was said, "My unworthy ruler has ceased to receive his emoluments. I venture to announce it to your officers." If the announcement were about the death of his wife, it was said, "The inferior partner of my poor ruler has ceased to receive her emoluments." On the death of a ruler's eldest son, the announcement ran, "The heir-son of my unworthy ruler, so and so, has died."[1]

举行丧礼之时，主人会张贴讣告以告知亲朋好友。在对讣告中敬语谦辞的处理中，理雅各继续将"归化"和"异化"相结合。"Your lordship's minister"采用了归化译法，是对"Your Majesty"与"Your Highness"这一类尊称的模拟，更贴近英文读者的文化语境。君王离世本应用"薨"，这里"不禄"是谦辞。理雅各采用异化手法，因而读者需要结合译文的语境来理解译文，"ceased to receive his emoluments"的引申含义即为"去世"。如此一来，理雅各对"归化"和"异化"的使用恰到好处。

例2：小敛于户内，大敛于阼。(《礼记·丧大记》)

The slighter dressing was performed inside the door（of the apartment where the body was）; the fuller dressing（at the top of）

---

[1] James Legge, *The Li Ki*, p. 133.

the steps（leading up to the reception hall）on the east.[1]

此处，理雅各用异化法处理了"小敛"和"大敛"，分别为"slighter dressing"和"fuller dressing"，有利于保存中国语言表达的特色。同时，为了提高读者对词意的理解，文中给出了详细的补充说明，因而兼顾了源语的传播以及目的语的可读性。

例3：葬日虞，弗忍一日离也。是月也，以虞易奠。卒哭曰成事。（《礼记·檀弓下》）

The sacrifice is offered on the day of interment; they cannot bear that the departed should be left a single day（without a place to rest in）. On that day the offerings,（previously）set forth（by the coffin）, are exchanged for the sacrifice of repose. The（continuous）wailing is ended, and they say, "The business is finished."[2]

"虞"表示虞祭，指迎接死者魂魄安于殡宫。[3]虞祭的时长将随着死者的社会地位发生变化，地位越高则越长。理雅各以"the sacrifice of repose"直译了"虞祭"一词，整体来说读者可以借助上下文来理解。

（三）关于婚礼的文化词语

在中国，婚礼是人生重要转折点，对整个社会意义重大。《礼记》中提到"昏礼者，将合二姓之好，上以事宗庙，而下以继后世也。故君子重之"（《礼记·昏义》）。婚姻的重要性加上中国人含蓄的爱情观，决定了婚礼必定繁文缛节。先秦时期的婚礼共分为婚前礼、正婚礼和成婚礼三部

---

〔1〕James Legge, *The Li Ki*, p. 185.
〔2〕ibid, p. 171.
〔3〕沙莹：《〈礼记〉婚、丧二礼文化词语语义系统研究》，山东大学硕士学位论文，2006年，第24页。

178

分。古人完成一段姻亲要经过纳采、问名、纳吉、纳征、请期这五个循序
渐进的流程，如《礼记》所载：

> 例1：故君子重之。是以昏礼纳采、问名、纳吉、纳征、请
> 期，皆主人筵几于庙……（《礼记·昏义》）
>
> Therefore the superior men,（the ancient rulers）, set a great
> value upon it. Hence, in regard to the various（introductory）
> ceremonies, —the proposal with its accompanying gift; the inquiries
> about the（lady's）name; the intimation of the approving divination;
> the receiving the special offerings; and the request to fix the day—
> these all were received by the principal party（on the lady's side）,
> as he rested on his mat or leaning-stool in the ancestral temple...[1]

　　婚前礼顾名思义，指的是结婚仪式之前的主要准备工作，也就是求聘
的过程。与西方的求婚不同，中国古代非常强调"父母之命，媒妁之言"，
男方需事先派一位使者前去女方家中正式询问，使者手持大雁，在当天日
出时分前往女家，随后两家互通书信。[2] 纳采只是求婚的第一步，并不等
同于整个"proposal"过程，因此理雅各将其译为"the proposal with its
accompanying gift"并不恰当。另外，按照西方文化，求婚通常由婚姻的
男方当事人亲自向女方当事人提出，而在中国古代，男女双方在这个较
"漫长"的求婚过程开始时还不见面。因此，纳采的当事人与"proposal"
也不相同。理雅各使用"proposal"未能准确描述纳采的含义，若译为
"sending a matchmaker"则更符合实际情况。

---

〔1〕James Legge, *The Li Ki*, p. 428.
〔2〕杨志刚：《中国礼仪制度研究》，第 377 页。

　　纳采之后即为问名。理雅各译为"the inquiries about the（lady's）name"。但问名不仅是问名字那么简单。这一次，男方重新派出使者至女家询问女方的姓名、排行及八字信息，以便测算吉凶。因此，此处可加上"birth time"以完整表达问名的过程。若问名结果吉利，男方随即派使者告知女家。婚事于是就此敲定。这个过程称为纳吉。[1] 理雅各的译文"the intimation of the approving divination"准确表达了只有问名预兆良好，才能继续纳吉的顺序。接下来则是纳征，即俗称的"下聘礼"。聘礼数额多少视男方的财力和社会地位而定，名称也常取吉祥之意。[2] 理雅各将其译为"the receiving the special offerings"。收受聘礼之后便是选定婚期，理雅各把请期译作"the request to fix the day"，并加注解说吉日是由女方家庭确定的。

　　正婚礼指的是婚礼当天举行的仪式。首先是亲迎——新郎迎接新娘进门。

　　　　例2：先俟于门外，妇至，婿揖妇以入。（《礼记·昏义》）
　　　　He then went before, and waited outside his gate. When she arrived, he bowed to her as she entered.[3]

　　新娘到达新郎家大门时，新郎必须上前迎接，并行"揖妇"之礼。理雅各用"he bowed to her as she entered"来描绘婚礼流程。其实，中国古代的"作揖"与西方式的"bow"还是有区别的。根据《柯林斯英汉词典》，"bow"是向某人鞠躬以示敬意或问好，而"揖"还需要双手合十。《汉英大词典》将其解释为"合十作揖"。但是，翻译的过程有时无法兼

〔1〕沙莹：《〈礼记〉婚、丧二礼文化词语语义系统研究》，山东大学硕士学位论文，2006年，第13页。
〔2〕杨志刚：《中国礼仪制度研究》，第377页。
〔3〕James Legge, The Li Ki, p. 429.

180

顾所有的细节，我们只能尽最大努力在忠实与可读性之间寻得平衡。

　　例 3：共牢而食，合卺而酳，所以合体同尊卑以亲之也。
（《礼记·昏义》）

　　They ate together of the same animal, and joined in sipping
from the cups made of the same melon; thus showing that they
now formed one body, were of equal rank, and pledged to mutual
affection.[1]

　　"共牢而食"从字面可理解为"同吃一头牲畜"；"合卺而酳"是用同
一个瓠瓜制的两个瓢饮酒，表示二人从此不分彼此，相亲相爱。[2]无论将
"牢"和"瓠瓜"直译为"animal"和"melon"，还是表达引申义为"share
the food and drink"，理雅各这里都采用了"异化"法，形象地将中国古
代的这一婚俗呈现出来。此外，直译"合体同尊卑"为"formed one body,
were of equal rank"也是典型的"异化"处理。
　　正婚礼结束后还有成婚礼，这是由谒姑舅、飨姑舅、飨新妇和拜宗庙
等一系列礼节组成的。

　　例 4：夙兴，妇沐浴以俟见。质明，赞见妇于舅姑，妇执
笄、枣、栗、段修以见，赞醴妇，妇祭脯醢，祭醴，成妇礼也。
（《礼记·昏义》）

　　Rising early（the morning after marriage）, the young wife
washed her head and bathed her person, and waited to be presented

---

〔1〕James Legge, *The Li Ki*, p. 429.
〔2〕沙莹：《〈礼记〉婚、丧二礼文化词语语义系统研究》，山东大学硕士学位论文，2006 年，第 16 页。

（to her husband's parents）, which was done by the directrix, as
soon as it was bright day. She appeared before them, bearing a basket
with dates, chestnuts, and slices of dried spiced meat. The directrix
set before her a cup of sweet liquor, and she offered in sacrifice
some of the dried meat and also of the liquor, thus performing the
ceremony which declared her their son's wife.[1]

理雅各生动地描绘了新媳妇拜见公婆的过程。古文中"沐"为洗头，
"浴"为洗澡，新娘起早梳洗打扮整齐，等待天亮就去拜见"舅姑"（指公
公婆婆，而非"姑姑"和"舅舅"），以表示对公婆的尊重。理雅各将"沐
浴"二字完整地翻译出来，最大限度地保留原文内涵，这是"异化"的处
理方式。但他用"directrix"（同 directress）来指"赞"，则属于"归化"，
因为"赞"指的就是指导新娘成为夫家成员的陪嫁妇女，与西方的"伴娘"
有区别，在西方文化中找不到对应词语。从理雅各选择"directrix"这一
词可以看出，他有意避开"bridesmaid"，让西方读者意识到这一角色的
不同。

例 5：舅姑入室，妇以特豚馈，明妇顺也。（《礼记·昏义》）
The father and mother-in-law then entered their apartment,
where she set before them a single dressed pig—thus showing the
obedient duty of（their son's）wife.[2]

西方文化中的"公公婆婆"和"岳父岳母"虽然都可译作"the father

---

〔1〕James Legge, *The Li Ki*, p. 429.
〔2〕ibid.

and mother-in-law"，但从上下文可判断，这里描写的对象是"新妇"，所以"the father and mother-in-law"指的是"公婆"。"特豚"也是一个典型的文化词语，指的是"一只烹调好的猪"，可用于祭祀，也可用于婚礼中的"飨姑舅"仪式。理雅各用"a single dressed pig"清楚地解释了新妇需烹煮一只猪来馈赠公婆的婚俗。结合上下文，理雅各的这种处理是可以接受的。

例6：厥明，舅姑共飨妇以一献之礼，奠酬。舅姑先降自西阶，妇降自阼阶，以着代也。（《礼记·昏义》）

Next day, the parents united in entertaining the young wife, and when the ceremonies of their severally pledging her in a single cup, and her pledging them in return, had been performed, they descended by the steps on the west, and she by those on the east-thus showing that she would take the mother's place in the family.[1]

后一天，公婆设宴款待新娘，完成"奠酬"仪式。公婆从西边楼梯行至底层，新娘从东边楼梯走下，表示新娘将接替婆婆成为这个家庭的女主人。"奠酬"指古代敬酒的礼仪，主人敬酒后，客人置杯不饮。理雅各将"奠酬"译作"pledging them in return"，虽然没有突出"置之不举"这一细节，但总体上不影响上下文的理解。

例7：三月而庙见，称来妇也。择日而祭于祢，成妇之义也。（《礼记·曾子问》）

After three months she presents herself in the ancestral temple,

---

[1] James Legge, *The Li Ki*, p. 429.

and is styled "The new wife that has come". A day is chosen for her to sacrifice at the shrine of her father-in-law; expressing the idea of her being (now) the established wife.[1]

三个月后新妇进宗庙拜见祖先，称"来妇"。选一日让新妇在公婆神主前祭拜，表示她已成为这家的妇女。"庙见"就是新妇"拜宗庙"的过程。这仪式只针对公婆已故的新媳妇，非所有新娘都要参与。[2]根据孔颖达注释，若新妇未经"庙见"就去世，不能葬入夫家祠堂，必须迁回娘家下葬，因为尚未得到已故"姑舅"的认可，不被视为这家的正妇。因此，理雅各使用"established"一词恰如其分，与"名正言顺"的含义一致。

（四）祭器

《礼记》汇集了从春秋末期到战国晚期不同时代不同作者的篇章[3]，成书年代久远，语言古涩，内容庞杂，名目众多，包含大量文化词语，书中所述的一些古代器物和仪式久已失传，逐一考证实非易事。为将中华古老文化完整展现给目标语言读者，理雅各在处理这些词语时，殚精竭虑地调查考证，以求细致周到地传译原文信息，现举例说明如下。[4]

祭祀是中国古代的重要仪式，也是《礼记》的重要描写对象。祭祀仪式上使用的许多祭器对西方人来说都是闻所未闻的。为了克服由文化差异造成的翻译障碍，理雅各根据自己的考证结果，描写出这些器物的关键特征，以帮助读者理解。例如：

---

〔1〕James Legge, *The Li Ki*, p. 320.
〔2〕沙莹：《〈礼记〉婚、丧二礼文化词语语义系统研究》，山东大学硕士学位论文，2006 年，第 16 页。
〔3〕焦桂美：《〈礼记〉研究的新拓展——读王锷先生〈《礼记》成书考〉》，《孔子研究》2009 年第 2 期。
〔4〕林风、林丽玲：《论理雅各的学术精神——基于〈礼记〉译本的文本分析》，《福建广播电视大学学报》2014 年第 6 期。

184

> 有以素为贵者：至敬无文，父党无容，大圭不琢，大羹不
> 和，大路素而越席，牺尊疏布幂，椫杓。(《礼记·礼器》)

"椫杓"即祭祀时使用的勺子，"椫"指木头有白色纹理。[1]理雅各将其解释为"The ladle is made of white-veined wood"[2]，详细描绘出这件祭器的纹理、颜色、材质和形状。《礼记·礼器》中还介绍了一种名为"圭"的长条形玉器，用于贵族的朝聘、祭祀和丧葬等场合。这种礼器制作精良，材料珍贵，代表持有者的身份地位，在西方文化中找不到对等的器具。面对这样的词汇空白，理雅各并非简单地音译，而是将其材质和功能融入译文"jade-token"中。[3]

综上所述，理雅各对《礼记》中的文化负载词翻译基本准确。[4]

余论

理雅各投入生命的三分之二时光翻译中国典籍，我们从中看到了一位汉学家值得敬佩的学术精神。他选择翻译《礼记》如此篇幅浩瀚、语言艰深晦涩的文本，显示了他的勤奋。他从不图省力，不盲从权威，不拘泥于一家之说，而是广泛阅读相关文献，以理性态度利用文献，采其所长，避其所短。例如，对于《礼记》中某些篇章的作者、成书时间、文章真伪、内容价值、篇章结构等疑难问题，他不仅不完全认同其他学者的观点，还提出自己的独到见解，充分彰显其批判性思维和独立思考的学术精神。为将中国古老文化完整呈现于读者面前，理雅各在翻译一些词语时，往往描

---

〔1〕王梦鸥注译：《〈礼记〉今注今译》，台湾商务印书馆1979年版，第319页。

〔2〕James Legge, *The Li Ki*, p. 401.

〔3〕林风：《〈尚书〉四译本比较研究》，福建师范大学硕士学位论文，2012年，第39页。

〔4〕黄青秀：《理雅各英译〈礼记〉研究》，福建师范大学硕士学位论文，2012年。

写其要点，或者使用图片、表格等方式帮助读者理解，对中国文化西传做
出了无可替代的贡献。[1]

　　特别值得重视的是，理雅各对《礼记》中宗教术语或超自然体命名的
定位经历了一个曲折变化的过程。有别于那个时代多数传教士的理念，他
强调中国古代经典中的宗教神圣性，他的解读是基于自身信仰的，但带有
明显的亲和中国文化的倾向。

第四节　《易经》：保持距离的谨慎翻译

　　19 世纪在对《易经》的翻译中，最引人瞩目的成果当数理雅各的译本，
这个译本与卫礼贤的译本并称《易经》译本中的"旧约"与"新约"，在
汉学界占据重要地位，为许多汉学家的研究提供了参考和借鉴。

一、翻译《易经》的历程

　　理雅各的《易经》英文译本完成于 1854 年至 1855 年之间。最初，他
试图效仿雷孝思（Jean Baptiste Regis）拉丁文译本的简洁风格，使自己的
译文像汉语原文那样句句独立，句与句之间很少或没有逻辑衔接的痕迹。
但这种做法的结果是他的译文脉络不清，难以理解。[2] 翻译是完成了，但
理雅各觉得自己并没有真正入门，并没有理解《易经》的真正内涵，所以
他决定暂停，希望能逐渐领悟并最终获得真义。二十年之后的 1874 年，理

---

[1] 林风、林丽玲：《论理雅各的学术精神——基于〈礼记〉译本的文本分析》，《福建广播电视大学学报》
2014 年第 6 期。
[2] 林风：《生生之谓易：哲学诠释学视域下西方〈易经〉译介研究》，福建师范大学博士学位论文，2017 年。

186

雅各重新研习《易经》，终于一解二十年用功不得要领的烦恼。[1]1882 年，
理雅各的《易经》译本最终在牛津出版，收入穆勒主编的《东方圣书》
中，编为第十六卷。此译本后来又于 1963 年由纽约多佛出版社（Dover
Publications）再版。[2]

二、翻译的底本与体例

理雅各翻译《易经》的底本为朱熹的《周易本义》。[3] 翻译的过程中
也参考了李光地的《御纂周易折中》（1715 年刻本）、牛钮的《日讲易经
解义》（1682 年刻本）和朱熹等宋代理学家所著的易学著作。[4]《日讲易经
解义》《周易本义》等都反对分传附经，理雅各的经传分离思想应当与此
有关。他在译本的前言里说，翻译《易经》没有得到过中国学者的帮助，
但实际上王韬对他前期的帮助仍在后期发挥作用，王韬这个时候已经有自
己的事业了，不能陪在理雅各身边，但前期做的古经注疏收集工作覆盖面
比较广。理雅各的朋友替他从广东买了一本二手的《日讲易经解义》，前
一位书主可能是一位资深学者，在书上做了句读，字里行间和书页空白处
都做了笔记，这给理雅各提供了很大的帮助和便利。[5]

理雅各说自己正确理解《易经》的第一步就是经传分离，将经文部分
作为一部独立的文本来解读。[6]他翻译《易经》同样遵循经传分离的方法，
译本包括序言、前言、经文、传文；译文覆盖《易经》全文，经文部分附

---

〔1〕James Legge, *The I Ching*, New York: Dover Publications, 1963, pp. xv, xiii.
〔2〕林风：《生生之谓易：哲学诠释学视域下西方〈易经〉译介研究》，福建师范大学博士学位论文，2017 年，
第 30 页。
〔3〕李伟荣：《理雅各英译〈易经〉及其易学思想述评》，《湖南大学学报》（社会科学版）2016 年第 2 期。
〔4〕同上。
〔5〕James Legge, *The I Ching*, p. xxi.
〔6〕ibid, p. xiv.

有密集详细的注释。这是他翻译中国典籍的一贯策略。这部分的脚注有一半以上比经文译文的篇幅长得多，其中对卦象的解释占据主体，同时也有对卦爻辞史料的挖掘和说明等。[1]

三、对待《易经》的态度

理雅各翻译《易经》，与翻译其他中国文献一样，其动力源于传教目的。大凡早期基于传教目的的译著，比如耶稣会士的翻译注疏，多少都带有宗教色彩，理雅各的《易经》诠释也不例外。但是，相对于"四书""五经"的其他作品，理雅各对《易经》总体上持谨慎保留的态度，认为它有时小题大做、空洞无物[2]，不确定它是否能起到什么实际的作用。他对《易经》的保守态度主要体现在以下几个方面。

首先是对占卜活动的排斥。作为一名虔诚的基督徒，理雅各对卜筮活动本身有着天然的抗拒。《中庸》第二十四章讲"至诚如神"，可以通过"蓍龟"预见祸福兴亡。理雅各批判道："这一章十分荒谬，也让书中有关'至诚'（entire sincerity）的论述显得荒唐可笑。所谓圣人的预测功能，原来就是通过占卜、巫术之类的愚昧行为进行猜测。"[3]《易经·乾卦·文言》中有一段话："夫大人者，与天地合其德，与日月合其明，与四时合其序，与鬼神合其吉凶。先天而天弗违，后天而奉天时。天且弗违，而况于人乎？况于鬼神乎？"理雅各认为这是夸夸其谈。他在翻译《中庸》时就十分不认同把天、地、人三者并列的说法，认为这是对神的亵渎[4]，因为在他看来，中国古籍中抽象意义的"天"等同于基督教的"上帝"，而将人与

---

〔1〕林风：《生生之谓易：哲学诠释学视域下西方〈易经〉译介研究》，福建师范大学博士学位论文，2017年，第31页。

〔2〕James Legge, *The I Ching*, p. xvi.

〔3〕王辉：《理雅各〈中庸〉译本与传教士东方主义》，《孔子研究》2008年第5期。

〔4〕James Legge, *The I Ching*, p. 46.

上帝相提并论是不合于基督教教义的。他在介绍《易经·系辞传》时说，
自己简直不敢告诉读者《易经·系辞传》中说蓍龟是"天生神物"。他又
引《司马季主论卜》："夫蓍，枯草也；龟，枯骨也，物也。人，灵于物
者也，何不自听而听于物乎？"言蓍龟不过枯枝败甲，期望从这些东西里
知道未来是一件愚蠢的事情，而《易经·系辞传》的作者没有这样的"常
识"，居然认为蓍草是天生神物，拥有一些微妙的看不见的德行使它们适
用于占卜。[1]在他看来，占卜是愚昧的，《易经》中的方法是荒唐的。他
认为在中国许多人都已经放弃了占卜，而一些学者却还坚守着这些令人无
法理解的玄学。[2]

其次是对《易经》象数体系理解的困难。朱熹在《易学启蒙》中将
"太极"描绘为一个圆圈，而理雅各觉得这样的描绘很失败，因为他无法
理解这样的"太极"如何生出阳爻、阴爻这"两仪"。理雅各是这样假设
的：如果这个圆圈的线能够铺展开来，那么就得到一条长的实线，把这条
实线分成两段，就得到两段实线，再把其中一条分成两段，就得到一阳一
阴两爻。[3]在此基础上不断叠加，就可以得到 16 个四画卦、32 个五画卦、
64 个六画卦。理雅各认为这就是《易经》线性组合的全部奥秘，而这样简
单的组合没有必要将其"想象"成圣人伏羲的作品，因为一个普通人就能
创造出这样的东西。[4]因此，去探究是谁将八卦（trigrams）生成六十四卦
的也没有什么实际意义。[5]另外，他还对八卦的象征意义表示困惑。在评
价伏羲八卦图所象征的物体时，理雅各说："从科学原理来看，用几个图
像来代表几个物体是令人难以置信的，这根本没有科学道理可言。为什么
'兑''坎'代表不同状况下的水，而同时'坎'又可以代表月亮？为什

〔1〕James Legge, *The I Ching*, p. 41.

〔2〕ibid, p. 43.

〔3〕ibid, pp. 12–13.

〔4〕ibid, p. 13.

〔5〕ibid.

么'巽'会代表风和木这两种差别这么大的东西？"[1]

另外，像多数人一样，理雅各对《易经》的行文风格也感到困扰。他曾认为，用意象进行创作的本应该是优秀的诗人，但《易经》的那些符号只会让我们想到乏味的书呆子，让人觉得枯燥无味，大多数句子都显得离奇古怪。[2]他甚至批评《易经·说卦传》为"荒诞不经""胡说八道"[3]。

这些因素可能是除了鸿篇巨制的《礼记》，《易经》在理雅各所译的典籍中最为晚出的重要原因之一。[4]当然，他对《易经》的褒扬也是有的，但多与其所认为的宗教暗示有关。譬如理雅各认为，《易经·说卦传》的第八、九、十这三段（即《易经·说卦传》第五、六两章）提到"上帝"，这让他很欣喜并大为赞赏。其中"帝出乎震"直接提及"上帝"，而"神也者，妙万物而为言者也。动万物者，莫疾乎雷；桡万物者，莫疾乎风；燥万物者，莫熯乎火；说万物者，莫说乎泽；润万物者，莫润乎水；终万物始万物者，莫盛乎艮。故水火相逮，雷风不相悖，山泽通气，然后能变化，既成万物也"更是让他感觉精妙。[5]

四、译本文本考察

（一）诠释倾向

理雅各在《易经》的诠释方面有两个显著特点，一是宗教化，二是史实化。

首先谈谈宗教化。理雅各翻译中国典籍有明显的宗教融合倾向，《易

---

[1] James Legge, *The I Ching*, p. 33.

[2] ibid, p. 22.

[3] ibid, pp. 53–54.

[4] 林风：《生生之谓易：哲学诠释学视域下西方〈易经〉译介研究》，福建师范大学博士学位论文，2017 年。

[5] James Legge, *The I Ching*, p. 52.

190

经》也不例外。上文提过，从 1861 年开始，理雅各就坚持将"帝"和"上帝"译成"God"，即便遭到众人反对也从不动摇。1880 年 6 月，24 个传教士（包括 8 个神学博士与 5 个硕士）联名要求穆勒拒绝理雅各的《书经》《诗经》译本，他们认为穆勒不应该在自己主编的书中允许理雅各在这个有争议的问题上发表容易误导大众的"私见"（private interpretation）。但穆勒在《泰晤士报》（*TIMES*）上回复了这封信，并表示支持理雅各的观点。[1]虽然《易经》中出现"帝"和"上帝"的次数远不如《书经》和《诗经》那么多，但他还是尽数将其译作"God"。理雅各认为"'帝'字刚开始为中国先民使用的时候，它所表达的含义跟我们的祖先所表达的'God'是相同的"[2]，而且他坚信自己将"帝"和"上帝"译成"God"就是如实翻译，而非什么"个人私见"，他说自己这样做并不是为了引起争议，而只是表达心目中的真理。[3]在《易经》译本前言中，理雅各说道："雷孝思把'帝'译作拉丁文'Supremus Imperator'，麦格基模仿这个译法，将其译作'the Supreme Emperor'。但我还是主张'God'才是真正正确的英语译法。"[4]

　　除了"帝"，理雅各的宗教融合倾向还体现在"悔"字的翻译上。我们知道，基督教对人类"犯罪"的事实非常肯定。根据教义，人心的悔过是获得赦免的条件，因而"忏悔"是进德修业的例行功课。[5]在《圣经》中，"悔"字是高频词，共出现过 100 多次，理雅各在《易经》译本中将"悔"字译成"repentance"和"repent"这两个单词。其中，"repentance"共出现 61 次，分别见第 58、60（脚注）、87（两次，译文和脚注）、91、95、108（两次）、123（两次，译文和脚注）、126、130（两次）、132（两次，

〔1〕James Legge, *The I Ching*, p. xx.

〔2〕James Legge, *The Yi King or Book of Changes*, p. xx.

〔3〕ibid.

〔4〕James Legge, *The Yi King or Book of Changes*, p. 51.

〔5〕邬昆如：《卫理贤（R. Wilhelm）德译〈易经〉"吉凶"概念之探讨》，《周易研究》2000 年第 2 期。

译文和脚注）、137（两次）、139、140（两次，译文和脚注）、141（脚注）、153、158、167、168、169（脚注）、170、176、190、191、193、194（脚注）、195（两次）、198、200（脚注）、208（两次）、254、267、285（脚注）、288、298、306、307、347（两次，正文和脚注）、350、352（两次）、363（两次）、380、387、393、405（两次）、411、412、413、414页；"repent"共出现4次，分别见第163（两次）、326（两次）页。那么这些翻译是否有特殊性呢？我们不妨以《易经·乾卦》上九爻爻辞"上九：亢龙有悔"一句的翻译，在诸多译者之间做个比较：

理雅各：

In the sixth（or topmost）line, undivided,（we see its subject as）the dragon exceeding the proper limits. There will be occasion for repentance.[1]

卫礼贤和贝恩斯（Cary Baynes）：

Nine at the top means: Arrogant dragon will have cause to repent.[2]

麦格基（Thomas McClatchie）：

Six-Nine: The Dragon is now enthroned on high, and experiences regret.[3]

[1] James Legge, *The Yi King or Book of Changes*, p. 58.
[2] Cary Baynes（tr.）, *I Ching or Book of Changes: The Richard Wilhelm Translation*, London: Penguin Books, 1989, p. 9.
[3] Thomas McClatchie, *Translation of the Confucius 易经 or the "Classic of Change" with Notes and Appendix*, Shanghai: American Presbyterian Mission Press, 1876, p. 4.

192

李燕:

Top line-yang: The high-flying willful dragon are filled with regrets after heated conflict has happened among them. [1]

蒲乐道（John Blofeld）:

Nine for the top place: a wilful dragon—cause for regret. [2]

夏含夷（Edward Shaughnessy）:

Elevated Nine: Resisting dragon; there is regret. [3]

卢大荣（Richard Rutt）:

A dragon soaring away.

There will be trouble. [4]

托马斯·克利里（Thomas Cleary）:

Top yang: A proud dragon has regrets. [5]

胡振南（Wu Jing-Nuan）:

The high dragon has regrets. [6]

杰克·鲍尔金（音译，Jack Balkin）:

〔1〕Li Yan, *I Ching*, Beijing: Foreign Language Press, 1997, p. 7.

〔2〕John Blofeld, *The Book of Change*, London: George Allen & Unwin Ltd., 1963, p. 85.

〔3〕Edward Shaughnessy, *I Ching, The Classic of Changes*, New York: Ballantine Books, 1997, p. 39.

〔4〕Richard Rutt, *The Book of Changes（Zhouyi）*, New York: RoutledgeCurzon, 2002, p. 224.

〔5〕Thomas Cleary, *The Taoist I Ching*, Boston: Shambhala Publications, 1986, p. 42.

〔6〕Wu Jing-Nuan, *Yi Jing*, Washington, D. C.: The Taoist Center, 1991, p. 233.

An arrogant dragon will cause to have regret.[1]

林理彰（Richard Lynn）：

A dragon that overreaches should have cause for regret.[2]

汪榕培：

6: The Dragon has soared to the zenith. It will regret sooner or later.[3]

傅惠生：

Nine at the top line, the dragon reaches the zenith and has regrets.[4]

可以看出，就笔者掌握的所有译本来看，除了卫礼贤同样把"悔"译成"repent"，其他译者均译为"regret"或者"trouble"。而根据中国台湾学者邬昆如的研究，与理雅各一样同为基督教传教士的卫礼贤翻译的《易经》也有明显的基督教倾向。[5]

再谈谈史实化倾向。所谓的史实化倾向是指理雅各在诠释《易经》的时候，倾向于把卦爻辞当成商周时期的史料记载，和文王、武王息息相关。他认为，"文王父子在写每一卦的时候，都会把这些卦同他们心中所想的某一个特定事态相联系起来。这种不言而喻的东西控制着、操纵着他们所有的写作；学习者如果想要轻松顺利地阅读《易经》，他就必须把握这个

〔1〕Jack M. Balkin, *The Laws of Change*: *I Ching and the Philosophy of Life*, New York: Schocken Books, 2002, p. 125.
〔2〕Richard Lynn, *The Classic of Changes*, New York: Columbia University Press, 2004, p. 138.
〔3〕汪榕培、任秀桦译：《英译易经》（汉英对照），上海外语教育出版社 2007 年版，第 3 页。
〔4〕张善文今译、傅惠生英译：《周易》，湖南人民出版社 2008 年版，第 3 页。
〔5〕邬昆如：《卫理贤（R. Wilhelm）德译〈易经〉"吉凶"概念之探讨》，《周易研究》2000 年第 2 期。

194

要点"[1]。理雅各的这种理念主要体现在他对卦爻辞的注释当中。

先以《易经·屯卦》为例。在分析"屯"字字形时，理雅各认为它非常形象地向我们展示了一株植物艰难地挣扎直至破土而出的样子。他继而认为，在此卦中，这种植物萌发的艰难，被用以象征一个新政权于动乱中崛起时的挣扎。理雅各引《尚书·牧誓》中的"商王受惟妇言是用，昏弃厥肆祀弗答，昏弃厥遗王父母弟不迪，乃惟四方之多罪逋逃，是崇是长，是信是使，是以为大夫卿士。俾暴虐于百姓，以奸宄于商邑"，认为"周文王看到，当时社会和政治形势极其混乱，已经达到无可救药的地步。但他对自己及家族的命运有信心"[2]。也就是说，这一卦影射了周政权崛起之前殷商末年混乱的社会和政治形势，是黎明之前的黑暗。周文王写此卦是为了表达自己不畏艰难、倾覆商王朝、建立新政权的志向。[3]

再以《易经·需卦》为例。首先，理雅各从字面意义上解释"需"的意思是等待，继而揭示说本卦给人们的教导是：两军交战本该勇往直前与之搏斗，但是聪明的一方会等到时机成熟了再出动。接着，理雅各将此卦同周朝的历史相联系。他说，爻辞"利涉大川"的"大川"通常指危险的事情或者一些大的困难，但是在这一卦里，将其理解成周武王伐纣所渡之黄河更自然贴切。理雅各认为，周朝的领导者必须渡过黄河方能对在朝歌的商王发起进攻，而武王于公元前1122年发起的这次渡河行动是中国历史上的一次壮举，而这一行动也正是经历了很长时间的"等待"（需），直到时机成熟、胜利在握。[4]

（二）译文特点

首先看翻译方法。理雅各翻译的《易经》，表现的是英国近代汉学重

---

〔1〕James Legge, *The Yi King or Book of Changes*, p. 63.

〔2〕ibid.

〔3〕Hon Tze-ki, "Constancy in Change: A Comparison of James Legge's and Richard Wilhelm's Interpretation of *Yijing*", *Monumenta Serica* 53（2005）, p. 321.

〔4〕James Legge, *The Yi King or Book of Changes*, p. 68.

视对文字进行正确理解和对原著进行历史性研究的实证主义传统。[1]也正
因如此，理雅各的译本主要采用直译的方法，译文相对准确，注释完备，
但语言风格较古，译文中间有时夹杂着古英语。

其次看翻译风格。《易经》卦爻辞的语言风格接近电报体，极其简略。
理雅各在翻译的过程中为了提高可读性，在译文中增补了一些词，并给这
些汉语原文中没有的词增加了括号以示区别。譬如《易经·无妄卦》六三
爻辞"无妄之灾，或系之牛，行人之得，邑人之灾"一句，理雅各的译
文为 "The third line, divided, shows calamity happening to one who is free
from insincerity; —as in the case of an ox that has been tied up. A passerby
finds it（and carries it off）, while the people in the neighborhood have the
calamity（of being accused and apprehended）"。译文中，理雅各对"行
人之得"之后的行为，以及"邑人之灾"的具体内容进行了说明。这种处
理方法在增加可读性的同时，也牺牲了《易经》经文意义的多重性和诠释
的开放性。当然，翻译在多数时候都是一种"鱼和熊掌不可兼得"的任务，
我们不能以这种理由来苛求译者。

最后来看翻译的灵活性。理雅各时常将汉语原文中的同一个词根据不
同的语境翻译成不同的英文词，这一点与其他的译者颇为不同。有时可能
牺牲了部分的连贯性，却无疑在准确性上得到了更大的回报。我们以理雅
各对"阴""阳"的翻译为例：

例 1：内阳而外阴，内健而外顺。(《易经·泰卦·象传》)

The inner［trigram］is made up of the strong and

undivided lines, and the outer of the weak and divided; the inner

---

［1］［美］成中英：《欧美〈易经〉研究总论》，见中华易学大辞典编辑委员会编《中华易学大辞典》，上海
古籍出版社 2008 年版，第 840 页。

is [the symbol of] strength, and the outer of docility; the inner [represents] the superior man, and the outer the small man. [1]

例 2：阴阳之义配日月，易简之善配至德。(《易经·系辞传上》)

In its mention of the bright or active, and the dark or inactive operation, it corresponds to the sun and moon; and the excellence seen in the ease and ready response (of its various operations) corresponds to the perfect operations (presented to us in the phenomena of nature) . [2]

例 3：一阴一阳之谓道，继之者善也，成之者性也。(《易经·系辞传上》)

The successive movement of the inactive and active operations constitutes what is called the course (of things) . That which ensues as the result (of their movement) is goodness; that which shows it in its completeness is the natures (of men and things) . [3]

例 4：乾，阳物也；坤，阴物也。(《易经·系辞传下》)

Khien represents what is of the yang nature (bright and active) ; Khwan what is of the yin nature (shaded and inactive) . [4]

---

[1] James Legge, *The Yi King or Book of Changes*, p. 223.

[2] ibid, p. 359.

[3] ibid, p. 355.

[4] ibid, p. 395.

同一个"阴"或者"阳"，有时用了音译，有时用了意译，有时音译和意译同时呈现，意译则又根据不同的语境做了不同的处理。这一方面说明了理雅各对文本研究的深入和透彻，另一方面体现了他翻译的灵活性。

对于《易经》这样一部极其晦涩艰深的作品，古往今来，多少大学者穷其一生都没有能够完全参透，理雅各虽数十年如一日地研究中国典籍，但偶有错误也是在所难免。《易经》本身难懂，理雅各可能对原文理解有错；注疏众说纷纭，理雅各可能选择了错误的解释，然后延续了这个错误。

（三）文化负载词

我们就汉学家们对《易经》中数词、地名与身份词等文化负载词的翻译做了梳理[1]，其中理雅各的译法如下。

1. 数词的翻译

一是汉语中的"序数词"——天干地支。与西方语言不同，汉语不存在基数词和序数词的区分。然而从某个角度看，天干地支可视为汉语中的"序数词"。形态上讲，这类"序数词"和数字本身没有直接关联。这种独特的形式使天干地支成为富含文化内涵的词语。

　　例 1：先甲三日，后甲三日。（《易经·蛊卦》）

　　（He should weigh well, however, the events of）three days before
the turning point, and those（to be done）three days after it.[2]

天干的"甲"代表事物的开始，其前三日称"辛"，"辛"同"新"，意为创新；其后三日称"丁"，意为反复叮嘱。这句卦辞提醒我们，任何事情的前三天和后三天最为重要："甲"前三"辛"预示物极必反，应

---

〔1〕岳峰：《在世俗与宗教之间走钢丝：析近代传教士对儒家经典的翻译与诠释》，第213-239页。
〔2〕James Legge, *The Yi King or Book of Changes*, p. 95.

保持创新精神，防患于未然；"甲"后三"丁"是说事端尚轻，应小心谨慎，吸取教训，及时补救。[1]换言之，事情伊始，务必慎重应对，小心求索，始终谨慎，方能化险为夷，转危为安。理雅各将"甲"译为"turning point"虽然也有道理，但和事物发端的含义略有区别，译为"commencement"或"starting point"更符合原意。

例 2：九五：先庚三日，后庚三日。(《易经·巽卦》)

Three days before making any changes,（let him give notice of them），and three days after,（let him reconsider them）.[2]

天干中的"庚"位居第七，代表变化。在十天干中的中点为"戊""己"，过中则变，故取"庚"象征"变更"。"先庚三日"是指在"庚"前三日的"丁"日发布新令；"后庚三日"指在"庚"后三日的"癸"日施行新令。古人认为，若严格遵循此规律，改革便可成功。理雅各的译文使读者一目了然，但未翻译"庚"字，略有遗憾。

二是作为文化负载词的"基数词"。翻译基数词似乎鲜少成为翻译界的讨论焦点，但在中国传统文化中，基数词的文化意蕴远不止于简单的数字计算。

例 1：初筮告，再三渎，渎则不告。(《易经·蒙卦》)

If he applies a second and third time, that is troublesome, and I do not instruct troublesome.[3]

---

〔1〕长河编注：《易经通解》，百花洲文艺出版社 2004 年版，第 179 页。

〔2〕James Legge, *The Yi King or Book of Changes*, p. 191.

〔3〕ibid, p. 65.

上述爻辞生动描绘了学生向老师请教的场景。"三"与"再"字搭配使用，强调询问次数之多，反映出学生对老师的不敬和不信任，也反映出老师的不满情绪。理雅各将"三"翻译成具体数字不甚准确，更恰当的译法应为"repeatedly"。

例 2：昼日三接。(《易经·晋卦》)

... three times in a day received at interview.[1]

此例描写的是封建官场晋升的场景，主语显然是封建官僚。中国有句俗语"伴君如伴虎"，意即君主脾性难料，行事不受约束，可随心所欲。君主欣赏你时，会再三提拔，让你位高禄厚，反之也会反复剥夺你所拥有的，生杀予夺。因此，上例中的"三"应理解为"多次"，表示君主喜怒无常、专横反复。

例 3：九二：田获三狐。(《易经·解卦》)

... its subject catch, in hunting, three foxes.[2]

《易经·解卦》的主题是摆脱、驱除之事。"田获三狐"字面意思为"在田中捕获三只狐狸"，但"狐狸"在古文中常喻指奸诈小人，而"田"常指统治者封赏亲信之地。将"三"翻译成具体数目不够准确，此处表达的应该是"多""许多"之意，"三狐"指许多个阴险狡诈的小人。

例 4：九三：革言三就。(《易经·革卦》)

---

[1] James Legge, *The Yi King or Book of Changes*, p. 131.
[2] ibid, p. 145.

200

If the change（he contemplates）have been three times fully discussed...[1]

《易经·革卦》的主题是探讨改革之事。众所周知，做出改革的决定之前需三思而后行。"三思而后行"出自《论语》，是劝勉大家多加考虑然后行事。该词常见译文"look before you leap"，可见此处直译数字"三"并不理想，难使西方读者领会真正的意义。"三思"在此强调反复、多次的审慎思考，而非具体数目，一般情况下我们可以采用"think twice"或"think it over"等翻译。但在这个例子中，理雅各的译文里有"fully discussed"这样的表述，已经可以表达前述意思，因此可以把"three times"省去，使译文更简洁准确。

2. 地名的翻译

通过调查可以发现，很多中国典籍的西方译者因为文化和历史背景的限制，在翻译地名的时候遇到的困难比中国译者更多、更大，因而更容易出现误译。这种错误主要体现在两个方面：一是按照字面意义进行直译，这有时容易误导读者；二是没有识别出地名，将其按照一般词语进行翻译，进而导致整个句子的误译。实际上，按照现在的通行做法，汉语地名的英译应该音译。

例 1：九三：高宗伐鬼方。（《易经·既济卦》）

... Kaozung who attacked the Demon region...[2]

例 2：九四：震用伐鬼方。（《易经·未济卦》）

Let him stir himself up, as if he were invading the Demon

---

[1] James Legge, *The Yi King or Book of Changes*, p. 168.

[2] ibid, p. 205.

region...[1]

"鬼方"是商周时期的一个小国，位于今陕西西北部、山西北部和内
蒙古西部。在历史上，这个国家有多个名字，春秋时称这部分人作"赤
狄"；《山海经》中称为"一目国""钉灵"；两汉时期，他们南迁蒙古高
原，史称狄历、敕勒或铁勒；《史记·匈奴列传》作"丁灵"；《魏略·西
戎传》作"丁令"等。因为他们时常侵扰商，这大约也是为什么其在商代
会被称为"鬼方"。《世本》也有记载"黄帝娶于鬼方氏"，黄帝之妻嫫
母就来自鬼方。这样一个名称从客观上说本无褒贬之分，交战双方互为敌
人本无可厚非，但理雅各直译成"Demon region"有误导读者的风险，所
以这个词在翻译的时候如何处理还值得商榷。

例 3：上九……丧牛于易，凶。（《易经·旅卦》）

He has lost his ox（-like docility）too readily and easily. There
will be evil.[2]

顾颉刚先生在《周易卦爻辞中的故事》一文中指出，"易"一词在此
处代表一个国家，其全称应为"有易"[3]。我们可以通过分析"于"的词性
得出"易"应该是地名的推论："于"为介词，相当于"在""到"，其
后应接地点词语。因此，此例中的"易"应当被视为一个地名并采用音译
法，指古代的一个国家。

例 4：利涉大川。（《易经·需卦》）

---

〔1〕James Legge, *The Yi King or Book of Changes*, p. 208.

〔2〕ibid, p. 188.

〔3〕顾颉刚：《周易卦爻辞中的故事》，北平燕京大学出版 1929 年版，第 971 页。

... and it will be advantageous to cross the great stream. [1]

在《易经》的经文中，"涉大川"这一词组共出现 12 次，其中 8 次在卦辞，4 次在爻辞。在《易经》时代，桥梁与船只等重要水上交通工具尚未出现，人们过河存在较大的风险，往往难以确保生命安全。因此，"涉大川"隐含的意思是"危险或者困难"[2]。而"great stream"为"大川"的字面翻译，但理雅各知道"大川"的含义并在注释中做了说明。

3. 身份词的翻译

例 1：九三：畜臣妾，吉。（《易经·遯卦》）

If he were to deal with his binders as in nourishing a servant or concubine, it would be fortunate for him. [3]

"臣妾"一词意涵丰富，需要结合语境才能准确理解其具体含义，可以归纳为以下三种：第一，它最初是古代社会中奴隶的称谓，男性奴隶被称为"臣"，女性奴隶被称为"妾"。后来，这个词的使用范围扩大，也可以泛指君主统治下的广大民众和藩属。第二，在某些语境下，它表示被剥削和使役的意思，如《商君书·错法》中"同列而相臣妾者，贫富之谓也"，意思是贫富分化导致人被剥削奴役。第三，它还可以作为古代女子的一种谦称，表示对别人的恭顺和谦卑，如清李渔《玉搔头·谬献》："臣父接臣妾上任，在中途遇了乱兵。与这个乳娘，一齐逃难。"《易经·遯卦》

---

〔1〕James Legge, *The Yi King or Book of Changes*, p. 67.
〔2〕孙映逵、杨亦鸣：《"六十四卦"中的人生哲理与谋略——〈易经〉对话录》，社会科学文献出版社 1994 年版，第 66 页。
〔3〕James Legge, *The Yi King or Book of Changes*, p. 128.

中所说的"臣妾"，指的是奴隶身份的男女仆人[1]，而非妾侍。理雅各将"妾"翻作"concubine"是对原文的误解。

> 例 2：六五：恒其德贞，妇人吉，夫子凶。(《易经·恒卦》)
>
> Its subject continuously maintaining the virtue indicated by it.
> In a wife this will be fortunate, in a husband, evil. [2]

"夫子"一词在古代汉语中含义丰富多变，不宜狭隘地理解为某一特定含义。它可以指父亲、丈夫、儿子等家庭关系中的男方，也可以是对男性长者的一种通用敬语。在不同场合中，它既可表示对特定亲属关系的一方的称谓，也可以是对老师、对学者、对饱学之士的一种褒扬性质的称呼。朱熹《周易本义》曰："以柔中而应刚中，常久不易，正而固矣。然乃妇人之道，非夫子之宜也，故其象占如此。"[3]"夫子"这一称谓反映了古代封建伦理制度中女性需要遵循"三从四德"的社会规范，以及对男性中具有学问和地位者的敬重。例中这句卦辞意为妇人恒定地坚守女子应有之德就会吉利，男子守此德性则会凶险。若男子也恒定地坚守女子之德，则无益于事，所以才有"夫子凶"的断辞。简单地将"夫子"译为"husband"无法真正抓住这个词所包含的复杂文化内涵。要充分理解"夫子"的意义，我们需要把它放在古代语言文化语境中进行动态的理解，既关注其文字含义，也要注意它反映的社会伦理价值观念。只有这样，才能避免对这个词的机械转换，从而准确传达它所蕴含的历史文化信息。此例中，将"夫子"译为"men"更贴合原义。[4]

---

〔1〕Richard Wilhelm, "I Ging. Das Buch der Wanglungen", http://www.schuledesrades.org/public/iging/buch/？Q=5/0/1/0/0/1/33, 2012 年 5 月 3 日.

〔2〕James Legge, *The Yi King or Book of Changes*, p. 126.

〔3〕[宋]朱熹撰，苏勇校注：《周易本义》，北京大学出版社 1992 年版，第 45 页。

〔4〕张凌云：《〈周易〉五译本研究》，福建师范大学硕士学位论文，2012 年。

204

　　理雅各的译本虽也有错误，但其光芒不减。这个译本至今已有一百多年的历史，其间汉学和易学都得到了巨大的发展。我们可以站在今天的角度对过去的译本进行思考和总结，但也应该秉持历史主义的精神看待这个百年前的译本，而不是一味地做简单的价值评判。理雅各译本出版之后，学界广为关注，评论很多，成为汉学必备易学书目之一。到 20 世纪中期，学者翻译或研究《易经》还在参考理雅各译本，因而理雅各在《易经》西传方面实在功不可没。[1] 理雅各翻译《易经》的态度是认真的，但对《易经》本身的价值持保留态度，对《易经》文本以外的世界谨慎地保持距离。理雅各的学术态度无疑是令人敬佩的，至于他对《易经》中的超自然元素保持距离的态度，我们基于其本身的认知理念不难理解。不是所有的传教士都反对《易经》中深奥微妙、难以捉摸的成分，不少人认为其具有较高的研究水平，比如法国耶稣会士白晋等索隐派人士，他们的研究颇有深度。

第五节　《春秋左传》：以经带传撰专科辞典

　　西方汉学家共有八种《春秋左传》的译本，包括拉丁文、英文、法文各两种，此外还有德文与俄文。理雅各 1872 年译的《春秋左传》是第一部英文全译本，即《中国经典》第五卷。以下分几个部分进行评述。

一、底本与参考文献

　　根据刘家和的研究，理雅各从历史真实性和道德评判两个角度否定

---

[1] 林风：《生生之谓易：哲学诠释学视域下西方〈易经〉译介研究》，福建师范大学博士学位论文，2017年。

了《春秋》的价值，认为它既不客观也不公正。但是，理雅各却充分肯定《左传》的历史学和文学价值，他用《左传》提供的史料来批评《春秋》。《左传》对《春秋》掩盖真相一事未做探究，理雅各对此也颇感惊讶，显示出他对《左传》某种程度的不满。理雅各认识到《春秋》的问题，进而批评《春秋》，但《春秋》又是"经"，这是谁也无法改变的，这使理雅各很无奈，于是批评又深化了。所谓掩盖真相的问题，实际上是传统学界接受的隐讳。理雅各的批评也非独一无二，历史上学者也有类似提法。

　　理雅各翻译《春秋》和《左传》，首先必须对二者有深入的理解，因为只有彻底领会原文，才能用英文准确表达。而理雅各译文中的得失，与他所参考的书籍关系密切。因此，不了解他参考的书，就难以判断他译文的优劣。刘家和举出的理雅各译文谬误仅是例证，通过分析他所参考的书及其对不同书籍的采纳，可以说明他对原文的理解程度。理雅各将《春秋》原文分段翻译，中间不夹解释；对《左传》，他采用不同的方式，不是严格对应原文，而是根据《春秋》的顺序，翻译相关的《左传》内容，"无经之传"即《春秋》没提到但《左传》有的内容则补上。由于他将《左传》视为注解文字，所以《左传》译文常与相关解释混合表述。也就是说，理雅各做各种说明的主要目的是帮助只通晓英文而不理解中国文化的外国读者读懂他的译文。严格来说，理雅各的注释大都不是考证式的，所以不具有独立学术价值，当然也有个别地方有独到见解。鉴于《春秋》和《左传》篇幅长、难度大，学者们一直对两书有着各种争论，把这样的古书翻译成英文无疑是一项艰巨的工作。从整体上看，理雅各的译文应该说相当成功，不仅基本表达了原文含义，而且表述清晰流畅。[1] 作为生活在理雅各一个世纪之后的学者，我们这样评价他译文的成就，应该不会过分

---

〔1〕刘家和：《理雅各英译〈春秋〉、〈左传〉析论》，《国际汉学》2013 年第 1 期。

夸张和溢美。如果读者仔细对照原文读理雅各的译文，可能也会得出相近的结论。因此，这部译作至今仍有重要的学术价值，尽管理雅各的翻译也有其不足之处。[1]

此外，理雅各与其中国助手王韬有中西合璧之美誉，他们的合作是卓有成效的。王韬为理雅各收集并整理了该书的各种经典诠释，汇编成《春秋左氏传集释》60 卷，另撰文 5 篇，其中 2 篇收入《中国经典》第五卷。在序言中，理雅各对王韬的编撰高度赞誉，在学术上给予充分肯定。[2]理雅各的参考文献过硬，即使在中国学界也是如此，甚至被认为超越经学家杜预。根据薛凌的统计，仅仅在序言中，理雅各参考的中国古代文献就达49 部，引用经、传 23 部，总字数达 7 万多字。[3]

二、译文体例

理雅各的《春秋左传》译本主要分为三个部分，第一部分是序言，第二部分是译文，第三部分是索引。理雅各的中国典籍译本一贯有长篇序言与精细注释，《春秋左传》同样如此。根据薛凌的考察，理雅各开篇对由西周至东周的王权变更及其成因、春秋的社会局势、《春秋》的价值以及主要国家及其周边地理与政治环境进行了翔实的考察和说明。在长达 147页的序言中，理雅各分四章介绍了《春秋左传》的成书背景和时代特色。第一章介绍《春秋》的性质与价值，第二章介绍《春秋》之编年，第三章

---

〔1〕刘家和:《理雅各〈中国经典〉第五卷引言》，见［英］理雅各编《中国经典》第五卷，华东师范大学出版社 2010 年版，第 3-13 页。

〔2〕James Legge, *The Chinese Classics*, Vol. 4, p. 176; Vol. 5, pp. 145-146. 另见岳峰:《架设东西方的桥梁——英国汉学家理雅各研究》，第 191 页。

〔3〕薛凌:《利科叙事视角下理雅各〈左传〉译本中的"三重具象":以齐桓与晋文为个案》，河南大学博士学位论文，2011 年，第 103 页。

介绍春秋时期的中国，第四章提供主要的参考书目，其中第二章和第四章
之后都有附录。[1]可以说，序言部分是理雅各对《春秋》和《左传》的
研究成果。

对于第二部分即译文部分的体例特点，上文已有所提及，理雅各译
《春秋》的办法是把经文分条译在一处，不夹入解释；对《左传》，则以
《春秋》的条目为顺序译相应的内容，附上有传无经者的译文。当然，理
雅各的这种排版方法与他对经传的看法不同有关，他轻《春秋》重《左
传》，常引《左传》而批《春秋》。罗军凤认为，理雅各翻译《春秋》
的时候，并不是去揭示中国人的道德、社会和政治生活的基础，而是受到
苏格兰常识哲学的影响，基于史学的"真实性"原则，排斥《春秋》的
经学褒贬，从某种程度上否弃原文，以自己的方式重新诠释《春秋》。这
种诠释充分体现了19世纪后半叶西方传统史学与中国经学的正面交锋。[2]

索引由三个部分构成。一是主题名称索引，以英语字母顺序排列；二
是专有名词索引；三是汉字索引。这些索引无疑给读者和研究者带来了极
大的便利。

从总体观感而言，与理雅各的其他几部典籍译本相比较，《春秋左传》
译本在排版上不太便于汉英对照阅读，因为这个译本是大片的中文之后附
上大片的英文，且文字小而密集，研究者如果想在其中找出一句话的译文，
需要花上一些时间。试比较理雅各《尚书》译本和《春秋左传》译本的体
例（见图 3-1、图 3-2、图 3-3）。

---

〔1〕薛凌：《利科叙事视角下理雅各〈左传〉译本中的"三重具象"：以齐桓与晋文为个案》，河南大学博士
学位论文，2011 年，第 102 页。
〔2〕罗军凤：《当西方史学遭遇中国经学——理雅各〈中国经典·春秋〉与清代〈春秋〉经学》，《近代史研
究》2015 年第 1 期，第 112 页。

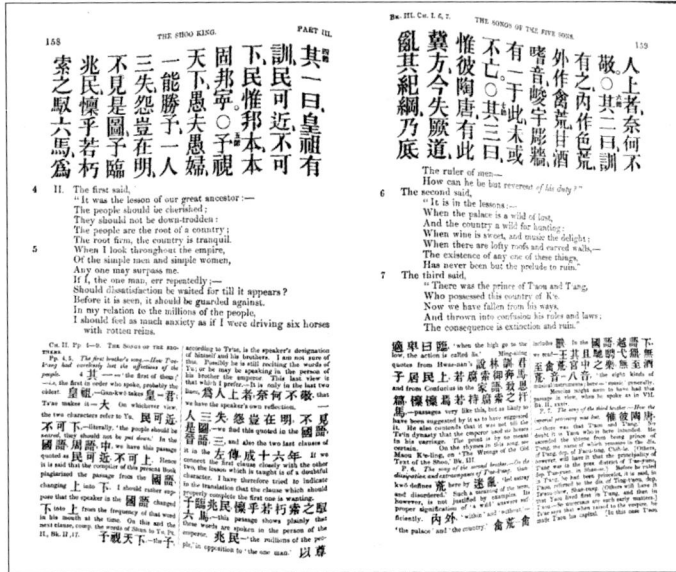

图 3-1
理雅各《尚书》
译本

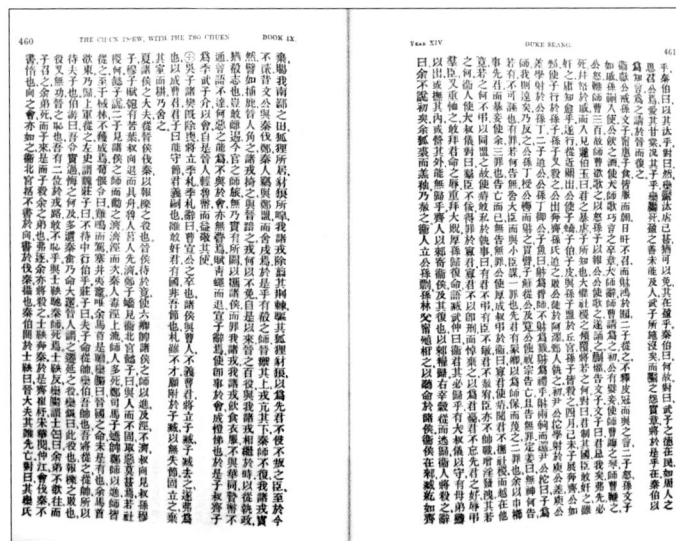

图 3-2
理雅各《春秋
左传》译本

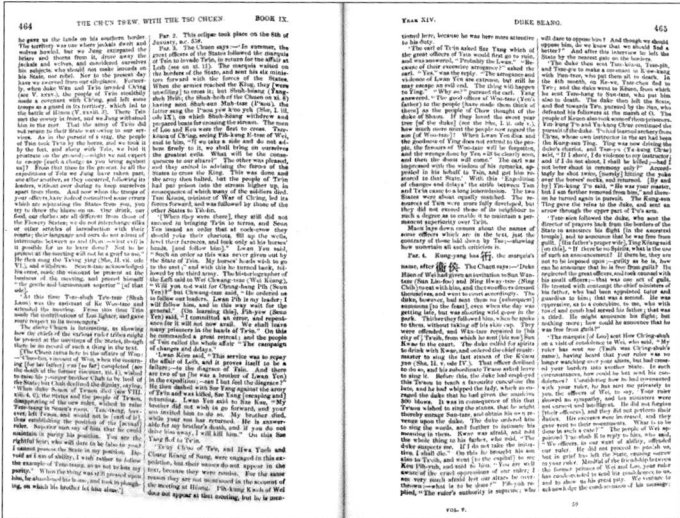

图 3-3
理雅各《春秋
左传》译本

三、文化信息

　　理雅各在处理文化信息时，很明显地表现出对中国文化的友好态度。比如，理雅各把《左传》中的"上帝"翻译成基督教的"God"，把中国文化与基督教文化融为一体，其亲和的态度是显而易见的，在国际大环境对中国不利的形势下，他的用意是可贵的，他也因此遭到西方人士的群体性反对。这是笔者在本书中反复提到的，因为这种译法在《书经》《易经》与《礼记》中也是一样的。《左传》中类似的词与同样的译法数量不少。关于《春秋左传》中的文化负载词，我们对汉学家们的译法有过系统的整理，其中理雅各对称谓、地名、器物、仪式、数量词与宗教词语的译法分类阐释如下。[1]

---

〔1〕岳峰：《在世俗与宗教之间走钢丝：析近代传教士对儒家经典的翻译与诠释》，第 243-252 页。

210

（一）称谓

《左传》以其对人物的生动刻画而著称，描绘的人物涵盖从庶民小贩到王公贵胄的各个阶层。由于中西方以及古今社会中的等级制度和称谓习惯存在差异，翻译称谓时面临诸多困难，主要体现在：第一，部分中国古代的敬语已不再使用，如果不经过详细考察可能产生误解；第二，自春秋以降，社会等级制度和职官系统经历了漫长变迁，许多官职已不复存在，加之中外官制本就存在很大差异，有时无法在目的语中找到对等的词语。

例1：丁丑，崔杼立而相之，庆封为左相。（《左传·襄公二十五年》）

On Ting-ch'ow, Ts'uy Ch'oo raised him to the state, and became his chief minister, K'ing Fung being minister of the Left.[1]

春秋时期设有"相"这一官职，齐国崔杼谋杀齐庄公后自立为右相，并任命庆封为左相，两人共同掌控朝政大权。其中右相地位更为尊贵，左相则担任辅助工作。虽然随着历史演变，"左""右"的相对地位和重要性发生过变化，但在春秋时期，"右"明显高于"左"，当时皇室亲属被称为"右戚"，贵族则称为"右族"，这些名称蕴含丰富的文化内涵，是西方文化所不具备的。面对翻译难题，理雅各等采用异化策略，充分保留异域文化的特色。但是这种直译法如果不添加相关的解释，目标读者恐怕很难理解其中的文化内涵。因此，此处将"左相"翻译为"vice premier minister"（副首相）更容易理解。

---

[1] James Legge, *The Chinese Classics with a Translation, Critical and Exegetical Notes, Prolegomena, and Copious Indexes*, Vol. 1, p. 514.

例 2：吴公子札来聘，见叔孙穆子，说之。(《左传·襄公
二十九年》)

The Kung-tsze Chah of Woo, having comes to Loo on a
complimentary mission, visited Shuh-sun Muh-tsze, and was pleased
with him.[1]

春秋时期，诸侯的儿子称为"公子"。文中所指的是季札，也就是吴
王寿梦的幼子。他虽为贵族，但淡泊权位，有远见卓识，是吴国著名的政
治家、外交家和文艺评论家。此例中理雅各选择了异化策略，通过音译创
造新词，保留了原文中的称谓发音。但其实也可以采用归化策略，将"公
子"翻译成英语中的"prince"，对于普通的西方读者而言更易于理解。

（二）地名

《左传》作为历史典籍，详细记载了鲁国包括战争和盟约在内的许多
内政外交事件。书中对事件的描写尽可能提供了详细的时间和地点信息，
以佐证其说。因此，地名的翻译对读者理解情节非常重要。但是，由于
《左传》本身文笔简洁，且原作者认为目标读者对这些地理知识已经熟悉，
所以没有详细解释。但现今看来情况却恰恰相反。随着时间流逝和王朝更
替，大部分地名已经改变。一些古人耳熟能详的地名已经不为世人所知，
即使是中国人也多无从知晓，更何况是外国读者。地名翻译的错误不仅源
于缺乏考证的随意猜测，也源于这些地名的历时变迁。

例 1：楚子伐陆浑之戎，遂至于雒，观兵于周疆。(《左传·宣
公三年》)

---

［1］James Legge, *The Chinese Classics with a Translation, Critical and Exegetical Notes, Prolegomena, and Copious Indexes*, Vol. 1, p. 549.

The viscount of Ts'oo invaded the Jung of Luh-hwǎn, and
then went on as far as the Loh, where he reviewed his troops on the
borders of Chow.[1]

此例中"雒"指的是发源于山西、流入河南的一条河，雒水在中国历
史上曾经发挥过重要作用。理雅各仅仅音译了"雒"，并未对其所指进行
详细说明。译者如果能提供雒河的地理位置和历史背景知识，会更有助于
英文读者掌握这个地名的背景信息，进而更好地理解文本语境。

　　例2：季氏之甲七千，冉有以武城人三百为己徒卒，老幼守
宫，次于雩门之外。五日，右师从之。(《左传·哀公十一年》)

Ke-she's men –at-arms amounted to 7,000, and Yen Yu selected
300 men of Woo-shing to attend himself on foot. The old and the
young were left to defend the palace, and [the army of the Left]
took post outside the Yu gate, where it was followed in 5 days by the
army of the Right.[2]

雩门是春秋时期鲁国南城门。据《左传·庄公十年》记载，公子偃从
此门出击，用老虎皮蒙在马上攻击宋军，鲁庄公领兵跟着进攻，在乘丘把
宋军打得大败。理雅各使用音译"Yu"再现这个地名，但是英文读者无法
从这个译法中得到足够的指称信息。相反，读者可能会产生诸多疑问，譬
如"Yu"是什么意思，这个门位于哪里，对战争防御有什么作用等。因此，
在音译之后简要地补充说明这座城门的具体方位，即"南门"(southern

---

[1] James Legge, *The Chinese Classics with a Translation, Critical and Exegetical Notes, Prolegomena, and Copious Indexes*, Vol. 1, p. 293.

[2] ibid, p. 824.

gate），会更恰当。

例 3：秋，狐突适下国，遇大子。(《左传·僖公十年》)

In the autumn, Hoo Tuh went to the lower capital〔i.e., k'euh-yuh〕

in connection with this, when he met the former young prince...[1]

春秋时期每个诸侯国都拥有几座城池，但只有一两座被称为"国"，
实际上就是诸侯国的首都。当一个国家有两个"国"时，一个是真正的首
都，另一个则是陪都，也称为"下国"。这个例子中的"下国"指的就是
陪都曲沃。理雅各先是采用直译的方式，展示了"下国"的字面意义，然
后加注释指出了它的具体所指，实现了指称功能。增加陪都的实际名称，
而不是单纯音译，可以让目标读者更清楚地理解这一独特制度，也便于把
握具体指称对象。

（三）器物与仪式

春秋时期，尽管正值礼乐崩坏的时代，繁复的礼制仍在延续。各类求
神问卜的活动如祭祀、祈雨、丧葬、卜筮等广泛盛行，国家甚至设立专职
负责这些事务。这些活动中必然会涉及许多相关的器物和仪式，它们在西
方文化中找不到相应的词，属于文化缺省，所以在翻译的过程中是值得特
别关注的元素。

例 1：韩厥执絷马前，再拜稽首，奉觞加璧以进……(《左
传·成公二年》)

Han Keueh went with a rope in his hand before the marquis's

---

[1] James Legge, *The Chinese Classics with a Translation, Critical and Exegetical Notes, Prolegomena, and Copious Indexes*, Vol. 1, p. 157.

214

horses, bowed twice with his head to the ground, and then presented
to him a cup, with a peih in it...[1]

　　合格的译文必须做到"篇内一致"及"篇际一致"，即文内语言通顺、
可读性强，并与整体语境协调连贯。理雅各在首次译文中，使用异化手法
将"璧"音译成"peih"，这违反了"篇内一致"的原则，因为在不加注
释的情况下，"peih"对于英语读者来说是一个无意义的符号。当然，理雅
各这样做是出于对中国文化的热情和尊重，也表现出希望通过介绍外来文
化来丰富本国文化的意图。

　　　　例2：改馆晋侯，馈七牢焉。(《左传·僖公十五年》)
　　　　...he proceeded to change the place of marquis's confinement,
and lodged him in a public reception house. He also sent him seven
oxen, seven sheep, and seven pigs.[2]

　　在祭祀文化中，"牢"指作为祭品奉献给神明或祖先的牲畜。"太牢"
包含牛、羊和猪三种，而"少牢"则指羊和猪两种。"七牢"由七组"太
牢"组成，是帝王赠送给诸侯的贵重礼物。理雅各直接罗列出"七牢"的
具体组成，使其包含的内容一目了然，可以说是很恰当的处理。

（四）数量词

　　数量词的形式和含义在不同语言中存在很大出入，这源于文化、历史和
政治背景的差异。因为数量词的含义和使用习惯既受到历史文化的影响，也
受到政府规定的约束。正如张美芳教授指出，译者面临的主要困难不在于翻

---

〔1〕James Legge, *The Chinese Classics with a Translation, Critical and Exegetical Notes, Prolegomena, and Copious Indexes*, Vol. 1, p. 345.
〔2〕ibid, p. 169.

译原文，而在于让目标语读者理解文字背后所蕴含的文化内涵。[1]

　　例1：对曰："若以君之灵得反晋国，晋楚治兵，遇于中原，
其辟君三舍；若不获命，其左执鞭弨，右属櫜鞬，以与君周旋。"
（《左传·僖公二十三年》）

　　The prince replied, "If by your lordship's powerful influence
I shall recover the State of Tsin, should Ts'oo and Tsin go to war
and meet in the plain of the Middle Land, I will withdraw from your
lordship three stages [each of 30 le] . If then I do not receive your
commands to cease from hostilities, with my whip and my bow in
my left hand, and my quiver and my bow-case on my right, I will
maneuvre with your lordship. "[2]

　　"舍"是中国古代的长度单位，表示军队三天行军的距离，约合30里
或15公里。理雅各的译文采用异化策略，保留"舍"这一古代中国长度
单位，展现出其严谨的学术态度和对源语文化的尊重，反映出他对中国文
化包容的态度。但是，不论是"stage"抑或是"le"，对于普通英语读者
来说都会造成阅读上的障碍。理雅各的这种翻译倾向也是学界把他的翻译
定位成"学术型译本"的重要原因。

　　例2：子有四方之志，其闻之者，吾杀之矣。（《左传·僖公
二十三年》）

　　You wish to go again upon your travels. I have put to death

〔1〕张美芳：《翻译研究的功能途径》，上海外语教育出版社2005年版，第107页。
〔2〕James Legge, *The Chinese Classics with a Translation, Critical and Exegetical Notes, Prolegomena, and Copious
Indexes*, Vol. 1, p. 187.

216

one who overheard your design ［Meaning so to prevent the thing getting talked about］.[1]

在古代，中国人认为天是圆的，地是方的，这种思想也影响了语言的使用。例如，"四处"和"四方"不限于东南西北，而是指各个方向、普天之下。理雅各的译文没能体现这一点。

（五）宗教词语

对有宗教信仰的译者而言，处理文本中宗教内容的翻译往往颇费脑筋，处理的策略从侧面反映了其宗教和思想倾向。译文的背后是译者的文化背景、宗教前见等对翻译活动的规范作用。但是，在批评西方民族中心主义时，我们也应当避免另一种民族中心主义，即本族中心主义。[2]

例1：余得请于帝矣，将以晋畀秦；秦将祀余。（《左传·僖公十年》）

I have presented a request to God and obtained it: —I am going to give Tsin to Ts'in, which will maintain the sacrifices to me.[3]

例2：婴所不唯忠于君、利社稷者是与，有如上帝！（《左传·襄公二十五年》）

If I do not adhere to those who are faithful to the ruler and seek the good of the altars, may God witness it![4]

---

[1] James Legge, *The Chinese Classics with a Translation, Critical and Exegetical Notes, Prolegomena, and Copious Indexes*, Vol. 1, p. 187.

[2] 岳峰：《儒经西传中的翻译与文化意象的变化》，第239页。

[3] James Legge, *The Chinese Classics with a Translation, Critical and Exegetical Notes, Prolegomena, and Copious Indexes*, Vol. 1, p. 157.

[4] ibid, p. 514.

　　《左传》中的"帝"和"上帝"常指统管天庭和人间的最高神。翻译策略的选择受译者的主观因素影响，反映出不同的社会文化背景和宗教倾向。理雅各将《左传》的"上帝"译为基督教意义上的"God"，表现出宗教和文化融合的倾向。

　　　　例3：民，神之主也。用人，其谁飨之？（《左传·僖公十九年》）

　　　　Men are the hosts of the Spirits at them. If you sacrifice a man, who will enjoy it?[1]

　　例1、例2中理雅各把最高位阶的超自然体"帝"译为"God"，例3中将"神"译为"Spirits"。在翻译中国文化多神现象时，他把其他神明处理为位格低于上帝的"spirits"。[2]

　　总的来说，理雅各的译法提供的信息有助于读者的理解，也执着于其宗教理念。[3]理雅各的翻译质量在汉学开创时代是难能可贵的，他不回避别人回避的问题，自然就遭遇了诸多的难点。《春秋左传》是篇幅最长的儒家经典，他直面所有难点，为后继研究翻译打下了基础。

余论

　　理雅各在《中国经典》每卷末都附有儒教经文中出现的汉字和短语表，可以对照原文。理雅各还在第三卷中引用了清代中国学者编写的三个

---

〔1〕James Legge, *The Chinese Classics with a Translation, Critical and Exegetical Notes, Prolegomena, and Copious Indexes*, Vol. 1, p. 177.

〔2〕关于此译法的详细阐述见本书第五章第二节。

〔3〕林琳：《再现历史上的文化元素——〈左传〉三译本之比较研究》，福建师范大学硕士学位论文，2012年。

218

词语表，并附上他对每个表的简介和评价。理雅各将之作为读者学习儒家古典文学的术语参照。这些术语表的制作是为了最终创建一部《古汉语辞典》。在没有外语版的中文文言辞典的时代，这就相当于一部辞典。[1]理雅各不仅创建了词汇表，还标注出特定经典文本的位置，这样就有了更为精准的数字参考系统，读者使用起来便可以读懂其他不同版本的译作。费乐仁认为理雅各的文言辞典计划与其《春秋左传》译本有很大关系，《春秋左传》是儒经代表作中最长的，涉及词汇自然也是最多的。湛约翰在理雅各书稿定稿后编纂了一本英语版《康熙字典》的缩略版并翻译了《说文解字》的部分内容及语义释义，题为 *Concise Kang-Hi Dictionary*，1877 年在香港出版。这本辞典连同他在语言学研究方面做出的贡献，与理雅各对他的影响息息相关。[2]

---

[1] 张西平、[美] 费乐仁：《理雅各〈中国经典〉绪论》，见 [英] 理雅各编《中国经典》第一卷，第 8 页。
[2] 岳峰等编译：《翻译研究的跨学科方法——费乐仁汉学要义论纂》，第 144-145 页。

第四章　理雅各译其他典籍

　　本章讨论理雅各对儒释道文献的翻译，其中《佛国记》为佛家文献，实为游记，《道德经》是道家文献的经典，《孝经》属于儒经。

第一节　《佛国记》：忠实达意，厚重翻译

　　在中国传教长达三十年的理雅各于 1873 年回到英国。1876 年，他执教牛津大学，成为首任汉学教授。他的教学内容涵盖面广泛，包括汉字、典籍、宗教和历史等方面的课程。除了讲学，他还全身心投入汉学研究和典籍翻译工作。在理雅各的学术生涯中，儒家经典成为他研究的焦点。在《东方圣书》第三卷的序言中，他坦率地表示翻译佛教经典并非自己的志向所在，因此无须多做论述。[1] 1880 年他出版了《中国的宗教：儒教、道教与基督教的对比》，该书研究的是中国的两大本土宗教——儒教和道教，并未深入探讨或系统地讨论佛教。在理雅各看来，儒教是中国最卓越的宗教，没有偶像崇拜；佛教是外来宗教；而道教在其发展形成过程中沿袭了佛教，是佛教所"生"，属于迷信传统。[2] 由此不难看出理雅各对儒

〔1〕James Legge, *The Shû King, Shih King and Hsiâo King*, http://www.sacred-texts.com/cfu/sbe03/sbe03002.htm.

〔2〕James Legge, *The Religions of China: Confucianism and Taoism Described and Compared with Christianity*, pp. 181-182, 201.

220

教的认同和偏好。然而，随着理雅各在汉学领域的研究不断深入，并受到
穆勒比较宗教学的影响，他在翻译儒家经典后，以更开放的视角来深入研
究佛教经典。

一、翻译《佛国记》的缘由

1878 年，理雅各与麦克唐纳（Arthur Anthony Macdonell）合作，一
同讲授《佛国记》，后者是汉语奖学金及博登梵语奖学金获得者。在此期
间，理雅各翻译了《佛国记》的一半。1885 年初，理雅各主动以新的态度
翻译《佛国记》，完全独立于之前已完成近半的版本。同年 11 月，他在牛
津大学的讲座中展示了自己的翻译工作。在讲座中，他强调了《佛国记》
在传播福音方面的重要性，认为佛教的倡导者传播佛教教义与传教士传播
福音有同样的激情。佛陀生平故事常常交织着神话和传说，他认为通过研
读这些经典文本可以全面了解佛教。[1] 讲座中，他多处以《圣经》中的故
事作比较，简要探讨了佛陀传奇与福音历史、佛陀与耶稣生平故事，以及
两教崇拜的相似性，正如古伯察（Evarlste Regis Huc）在其《鞑靼西藏旅
行记》（*Souvenirs d'un voyage dans la Tartarie, le Thibet, et la Chine pendant les
années 1844, 1845 et 1846*）中所言。[2] 与早期的新教传教士不同，在此期间，
理雅各以尊重的态度对待中国佛教，避免将其简单地归为异教。他的目标
是通过翻译和研究《佛国记》来深入了解佛教。[3]

虽然上节说到，理雅各仍有基督至上的宗教观，但他在翻译活动中仍
以尊重的态度忠实精准地翻译《佛国记》，促进西方人了解佛教，以求达
到文化对话的目的，从而更好地传播基督教。他认为在佛教典籍的领域中

---

〔1〕岳峰等：《中华文献外译与西传研究》，厦门大学出版社 2018 年版，第 82 页。
〔2〕Anonymous, "The Chinese Pilgrim Fa-hsien", *The Oxford Magazine*, No. 3, 1885, p. 359.
〔3〕岳峰等：《中华文献外译与西传研究》，第 81-82 页。

还有许多元素要认真研究："我们常因福音书中的叙述与佛陀传奇相似而惊讶。"[1]此时理雅各眼中的佛教与基督教并不相悖，佛教中有值得学习甚至借鉴之处。维多利亚时代的西方人受到理性主义思潮与基督教的影响，不少学者将佛教视为异端，而理雅各却指出翻译《佛国记》有助于西方读者了解佛教历史与教义。

二、底本选择

　　理雅各阅读过《佛国记》译本，他对书中内容有兴趣，但书中佛教术语时而音译，时而意译，增加了理解的难度，加上他当时忙于翻译出版《中国经典》，所以并没有读完该译本。[2]此时他偏向儒教，认为儒教才是中国最卓越的宗教。随着其汉学研究的逐渐深入，理雅各逐渐开始关注佛教，并产生了重新翻译《佛国记》的热情。在理雅各的译文出版之前，《佛国记》译者使用的原始底本皆破旧不堪。翟理斯也时常提起底本的破旧使翻译无法进行下去。[3]在序言中，理雅各还提及自己最初的两部底本的纸质及印刷质量都很差，而且残破不全，这点也导致他一时无法翻译。[4]理雅各最后采用的汉语底本是他的朋友南条文雄（Bunyiu Nanjio）从日本寄来的，这相比之前的版本要清晰得多，使他的翻译顺畅了不少。南条文雄是净土真宗大谷派的学僧。1876 年，东本愿寺派遣他和笠原研寿一同赴英国学习梵语。1879 年，南条文雄前往牛津，在穆勒的指导下，随麦克唐纳学习。1880 年，南条文雄开始翻译《大明三藏圣教目录》（*A Catalogue*

〔1〕James Legge, *A Record of Buddhistic Kingdoms, Being an Account by the Chinese Monk Fa-Hien of His Travels in India and Ceylon*（*A.D. 399-414*）*in Search of the Buddhist Books of Discipline*, Oxford: Clarendon Press, 1886, p. xiv.

〔2〕ibid, p. xi.

〔3〕Anonymous, "Short Notices of New Books and Literary Intelligence", *China Review*, 1887, pp. 393-403.

〔4〕James Legge, *A Record of Buddhistic Kingdoms, Being an Account by the Chinese Monk Fa-Hien of His Travels in India and Ceylon*（*A.D. 399-414*）*in Search of the Buddhist Books of Discipline*, p. vii.

222

of the Chinese translation of the Buddhist Tripitaka），该书于 1883 年由牛津大学校印书局刊行。1884 年，南条文雄返回日本。他从日本寄给理雅各的《法显传》抄本是 1779 年于日本印制的，出自高丽再雕本《大藏经》。理雅各译本正文后所附的中文原文正是这版高丽藏本。原编印者在宋本、明本、高丽本以及刻本这四个修订本中，选择重印高丽本，并标注出了各版本间的差异。[1] 理雅各在重印原文时也使用脚注复制了这些标注，其中 S 表示宋本，M 表示明本，J 表示刻本，R 表示正确，W 表示错误。虽然各版本间有些许差异，但总体而言，这些差异对理解原文含义影响甚微。[2]

三、学术性

　　理雅各的译著一贯以注释详尽、涉猎广泛著称，《佛国记》的译本也不例外。为帮助读者了解书中所涉及的细节，理雅各尽可能提供了广泛的知识，上至天文，下至地理，而且把佛家文献与基督教文献进行比照，并加入自己的观点。

　　理雅各在翻译《佛国记》时延续了他一贯的严谨风格。他的翻译始终以忠实于原作为首要目标，以直译为主。同时，他也意识到简单的直译可能会造成译文内容失真，因此他的直译并非只是字面上的对应，他深入探索了原文的文化内涵。当直译无法传达预期含义时，他会加以注释补充。在译文的序言中，理雅各亦说明他的注释主要是其他学者研究成果的选编。注释的目的首先是向英语读者解释文中难懂的部分，以便他们理解，因为中文文本，尤其是佛教文本，对于当时的西方人而言是崭新的领域。"数百年来，成百上千的优秀欧洲学者为希腊语和拉丁语经典著作所

---

〔1〕岳峰等：《中华文献外译与西传研究》，第 86 页。
〔2〕洪捷、岳峰：《浅议英国汉学家理雅各的〈佛国记〉译本》，《福建教育学院学报》2006 年第 7 期。

做的，约 1800 年来，成千上万的解经家和注释者为《圣经》所做的，正是我们要为该中文文本所做的。"[1]其次，理雅各表示增加注释的目的是满足自学需求。对他来说，阅读《佛国记》这样生动的叙述比阅读教义性和议论性的书籍更有益。[2]为完成译文中详细的注释，他翻阅了大量资料，并付出了惊人的努力。在牛津大学任教之时，他在新波德雷安图书馆和印度研究所获取了丰富的一手学术资源。此外，他重新翻译《佛国记》时，雷慕沙（Jean Pierre Abel Rémusat）的翻译已经出版近 50 年，这个时间差让他能够获取更广泛的参考资料。他在《佛国记》译文的注释中详细列出了每个引用的出处。在注释中，他常常使用简写，例如 "E.H." 指的是 1870 年欧德里（Ernst Johann Eitel）所著的《中国佛教学习手册》（*Handbook for the Student of Chinese Buddhism*），由此解决了中文音译的梵语词汇问题。"E.M." 则代表斯宾塞·哈代（Spence Hardy）的《东方修行》（*Eastern Monachism*），而 "M.B." 则是斯宾塞·哈代的《佛教手册》（*Manual of Buddhism*）。除此之外，他还参考了《梵英大辞典》（*Sanskrit-English Dictionary*）、《佛教》（*Buddhism*）、《佛陀本生故事集》（*Buddhist Birth Stories*）、《赫伯特演讲录》（*Hibbert Lectures*）以及《东方圣书》第十一卷中从巴利文翻译出的《佛经》（*Buddhist Sutras*）等[3]，这些参考文献为他能精准翻译《佛国记》打下了基础。除了 1836 年在巴黎出版的雷慕沙的法译本，理雅各还参考了另外几部译本，分别是 1869 年毕尔（Samuel Beal）的初译本和重译本，以及 1877 年翟理斯的译本。除此之外，他还研读了以上译文的相关书评文章和研究论文，例如 1879 年至 1880 年间威妥玛的系列评论文集《法显与其英译者》。[4]从注释中不难发现，理雅各不

[1] James Legge, *A Record of Buddhistic Kingdoms, Being an Account by the Chinese Monk Fa-Hien of His Travels in India and Ceylon (A.D. 399-414) in Search of the Buddhist Books of Discipline*, p. ix.
[2] ibid.
[3] ibid, p. xiii.
[4] 岳峰等：《中华文献外译与西传研究》，第 85 页。

224

拘泥于一家之言，能对前人所述进行综合比对，努力钻研、独立思考，同时也旁征博引、取众家之长。

他的注释功能大致可划分为以下四个方面：地理考证、补充背景知识、佛教与基督教经典比对以及自身观点陈述。

（一）地理考证

法显大师于公元 399 年展开为期十三年的西方传法之旅，时至今日已逾 1600 年，当年情形已杳不可考。他徒步出发，水路折返，行经西域与印度等三十余国，其中诸如鄯善、于阗等古国早已灭绝，其相关记载亦已散佚，然而这些地名确是读者掌握大师行迹所必需之细节，因而对其注解实为要务。理雅各在为地理名词做注时通常有一定的规律。[1]

> 例 1：法显昔在长安。[2]
>
> Fa-Hien had been living in Ch'ang-gan.
>
> Note: Ch'ang-gan is still the name of the principal district（and its city）in the department of Se-gan, Shen-se. It had been the capital of the first empire of Han（B.C. 202-A.D. 24）, as it subsequently was that of Suy（A.D. 589-618）. The empire of the eastern Tsin, towards the close of which Fa-hien lived, had its capital at or near Nan-king, and Ch'ang-gan was the capital of the principal of the three Ts'in kingdoms, which, with many other minor ones, maintained a semi-independence of Tsin, their rulers sometimes even assuming the title of emperor.[3]

---

〔1〕洪捷、岳峰：《浅议英国汉学家理雅各的〈佛国记〉译本》，《福建教育学院学报》2006 年第 7 期。

〔2〕郭鹏、江峰、蒙云注译：《佛国记注译》，长春出版社 1995 年版，第 1 页。

〔3〕James Legge, *A Record of Buddhistic Kingdoms, Being an Account by the Chinese Monk Fa-Hien of His Travels in India and Ceylon（A.D.399−414）in Search of the Buddhist Books of Discipline*, p. 9.

对古籍中一些常见的地名、年号、年份、帝王、大事等，理雅各均有注释。如上例中的长安，法显曾居住在长安，长安又是历史上西汉和隋朝的首都，理雅各便会在此类地理名词的注释中记述一些该地相关的背景知识。

　　例 2：夏坐讫，复进到敦煌。[1]

They passed the summer retreat（of that year）together, resuming after it their travelling, and going on to T'un hwang.[2]

大多数情况下，理雅各利用现代地理科学的方式具体描述地点的地理位置，将地点以经纬度的形式呈现。例如例 2 中理雅各对敦煌的考证：位于北纬 39 度 40 分，东经 94 度 50 分，至今仍是甘肃省最西边的一个地区，也是甘肃省下辖的两个地区之一，位于长城尽头。[3]当然，这种囿于时代局限的观点，就现在看来，并不准确。

　　例 3：慧景、道整、慧达先发，向竭叉国。[4]

Hwuy-king, Tao-ching, and Hwuy-tah set out in advance towards the country of K'eeh-ch'a.[5]

有少数地名还未确认，理雅各引各家之言，如实告知读者："竭叉国尚未考证。雷慕沙认为它地处克什米尔（Cashmere）；克洛普罗斯

---

〔1〕郭鹏、江峰、蒙云注译：《佛国记注译》，第 4 页。

〔2〕James Legge, *A Record of Buddhistic Kingdoms, Being an Account by the Chinese Monk Fa-Hien of His Travels in India and Ceylon（A.D. 399–414）in Search of the Buddhist Books of Discipline*, p. 11.

〔3〕ibid.

〔4〕郭鹏、江峰、蒙云注译：《佛国记注译》，第 9 页。

〔5〕James Legge, *A Record of Buddhistic Kingdoms, Being an Account by the Chinese Monk Fa-Hien of His Travels in India and Ceylon（A.D. 399–414）in Search of the Buddhist Books of Discipline*, p. 18.

226

（Klaproth）认为出于斯卡杜（Skardu）；毕尔认为在喀尔（Kartchou）；欧德里则认为在卡萨（Khas'a）；我认为在拉达克（Ladakh）或拉达克较为出名的某处。"[1]

（二）补充背景知识

译本的注解提供了丰富的佛教知识。书中既有佛教盛况（如当时佛风正盛的中天竺等地佛事），又有佛教人物及其流传故事；既有佛教名胜古迹（如圣者诞生及涅槃之处），又有促进佛教大发展的阿育王等的遗迹轶事；对佛像、佛塔、佛钵、佛戏、佛典等物事也多有记载。注解词句可消除读者之疑惑，增加其对佛教的认知。[2]

　　　　至天竺，寻求戒律。[3]

They should go to India and seek for the Disciplinary Rules.[4]

"戒律"（Disciplinary Rules）是佛教用语，译者将其首字母大写，以示其为特殊的文化词，有别于普通的佛教律法词语。但"戒律"毕竟是佛教文化负载词，若不加以详注，会误导缺乏佛教文化背景的读者。译者便在注释中引用西方学者的定义简述"戒律"的概念和内容，为读者及时补充信息：佛教三藏经典包括三个部分，分别是"佛陀本人的教义格言（或声明）、戒律方面的著作以及形而上学方面的著作"，在中文中被称为经、律、论，即文本、法则和讨论。[5]

---

[1] James Legge, *A Record of Buddhistic Kingdoms, Being an Account by the Chinese Monk Fa-Hien of His Travels in India and Ceylon（A.D. 399–414）in Search of the Buddhist Books of Discipline*, p. 18.

[2] 洪捷、岳峰：《浅议英国汉学家理雅各的〈佛国记〉译本》，《福建教育学院学报》2006 年第 7 期。

[3] 郭鹏、江峰、蒙云注译：《佛国记注译》，第 1 页。

[4] James Legge, *A Record of Buddhistic Kingdoms, Being an Account by the Chinese Monk Fa-Hien of His Travels in India and Ceylon（A.D. 399–414）in Search of the Buddhist Books of Discipline*, p. 10.

[5] ibid.

（三）佛教与基督教经典比对

19 世纪中叶末期涌现的自由主义思潮对基督教神学传统的绝对权威提出了前所未有的挑战。穆勒以语言学为基础创立了比较宗教学，以平等、理性的视角进行宗教研究，宗教学自此有别于神学，成为一门独立的学科。理雅各在比较宗教学的影响下，出版了《中国的宗教：儒教、道教与基督教的对比》一书，这是理雅各全面研究中国宗教传统的著作。理雅各比较了中国的儒教和道教，促进了读者对中国宗教的理解。这部作品代表了在宗教学萌芽之时，"新教范式"掌控下的 19 世纪阐释修辞特点。佛教与基督教经典比对的特点在《佛国记》中亦不少见，其注释中多处提及《圣经》中的故事，用以对比。

　　贫人以少华投中便满，有大富者，欲以多华而供养，正复百千万斛终不能满。[1]

　　When poor people throw into it a few flowers, it becomes immediately full, while some very rich people, wishing to make offering of many flowers, might not stop till they had thrown in hundreds, thousands, and myriads of bushels, and yet would not be able to fill it.[2]

因为《路加福音》多关注穷人，而上例《佛国记》所表达的也是对穷人的垂怜，所以理雅各在翻译这句话时，将《路加福音》第二十一章前四句的内容进行对比：耶稣抬头观看，见财主把捐项投在库里，又见一个穷寡妇投了两个小钱，就说："我实在告诉你们，这穷寡妇所投的比众人还

---

〔1〕郭鹏、江峰、蒙云注译：《佛国记注译》，第 27 页。
〔2〕James Legge, *A Record of Buddhistic Kingdoms, Being an Account by the Chinese Monk Fa-hien of His Travels in India and Ceylon（A.D. 399–414）in Search of the Buddhist Books of Discipline*, p. 35.

228

多；因为众人都是自己有余，拿出来投在捐项里，但这寡妇是自己不足，
把她一切养生的都投上了。"《佛国记》此例是以花供奉佛陀，穷人供奉虽
少，但足证其心诚；《路加福音》以捐钱为视角，穷人所投虽少但已尽其
所有。值得注意的是，尽管二者在目的和表达形式上相似，理雅各只将比
读信息附于注释中，未做评价。比读的方式有助于读者了解佛教与基督教
的异同，而不做评价则可以给予读者更多的思考空间。

（四）自身观点陈述

除了在注释中引述各家观点保证翻译的客观性，理雅各也会将自己的
见解写于注释当中，这样的做法进一步保证了翻译的忠实性。例如，"法
显得符行堂公孙经理，住二月余日……"[1]，理雅各注释为 "I am obliged to
adopt the reading of 行堂 in the Chinese editions, instead of the 行当 in the
Corean text. The 行堂，which immediately follows the surname Foo（符），
must be taken as the name of his office, corresponding, as the 行 shows, to that
of le maitre d'hotellerie in a Roman Catholic abbey"[2]。此话大意是：他偏
向采"行堂"之中文，不取韩文本之"行当"。"行堂"紧随姓氏"符"，
应为此人官职，犹如"行"类似于天主教修道院之主事者。如此分析，常
使读者对疑难词句有深入理解与准确判断。[3]

又如，《佛国记》第三十章中，佛陀涅槃后，五百罗汉在叫车帝石
窟集结佛经，出经时铺三座：舍利子左，目犍连右，大迦叶为上座，但
罗汉中缺一人，时阿难在外不能进。[4]理雅各不解缘故，质疑道："Did
they not contrive to let him in, with some cachinnation, even in so august an

〔1〕郭鹏、江峰、蒙云注译：《佛国记注译》，第6页。
〔2〕James Legge, *A Record of Buddhistic Kingdoms, Being an Account by the Chinese Monk Fa-Hien of His Travels in India and Ceylon*（*A.D. 399-414*）*in Search of the Buddhist Books of Discipline*, p. 20.
〔3〕洪捷、岳峰：《浅议英国汉学家理雅各的〈佛国记〉译本》，《福建教育学院学报》2006年第7期。
〔4〕郭鹏、江峰、蒙云注译：《佛国记注译》，第99页。

assembly, that so important a member should have been shut out？"[1]（他们
怎么就没有想办法让阿难进来呢？在这么庄严的集会，如此重要的一个成
员竟被关在门外？）再如，第五章中，理雅各翻译完"……供养都毕，王
以所乘马，鞍勒自副，使国中贵重臣骑之……"[2]，又注释道："The text
of this sentence is perplexing; and all translators, including myself, have been
puzzled by it"[3]，坦言原文此处令人费解。

四、文化性

理雅各对佛教文化和西域文化有着浓厚的兴趣，他以探索的精神获取
了丰富的知识背景。

（一）理雅各对佛教文化的精准阐释

法显殚精竭虑所寻的大量佛教经典均见于《佛国记》，其中相当一部
分经典是从梵文转译而来。理雅各翻译佛教经典标题时，受益于南条文雄
的翻译。南条文雄早年学习古汉语及佛教文献，曾被派往欧洲学习梵文，
并将一批在汉地失传的佛教经论由南京印经处翻印发行，使佛教在中国近
代再次得到关注。在南条文雄所译经典中，《大明三藏圣教目录》最为著
名。这本目录汇编了 1662 部独立经文，皆是最初由梵文翻译成汉文的经典
作品。南条文雄在标题的处理上非常出色，不仅为每一部经典提供了相应
的梵文标题，附上简介、详尽的页码或卷册数目，还添加了汉文版本的翻
译日期和译者姓名等关键细节，此举令这本目录享有"南条目录"之誉。[4]

[1] James Legge, *A Record of Buddhistic Kingdoms, Being an Account by the Chinese Monk Fa-Hien of His Travels in India and Ceylon*（*A.D.399-414*）*in Search of the Buddhist Books of Discipline*, p. 101.
[2] 郭鹏、江峰、蒙云注译：《佛国记注译》，第 12 页。
[3] James Legge, *A Record of Buddhistic Kingdoms, Being an Account by the Chinese Monk Fa-Hien of His Travels in India and Ceylon*（*A.D.399-414*）*in Search of the Buddhist Books of Discipline*, p. 30.
[4] Max Müller, *Biographical Essays*, London: Longmans, Green, and Co., 1884, p. 187.

230

对于研究梵文的学者来说，"南条目录"是一份相当宝贵的资料，自然也
成为理雅各翻译《佛国记》的重要参考。在"南条目录"的指引下，理
雅各系统地还原了《佛国记》中所载经典的梵文标题。比如，《首楞严》
被译为 *Sûrângama（Sûtra）*，《杂阿毗昙心》被译为 *Saṃyuktâbhi-dharma-
hṛidaya-（śâstra）*，《方等般泥洹经》被译为 *Parinir-vâṇa-vaipulya Sûtra*，《摩
诃僧祇阿毗昙》被译为 *Mahâsâṅ-ghikâḥ Abhidharma*，《弥沙塞律藏本》被
译为 *Vinaya-pitaka of the Mahîśâsakâh（school）*等。[1] 缜密的交叉参照为这
一译本的成就做出了重要贡献。

除了经文标题，《佛国记》中还包含许多对于基督教传教士来说完全
陌生的佛教术语。为了解决这些术语的翻译问题，理雅各经常使用注释。
在这些注释中，他认真引用了所参考的文献，让不熟悉佛教的西方读者获
得背景知识。对于某些佛教术语，他选择直接从梵文翻译，并附加注释以
保持原文的异域风味，同时提供丰富的佛教知识。例如，理雅各将"小乘"
译为"hīnayāna"，以直译"small vehicle, or conveyance"为注释，并参考
欧德里的《中国佛教学习手册》，说明这是三乘佛法中声闻乘和缘觉乘的
统称。[2]"普贤菩萨"被简化翻译为"Bodhisattva"（菩萨），因为他明白
"菩萨"一词含义丰富，有许多中国人信奉，因此以"Bodhisattva"一词泛
指所有的菩萨，更能使读者明白"菩萨"在中国人心目中的分量，并在注
释中解释了其原义，补充说明缘由。[3] 这些注释反映了理雅各翻译过程中
的细致考量。

理雅各还采用意译加注释的方式来翻译佛教术语。例如，"当来"在
佛教中指"来世"，他意译为"to come"，并引用了《中国佛教学习手册》

〔1〕岳峰等：《中华文献外译与西传研究》，第 89 页。
〔2〕James Legge, *A Record of Buddhistic Kingdoms, Being an Account by the Chinese Monk Fa-Hien of His Travels in India and Ceylon（A.D. 399–414）in Search of the Buddhist Books of Discipline*, p. 14.
〔3〕ibid, p. 19.

中的内容作为参考。同样，"入众之法"原义为"僧人共同生活的法规"，他根据上下文灵活意译为"The laws regulating their demeanour in sitting, rising, and entering when the others are assembled"[1]。"福食"被意译为"a diet of blessing"，随后增设定语从句进一步解释说出这种食物的特点是富有营养的（for its nourishment）。[2]这样的翻译确保了文章流畅易读，而注释则使读者能够进一步了解佛教知识。在词语翻译中，理雅各重视词语的多重含义，以保证语义的准确性。他经常根据上下文以不同的方式翻译相同的词语，从而说明其在不同情境中的不同含义。例如，将"佛法"一词译为"Buddhism"时，重在传达宗教语境；但在特指佛教教义之时，则译成"the Law of Buddha"，两种译法的细微差异体现了理雅各对语义精准的把握。[3]

　　许多佛教术语在英语翻译中往往难以找到确切的对应词语。在理雅各之前的翻译者通常借用基督教术语进行翻译。

> 过河有国名毗荼，佛法兴盛，兼大小乘学，见秦道人往，乃大怜愍，作是言，如何边地人能知出家为道，远求佛法。[4]

> After they had crossed the river, there was a country named Pe-too, where Buddhism was very flourishing, and（the monks）studied both the mahayana and hinayana. When they saw their fellow-disciples from Tsin passing along, they were moved with great pity and sympathy, and expressed themselves thus: How is it that these men from a border-land should have learned to become monks, and

---

〔1〕James Legge, *A Record of Buddhistic Kingdoms, Being an Account by the Chinese Monk Fa-Hien of His Travels in India and Ceylon*（*A.D. 399–414*）*in Search of the Buddhist Books of Discipline*, p. 89.

〔2〕ibid, p. 52.

〔3〕洪捷、岳峰：《浅议英国汉学家理雅各的〈佛国记〉译本》，《福建教育学院学报》2006年第7期。

〔4〕郭鹏、江峰、蒙云注译：《佛国记注译》，第37页。

232

come for the sake of our doctrines from such a distance in search of
the Law of Buddha? [1]

　　佛教术语"僧"，在雷德利（J.W. Laidley）的翻译中被译为"ecclesiastics"，
指特定的基督教神职人员；在毕尔的翻译中被译为"priest"，取自《圣经》
中的祭司；雷慕沙译为"religieux"，原指天主教的修道士，与佛教僧侣的
生活方式更为相符。作为传教士，理雅各在仔细考虑了基督教和佛教概念
之异同后，选择将"僧"翻译为"monks"，并在注释中阐明了他的理由：
在《圣经》中，"priest"这个词有着特定的含义，是专门为了侍奉上帝而
选择的人，根据《新约》的说法，所有基督徒都被视为上帝的祭司。理雅
各认为，除此特定含义外，任何宗派或教会的牧师自称祭司都不合适，用
来指称佛教的僧侣更不适合，因为佛教没有类似"帝""上帝"等至高神
的说法，没有灵魂论，也没有祷告和献祭。[2]又如"取桃腊佛"的"腊"
字，雷慕沙、毕尔、翟理斯均译为"sacrifice"，即献祭，理雅各认为佛教
徒并不向佛"献祭"，"献祭"是祭司用语，不宜用在佛事仪式上，译为
"present"更为合理。[3]由此可见，理雅各对佛教词语的翻译十分谨慎，这
是基于他对佛教和基督教的理解与对比。

　　《佛国记》中记录了许多佛塔，兴建佛塔是为了纪念各种佛教遗址并
供奉佛陀的舍利子。

　　　　例 1：天帝释、梵天王从佛下处，亦起塔。[4]

　　　　At the place where the bhikshuni Utpala was the first to do

---

[1] James Legge, *A Record of Buddhistic Kingdoms, Being an Account by the Chinese Monk Fa-Hien of His Travels in India and Ceylon（A.D.399−414）in Search of the Buddhist Books of Discipline*, p. 41.

[2] ibid, p. 13.

[3] ibid, p. 114.

[4] 郭鹏、江峰、蒙云注译：《佛国记注译》，第 46 页。

reverence to Buddha, a tope has now been built.[1]

例 2：自上苦行六年处，及此诸处，后人皆于中起塔立像，今皆在。[2]

At the place mentioned above of the six years' painful austerities, and at all these other places, men subsequently reared topes and set up images, which all exist at the present day.[3]

例 3：此处起塔犹在。[4]

At this spot a tope was erected, and still exists.[5]

这里的佛塔与西方的塔楼（tower）以及在中国、日本等东亚国家常见的宝塔（pagoda）有所不同，它形似圆冢，对应梵文词"stupa"，是古代佛教中独特的建筑形式。雷慕沙、雷德利、毕尔的译文注释都讲述了这种佛塔的独特性，但仍将其译为"tower"。而理雅各则选择了"tope"，这个术语是英国考古学家、首任印度考古调查员康宁汉姆（Alexander Cunningham）在他 1854 年的著作《毗尔萨佛塔》（The Bhilsa Topes）中引入的，书中详细介绍了它的用途、类型，并且以插图展示了几种重要的佛塔样式。理雅各之所以选择"tope"，是因为该词已被康宁汉姆和其他考古学家使用，并由此而得到专业人士的认可。这类词语翻译的选择体现了理

---

[1] James Legge, *A Record of Buddhistic Kingdoms, Being an Account by the Chinese Monk Fa-Hien of His Travels in India and Ceylon*（*A.D.399−414*）*in Search of the Buddhist Books of Discipline*, p. 51.

[2] 郭鹏、江峰、蒙云注译：《佛国记注译》，第 103 页。

[3] James Legge, *A Record of Buddhistic Kingdoms, Being an Account by the Chinese Monk Fa-Hien of His Travels in India and Ceylon*（*A.D.399−414*）*in Search of the Buddhist Books of Discipline*, p. 88.

[4] 郭鹏、江峰、蒙云注译：《佛国记注译》，第 46 页。

[5] James Legge, *A Record of Buddhistic Kingdoms, Being an Account by the Chinese Monk Fa-Hien of His Travels in India and Ceylon*（*A.D.399−414*）*in Search of the Buddhist Books of Discipline*, p. 54.

234

雅各严谨的学术态度和广博的知识储备。

（二）理雅各力图再现西域文化

《佛国记》记载了法显求法途中游历诸国之见闻，进一步拓展了人们对西域文化的认知。《佛国记》记载了法显从长安出发，由河西走廊翻越帕米尔高原，一路经过巴基斯坦、尼泊尔、阿富汗、印度、斯里兰卡、印度尼西亚等中亚、南亚及东南亚三十多个古国，涉及的地域范围极广，其中一些古代地名及人物已难以核查。在音译地名时，理雅各采用了马礼逊的拼读法，而没有采用当时流行的北京官话发音。马礼逊认为所谓官话（Mandarin Dialect）是指江南和河南的语言，两地都曾是国都，鉴于朝廷使用的语言总是成为通用的标准语，因而这两地的方言比起其他省份的更令人关注。[1]他在编写《华英字典》时所创立的语音系统参照的是南京方言，而将当时清朝统治者使用的北京方言称为"鞑靼汉语"。[2]理雅各也认为虽然无法确切知道 1500 年前法显所处的时代是如何发音的，但南方官话肯定要比北京官话更接近古音，例如地名敦煌（T'un-huang）[3]、高昌（K'ao-ch'ang）[4]等皆是如此。在翻译梵文地名时，除了欧德里的《中国佛教学习手册》，理雅各还参考了康宁汉姆 1871 年出版的《古印度地志》（*Ancient Geography of India*）和法国汉学家儒莲 1861 年所著的《辨认梵文名称和用音标示它们的方法》（*Méthode pour déchiffrer et transcrire les noms Sanscrits*），较好地翻译了古代地名，例如，"犍陀卫国"被译为"the country of Gandhâra"、"竺刹尸罗国"被译为"the country of Takshaśilâ"[5]等。有时，为了更好地保留原文信息，理雅各同时使用了中

〔1〕岳峰等：《中华文献外译与西传研究》，第 87-88 页。

〔2〕Robert Morrison, *A Dictionary of the Chinese Language*, Macao: East India Company's Press, 1815, p. x.

〔3〕James Legge, *A Record of Buddhistic Kingdoms, Being an Account by the Chinese Monk Fa-Hien of His Travels in India and Ceylon（A.D. 399-414）in Search of the Buddhist Books of Discipline*, p. 11.

〔4〕ibid, p. 15.

〔5〕ibid, pp. 31-32.

文和梵文的音译。例如，"醯罗国"在译文中被音译为"He-lo"，但在注释中给出其对应的梵文"west of Peshâwar"[1]。"罗夷国"音译为"Lo-e"，在补充说明中其梵语为"Rohî"[2]。值得注意的是，理雅各并不是简单地采用音译法，而是逐一进行了详细的考证，并利用注释加以说明。对于一些学者间存在争议、无法确定具体位置的地名，理雅各使用中文音译，例如，"宿呵多国"音译为"the country of Soo-ho-to"、"乌夷"音译为"Woo-e"、"毗茶"音译为"Pe-t'oo"等，并在注释中引用了欧德里等人的考证，给出了大致方位的猜测。不仅如此，有些地名甚至注释了十分具体的位置信息。例如，"摩头罗"音译为"Ma-t'âou-lo"，注释为"北纬27度30分，东经77度43分"[3]。又如，"跋那"音译为"Poh-nâ"，注释为"北纬23度10分至33度15分之间，东经70度26分至72度之间"[4]。法显记载的许多古地名，理雅各也都一一还原为当今人们所熟知的地名。例如，新头河应该是当时的音译，即现在的印度河，译文中准确地对应为"the Indus"，在注释中给出其古称"the Sindhu"，并向读者解释其为印度河近似的音译。此外，为了让读者更加充分、准确地了解法显的经行轨迹，理雅各甚至在译文前绘制了一张"法显旅行路线图"。理雅各所做的这些严谨细密的考证，为后世的研究提供了有效的参考。[5]

《佛国记》中记载的物产和风俗词语也带有浓厚的西域特色。"杨枝"产于西域，在佛教文献和相关传说中经常出现。在沙祇大国的记述中有云："出沙祇城南门，道东，佛本在此嚼杨枝，刺土中，即生长七尺，不增不减。"理雅各意译为"willow branch"，为"柳枝"之意。"杨枝"为古代

---

〔1〕James Legge, *A Record of Buddhistic Kingdoms, Being an Account by the Chinese Monk Fa-Hien of His Travels in India and Ceylon（A.D.399–414）in Search of the Buddhist Books of Discipline*, p. 36.

〔2〕ibid, p. 41.

〔3〕ibid, p. 42.

〔4〕ibid, p. 41.

〔5〕ibid, p. 26.

236

僧人经常携带的随身物品之一，梵语为"Danta-kastha"，其中"danta"
为牙齿，"kastha"为木片，僧侣通常嚼杨枝净齿，故亦称"齿木"。义净
认为，"杨枝"是跟齿木功能相同但是材质不同的类似物品，是译者根据
中土风物取的名号。据此推测，正是因为无法判明原文中的"杨枝"是何
种材质，理雅各才将"杨枝"译为"柳枝"。但"杨枝"作为文化负载词，
体现了古印度民众的生活方式，所以理雅各在译名后注上了相应的梵文，
并给予介绍。还有一些词反映了当时古印度、西域民众日常生活中的娱乐
竞技、纺织装饰等生活图景，为后世了解其社会文化提供了参考。例如，
计量单位"由延"一词在文中出现频率较高，指挂轭公牛行走一日或是帝
王行军一日的里程，理雅各翻译时采用其梵文名称"yojana"进行替代。

五、语言风格

《佛国记》的主要特点是简明写实，语言直截了当，行文流畅简洁，
叙述生动明快。与古汉语简练的文本和丰富的内涵相比，英译本通常显得
冗长。而且英语和汉语之间存在固有结构差异，译文难以完全保持原文的
简练风格亦在情理之中。理雅各的翻译以忠实于原文为特点，展现了浓
厚的学术积淀和洗练风格。他倾向于还原原文的句法结构和内在信息，
努力做到表达准确，以期在最大程度上接近作者意图，并尽可能保留外
来文化元素。

（一）细致精准

理雅各的翻译通常采用直译的方法。他借助对汉语的广博知识和精
准理解，一丝不苟地传达每一个细节，原汁原味地向西方读者介绍异域
文化。[1]

---

[1] 岳峰等：《中华文献外译与西传研究》，第 82 页。

　　例 1：王笃信佛法，欲为众僧作新精舍。先设大会，饭食僧。供养已，乃选好上牛一双，金银宝物庄校角上，作好金犁。王自耕顷四边，然后割给民户、田宅，书以铁券。自是已后，代代相承，无敢废易。[1]

At that time the king, who was a sincere believer in the Law of Buddha and wished to build a new vihara for the monks, first convoked a great assembly. After giving the monks a meal of rice, and presenting his offerings（on the occasion）, he selected a pair of first-rate oxen, the horns of which were grandly decorated with gold, silver, and the precious substances. A golden plough had been provided, and the king himself turned up a furrow on the four sides of the ground within which the building was supposed to be. He then endowed the community of the monks with the population, fields, and houses, writing the grant on plates of metal,（to the effect）that from that time onwards, from generation to generation, no one should venture to annul or alter it.[2]

　　原文以简练的话语清晰描述了师子国国王修建新佛寺的经由。行文虽简洁，但信息量丰富。相较之下，虽然译文比原文长得多，但与原文内容保持了一致，忠实地传达出原文的意思。针对原文中省略的主语和连词，理雅各通过增补的办法保持连贯性。译文语言简单，语法灵活，结构流畅。这显示了理雅各灵活的翻译风格，忠实性是他的首要原则，同时他也考虑

---

〔1〕郭鹏、江峰、蒙云注译：《佛国记注译》，第 134 页。

〔2〕James Legge, *A Record of Buddhistic Kingdoms, Being an Account by the Chinese Monk Fa-Hien of His Travels in India and Ceylon*（*A.D. 399–414*）*in Search of the Buddhist Books of Discipline*, p. 109.

238

到了翻译的可读性。[1]

例 2：须臾息已，复问其腊数。[2]

When（the stranger）has enjoyed a very brief rest, they
further ask the number of years that he has been a monk.[3]

例 3：像长八丈，足趺八尺。[4]

First and last, this was done three times, and then the image
was completed, eighty cubits in height, and eight cubits at the base
from knee to knee of the crossed legs.[5]

上述两例展现了理雅各对"腊数"和"足趺"的精确理解。其中，
"腊数"指的是出家为僧的年限。而"足趺"一词指的是互交二足，将
右脚盘放于左腿上，左脚盘放于右腿上的坐姿，此处特指佛像底座的宽
度。[6]理雅各的译文详细解释了这两个词，他认真对待、详细分析每一个
佛教术语的态度，成就了理氏译本的高度——不仅是一部佛教经典的译
介，更是一部诠释佛教知识与文化的宝藏之书，兼具专业性、可读性和丰
富性。

（二）守中致和

在翻译古文时，现代译者有时借助现代文来帮助理解，因此可能在句

---

〔1〕岳峰等：《中华文献外译与西传研究》，第 83 页。
〔2〕郭鹏、江峰、蒙云注译：《佛国记注译》，第 41 页。
〔3〕James Legge, *A Record of Buddhistic Kingdoms, Being an Account by the Chinese Monk Fa-Hien of His Travels in India and Ceylon*（*A.D.399–414*）*in Search of the Buddhist Books of Discipline*, p. 44.
〔4〕郭鹏、江峰、蒙云注译：《佛国记注译》，第 16 页。
〔5〕James Legge, *A Record of Buddhistic Kingdoms, Being an Account by the Chinese Monk Fa-Hien of His Travels in India and Ceylon*（*A.D.399–414*）*in Search of the Buddhist Books of Discipline*, p. 25.
〔6〕岳峰等：《中华文献外译与西传研究》，第 84 页。

式结构上对古文有较大的改动。相比之下，理雅各的译文则直接从古文翻译而来，更接近原文的句式和词序。

1. 增补成分

古代文本常具有凝练和省略的特点。为了在翻译中尽可能与原文保持一致，同时让西方读者易于阅读并理解译文，理雅各采用了增译，即根据上下文补充原文中缺失的句子成分，并以括号标注以示分别。

例1：遇则皆死，无一全者。[1]

（Travellers）who encounter them perish all to a man. [2]

主语省略是中文句法精练的一个表现。在一定的语境内，确保不产生歧义的情况下，往往会承前或蒙后省略主语。很明显，这里的主语为"过往的旅者"，故而例1中不再重复出现。而英文十分依赖句法结构，只有在特定句式中才能省略主语。在翻译时，理雅各会根据语境增补主语，但增补出来的信息往往用括号标出，力求与原文结构一致。

例2：王闻已，则诣精舍，以华、香供养。供养已，次第顶戴而去。[3]

When the king hears them, he goes to the vihara, and makes his offerings of flowers and incense. When he has done this, he（and his attendants）in order, one after another,（raise the bone）, place it（for a moment）on the top of their heads, and then depart, going out by

---

〔1〕郭鹏、江峰、蒙云注译：《佛国记注译》，第4页。

〔2〕James Legge, *A Record of Buddhistic Kingdoms, Being an Account by the Chinese Monk Fa-Hien of His Travels in India and Ceylon（A.D.399–414）in Search of the Buddhist Books of Discipline*, p. 12.

〔3〕郭鹏、江峰、蒙云注译：《佛国记注译》，第31页。

the door on the west as they entered by that on the east.[1]

　　这里法显叙述了酰罗城国王对佛顶骨的朝拜。中文在表述上有所节略，"次第顶戴而去"前缺少主语，而原文只有一个主语"王"。理雅各依据上下文判断出"次第顶戴而去"前应增加的主语是"他的随从们"，遂增补之并以括号标示。文中"顶戴"的对象是佛顶骨，理雅各也相应增补宾语。[2]

　　　　例3：誓言自今已去至得佛，愿不生边地，故遂停不归。[3]
　　　　And made the following aspiration:－ "From this time forth till I come to the state of Buddha, let me not be born in a frontier land." He remained accordingly（in India）, and did not return（to the land of Han）.[4]

　　不同语言的语境差异势必造成读者在理解上的偏差，此时的译者常常需要增译相应内容，以完善语法结构，并给目的语读者带来相应的背景知识，提高阅读的流畅性。例3两个括号中补充的译文点出了僧人决定停留的地点是天竺，而不再回去的故乡是汉地。
　　理雅各非常注重保留原文的句子结构，所以他的增译多以括号标注，这体现了他严谨的态度。然而，对于多数读者来说，频繁出现的括号难免影响阅读体验。此外，这种追求完美的做法有时会导致翻译中出现不必要

---

〔1〕James Legge, *A Record of Buddhistic Kingdoms, Being an Account by the Chinese Monk Fa-Hien of His Travels in India and Ceylon（A.D.399–414）in Search of the Buddhist Books of Discipline*, p. 37.
〔2〕岳峰等：《中华文献外译与西传研究》，第94页。
〔3〕郭鹏、江峰、蒙云注译：《佛国记注译》，第120页。
〔4〕James Legge, *A Record of Buddhistic Kingdoms, Being an Account by the Chinese Monk Fa-Hien of His Travels in India and Ceylon（A.D.399–414）in Search of the Buddhist Books of Discipline*, p. 99.

的增译内容。

例 4：张掖王（殷勤），遂留为作檀越。[1]

When that was over, they went forward to the kingdom of
Now-tcan, crossed the mountain of Yang-low, and reached the
emporium of Chang-yih. There they found the country so much
disturbed that travelling on the roads was impossible for them.
Its king, however, was very attentive to them, kept them（in his
capital）, and acted the part of their danapati.[2]

例 5：度河便到乌苌国……佛法甚盛。[3]

After crossing the river,（the travellers）immediately came
to the kingdom of Woo-chang…The Law of Buddha is very
flourishing（in Woo-chang）[4]

例 4 中，法显来到张掖镇中，该镇是张掖国首府，译文在 "emporium
of Chang-yih" 已经清楚表达，增译 "in his capital" 强调了首府信息，令译
文稍显烦琐。例 5 原文中增译 "the travellers" 既能提供所隐含的主语信息，
又能完善语法结构，但后面 "佛法甚盛" 译为 "the Law of Buddha is very
flourishing" 就已经足够准确，前文已有背景信息，可以不必添加括号。[5]

〔1〕郭鹏、江峰、蒙云注译：《佛国记注译》，第 2 页。
〔2〕James Legge, *A Record of Buddhistic Kingdoms, Being an Account by the Chinese Monk Fa-Hien of His Travels in India and Ceylon（A.D.399–414）in Search of the Buddhist Books of Discipline*, p. 11.
〔3〕郭鹏、江峰、蒙云注译：《佛国记注译》，第 21 页。
〔4〕James Legge, *A Record of Buddhistic Kingdoms, Being an Account by the Chinese Monk Fa-Hien of His Travels in India and Ceylon（A.D.399–414）in Search of the Buddhist Books of Discipline*, p. 28.
〔5〕岳峰等：《中华文献外译与西传研究》，第 95 页。

242

2. 存原句式

在句法方面，理雅各力求译文与原文的结构相匹配。读者可以从下面这些例子中看出，理雅各是从简洁古朴的古文直接翻译，因而译文与原文的结构很接近。加之他字斟句酌的严谨态度，令译文与原文的风格尤为相近。

例 1：上无飞鸟，下无走兽。[1]

There is not a bird to be seen in the air above, nor an animal on the ground below.[2]

例 2：或作须大拏，或作睒燮，或作象王，或作鹿，马。[3]

Here as Sudana, there as Sama; now as the king of elephants, and then as a stag or a horse.[4]

例 3：两厢有二石柱，左柱上作轮形，右柱上作牛形。[5]

And when the door was open, on each side of it there was a stone pillar, with the figure of a wheel on the top of that on the left, and the figure of an ox on the top of that on the right.[6]

---

〔1〕郭鹏、江峰、蒙云注译：《佛国记注译》，第 5 页。

〔2〕James Legge, *A Record of Buddhistic Kingdoms, Being an Account by the Chinese Monk Fa-Hien of His Travels in India and Ceylon（A.D. 399–414）in Search of the Buddhist Books of Discipline*, p. 12.

〔3〕郭鹏、江峰、蒙云注译：《佛国记注译》，第 129 页。

〔4〕James Legge, *A Record of Buddhistic Kingdoms, Being an Account by the Chinese Monk Fa-Hien of His Travels in India and Ceylon（A.D. 399–414）in Search of the Buddhist Books of Discipline*, p. 106.

〔5〕郭鹏、江峰、蒙云注译：《佛国记注译》，第 54 页。

〔6〕James Legge, *A Record of Buddhistic Kingdoms, Being an Account by the Chinese Monk Fa-Hien of His Travels in India and Ceylon（A.D. 399–414）in Search of the Buddhist Books of Discipline*, p. 56.

汉语是一种表意丰富的语言，在《佛国记》中这一特点尤为明显。法显的叙述简单易懂，句子短小精悍，语法结构清晰。在将作品翻译成英语时，理雅各运用了多种句法结构和修饰语，巧妙地进行转化，既保持了原作的完整性，又增强了其逻辑连贯性、层次结构性和语言流畅性。

　　例4：会时，请四方沙门，皆来，云集已，庄严众僧坐处。[1]

　　When this is to be held, the king requests the presence of the Sramans from all quarters (of his kingdom). They come (as if) in clouds; and when they are all assembled, their place of session is grandly decorated. [2]

中文原句虽短，却句句意义独立分明，主语各不一致。译文用介词短语和状语从句，将各短句整合译成两个主次分明、意思准确、结构合理的长句，符合英语行文习惯。

　　例 5：后来，果然有一位迦腻色迦王出世。出行游观时，天帝释欲开发其意，化作牧牛小儿，当道起塔。王问言："汝作何等？"[3]

　　This Kanishka was afterwards born into the world; and (once), when he had gone forth to look about him, Sakra, Ruler of Devas, wishing to excite the idea in his mind, assumed the appearance of a little herdboy, and was making a tope right in the way (of the

---

〔1〕郭鹏、江峰、蒙云注译：《佛国记注译》，第 12 页。
〔2〕James Legge, *A Record of Buddhistic Kingdoms, Being an Account by the Chinese Monk Fa-Hien of His Travels in India and Ceylon* (*A.D. 399−414*) *in Search of the Buddhist Books of Discipline*, p. 22.
〔3〕郭鹏、江峰、蒙云注译：《佛国记注译》，第 27 页。

king ）, who asked what sort of thing he was making.[1]

原文由短句构成了一个完整的故事，但因从句主语不一致并且有省略，读者在阅读时容易产生歧义。理雅各使用了平行结构和多种从句，将其翻译成了一个长句。"出行游观时"前省略了主语，这导致译者很难判断出主语是"迦腻色迦王"还是"天帝释"。如果根据省略主语的习惯判断，应该是天帝释作为主语。但是根据上下文情景，应该是指天帝释想要激发迦腻色迦王，因而在迦腻色迦王出游经过的路上当道起塔。理雅各的判断准确。[2]

虽说理雅各的翻译风格偏向于忠实的直译，但有时为了译文流畅、表意清晰，他并不拘泥于原文的语序，而能做出灵活调整，但这种情况比较少见。

例6：从此西行，所经诸国，类皆如是，唯国国胡语不同。[3]

So（the travellers）found it in all the kingdoms through which they went on their way from this to the west, only that each had its own peculiar barbarous speech.[4]

原文前三个短句皆被理雅各调整了顺序，且前两句"从此西行，所经诸国"以介词短语和定语从句译出，保障了译文流畅。

---

〔1〕James Legge, *A Record of Buddhistic Kingdoms, Being an Account by the Chinese Monk Fa-Hien of His Travels in India and Ceylon*（A.D. 399—414）*in Search of the Buddhist Books of Discipline*, p. 33.

〔2〕岳峰等：《中华文献外译与西传研究》，第 95-96 页。

〔3〕郭鹏、江峰、蒙云注译：《佛国记注译》，第 5 页。

〔4〕James Legge, *A Record of Buddhistic Kingdoms, Being an Account by the Chinese Monk Fa-Hien of His Travels in India and Ceylon*（A.D. 399—414）*in Search of the Buddhist Books of Discipline*, p. 14.

3. 还原苦难叙事的风格

《佛国记》描写佛教徒一心西行求法，一路不惧艰险，一方面彰显佛
教徒之虔诚，另一方面铺就了苦难叙事的底色。旅途凶险，灵验玄幻，传
说诡秘在《佛国记》中表现得淋漓尽致，突出某种与苦难直接或间接相关
的人文内涵、文学价值以及艺术张力。[1]《佛国记》通过环境描写的手法，
巧妙运用了两种苦难叙事形式：一是呈现险绝的真实场景，二是描绘怪诞
的虚幻场景。

　　　　例1：于此顺岭西南行十五日，其道艰岨，崖岸崄绝，其山
　　唯石，壁立千仞，临之目眩，欲进则投足无所。[2]

　　　　The travellers went on to the south-west for fifteen days（at
　　the foot of the mountains, and）following the course of their
　　range. The way was difficult and rugged,（running along）a bank
　　exceedingly precipitous, which rose up there, a hill-like wall of rock,
　　10000 cubits from the base. When one approached the edge of it, his
　　eyes became unsteady; and if he wished to go forward in the same
　　direction, there was no place on which he could place his foot; and
　　beneath were the waters of the river called the Indus.[3]

《佛国记》常以简洁朴实的风格描写自然景观和地理环境，具有强
烈的纪实性。理雅各通俗化的翻译还原了原文中对场景的白描，他用诸
如"difficult and rugged""exceedingly precipitous""a hill-like wall of rock,

---

〔1〕阳清：《法显〈佛国记〉中的苦难叙事》，《山西师大学报》（社会科学版）2017年第5期。
〔2〕郭鹏、江峰、蒙云注译：《佛国记注译》，第18页。
〔3〕James Legge, *A Record of Buddhistic Kingdoms, Being an Account by the Chinese Monk Fa-Hien of His Travels in India and Ceylon（A.D. 399–414）in Search of the Buddhist Books of Discipline*, p. 26.

246

10000 cubits from the base"等简洁明了的词语，将苦难的氛围表现得栩栩
如生。例如，译者将"千仞"翻译成"10000 cubits"。"仞"是中国古代
长度单位，"一仞"相当于1.8米左右。而"cubit"是西方古代长度的单
位，称为肘尺、腕尺，是圣经时代的长度单位，即人们手肘至手指尖的距
离，通常"一肘"约为44.5厘米。从单位的译法上看，古老的单位长度
"cubit"令读者有身临古时语境之感；在数值方面，"万肘"（10000 cubits）
虽远大于"千仞"，但"10000"与"千"保持了整数的美感，且"夸大"
的数值更能带给读者一种直面峭壁、寸步难行的震撼与绝望。后续叙述中
理雅各插入第三人称，通过"第三者"将读者带入一个充满挑战和未知的
环境中。原文"临之目眩，欲进则投足无所"仅有十余字，而译文通过增
译细节凸显了高处使人晕眩而无处落脚的危险。理雅各在很大程度上再现
了原文所呈现的时空，还原了苦难叙事的氛围，使得读者犹如身临其境，
深切地感受到佛教徒的艰难和困境。这种细腻的描写不仅增强了叙事的真
实感和代入感，而且让读者对面临困境的佛教徒产生共情。

> 例2：有一寺，名火境。火境者，恶鬼名也。佛本化是恶
> 鬼。后人于此处起精舍，以精舍布施阿罗汉，以水灌手，水沥滴
> 地，其处故在。正复扫除，常现不灭。此处别有佛塔，善鬼神常
> 扫洒，初不须人工。有邪见国王言："汝能如是者，我当多将兵
> 众住此，益积粪秽，汝复能除不？"鬼神即起大风，吹之令净。[1]

> Fifty yojanas north-west from the monastery there is another,
> called "The Great Heap". Great Heap was the name of a wicked
> demon, who was converted by Buddha, and men subsequently at
> this place reared avihara. When it was being made over to an Arhat

---

〔1〕郭鹏、江峰、蒙云注译：《佛国记注译》，第49页。

by pouring water on his hands, some drops fell on the ground. They are still on the spot, and however they may be brushed away and removed, they continue to be visible, and cannot be made to disappear. At this place there is also a tope to Buddha, where a good spirit constantly keeps（all about it）swept and watered, without any labour of man being required. A king of corrupt views once said, "since you are able to do this, I will lead a multitude of troops and reside there till the dirt and filth has increased and accumulated, and（see）whether you can cleanse it away or not." The spirit thereupon raised a great wind, which blew（the filth away）, and made the place pure.[1]

　　《佛国记》广泛记录了各地的佛教文化状况和各种佛教遗迹，并经常讲述佛的故事和佛门圣人事迹。其中借用了不少玄幻场景，积极塑造佛陀庄严、光辉的形象，强调了佛教致力于减轻痛苦、帮助大众的宗教本质。[2]理雅各认为《佛国记》向读者讲述的佛教遗迹和传说很多是不可靠和怪诞的，但仍可从中得到法显亲历的真实情况。[3]在译文中，理雅各除了通过直译细致地还原情节和细节描写，还利用中英文相同或相似的表达进行语义转换。例如，他将"火境"译为"The Great Heap"。"境"在佛教语境中指佛教徒修行所应分别观察的诸法境界，在英语的语境中属于不易理解的文化负载词。理雅各将"火境"译成"The Great Heap"，因为"Heap"在《圣经》中有"石堆"之意，常以"石堆立约"表明双方彼此尊重，

〔1〕James Legge, *A Record of Buddhistic Kingdoms, Being an Account by the Chinese Monk Fa-Hien of His Travels in India and Ceylon（A.D.399-414）in Search of the Buddhist Books of Discipline*, p. 52.

〔2〕阳清：《法显〈佛国记〉中的苦难叙事》，《山西师大学报》（社会科学版）2017 年第 5 期。

〔3〕James Legge, *A Record of Buddhistic Kingdoms, Being an Account by the Chinese Monk Fa-Hien of His Travels in India and Ceylon（A.D.399-414）in Search of the Buddhist Books of Discipline*, p. 5.

并遵守约定，象征着诚实信守等良好的价值观念，强调了信徒平等的观念。在理雅各看来，"Heap" 要比 "火境" 更佳。[1]可以说，作为传教士的理雅各不可避免地有着以耶释佛的倾向。因此，后续 "善鬼神" 也被翻译作 "good spirit"，将 "鬼神" 向善的一面尽数展出。不论理雅各以基督教内涵对佛教内涵进行重构是否恰当，他都以独特的方式让读者领略了《佛国记》中的异域宗教文化。

第二节　《道德经》：以信为本，誊写风格

《道德经》又称《老子》，是道家思想集大成者，也是承载中国传统文化及民族伦理思想的重要文献。全书仅五千余言，分上下两篇，原文上篇《德经》、下篇《道经》，原不分章，后改为《道经》（1—37 章）在前，《德经》（38—81 章）在后。《道德经》言简义丰，虽多以古汉语三言、四言韵文书写，却涵盖哲学、政治、经济、军事、文学、艺术等范畴，探讨了宇宙之道、生命之道和社会之道，有着突破文字限制的深邃悠远的大智慧，因此被誉为 "万经之王"。《道德经》同《庄子》共同构成了道家经典，成为国人精神追求的向导，深刻影响了民族性格及国家统治理念的铸成。[2]

一、背景

1880 年，理雅各出版了《中国的宗教：儒教、道教与基督教的对比》

---

[1] James Legge, *A Record of Buddhistic Kingdoms, Being an Account by the Chinese Monk Fa-Hien of His Travels in India and Ceylon*（*A.D. 399–414*）*in Search of the Buddhist Books of Discipline*, p. 52.
[2] 陈义烈：《老子〈道德经〉的文学色彩》，《中国道教》2003 第 1 期。

一书，书中首次使用"Taoism"来翻译道家和道教。此后，西方学者广泛沿用了这个译法直至今日。他将《道德经》翻译为"The Tao Teh King"，这也成为现在通行的译法。陌生的音译词首先让西方读者对这一中国文化独特范畴有了概念；同时，音译词含义广泛，给予读者思考想象的空间，避免了因现有概念而造成理解上的偏差，这比意译更为忠实、简洁，且让人印象深刻。

　　理雅各是最早英译《道德经》的学者之一。他于 1879 年开始翻译《道德经》与《庄子文集》，1887 年完成初稿，此时他已 72 岁高龄，译本在 1891 年正式出版。他的《道德经》前言与介绍，现存放于牛津大学新波德雷安图书馆。其译著见于《东方圣书》第三十九、四十卷《道德经》。

　　说起理雅各翻译《道德经》，就要提起他早期与道家思想的渊源。1854 年，理雅各遇见一位耄耋之年的全真教道士，这位道士从广东中南部的罗浮山来到香港，自称研究老子学说已经五十年，但始终无法领悟其精髓，感到非常着急和无助，也找不到可以倾诉的对象。后来，这位老道士在罗浮山读到宣传基督教的小册子，发现这正是他所需要的。这位老道士与理雅各讨论《新约》中上帝的概念，探讨三位一体问题以及道教与基督教的关系，他认为《新约》与《道德经》中的理念是一致的，并接受了基督教。理雅各写道："在我传教生涯中，他是接受基督教最快的人。"彼时，曾对香港影响颇深的全真教已大不如前，该教派特有的仪式也被简化到最低程度。因此，理雅各根据传教经验得出结论：如果学习道教典籍，修身养性，自律严格，反而会比读儒家典籍更易接受基督教教义。[1]理雅各出于传教的目的，必然要翻译道家经典。他认为《道德经》虽无戒律，但倡导谦卑无私、以德报怨等美德，难能可贵。[2]

---

〔1〕岳峰：《架设东西方的桥梁——英国汉学家理雅各研究》，第 78 页。
〔2〕James Legge, *The Religions of China: Confucianism and Taoism Described and Compared with Christianity*, pp. 261-263.

在翻译完儒家经典后，理雅各已届高龄，身体状况大不如前，但道家思想对他的冲击是如此巨大，于是他又开启了对道家的研究和译介。在翻译《道德经》之前，理雅各做了漫长艰苦的准备工作。他在写给女儿玛丽安（Marian）的信件中透露，自 1878 年夏起，每日四点钟就起床，然后要花费三到四个小时研读、翻译《道德经》。理雅各翻译时可参照的译本主要是 1842 年儒莲的法译本、1868 年湛约翰的英译本及 1870 年施特劳斯（Victor von Strauß）的德语译本。[1] 然而理雅各却不愿踵武前贤，他选择自己从头翻译。根据陈先芝的梳理，1879 年，理雅各着手翻译《道德经》。[2] 1880 年，他出版了讲稿集《中国的宗教：儒教、道教与基督教的对比》，从比较的视角探讨儒学、道教和基督教。从时间上看，《中国的宗教：儒教、道教与基督教的对比》的写作早于《道德经》的翻译，可以说前者是后者的基础。1882 年，由于理雅各在《道德经》方面的研究，《大英百科全书》邀请他写了《老子》词条。1883 年，他在《英国评论季刊》发表《道德经》评论文章，检视了 19 世纪西方对道家思想和学派的翻译及研究，并对道家文献史料做了界定、分类和阐释。[3] 为达到最佳的翻译质量，理雅各不厌其烦，复译《道德经》三次，以寻得对文本更多的洞见。多番努力后，理雅各最终认为自己已经了然书中的不同主题，对老子的"主旨和目标"心领神会，在思想与情感上与老子同频共振。[4] 1891 年，他的《道德经》英译付梓，与他所译另一道家经典《庄子文集》共同辑入其同事穆勒主编的《东方圣书》，构成第三十九、四十卷《道德经》。理雅各也因此一举成为英译道家经典的中心人物。其译本此后又在伦敦（1927 年）、纽约（1959 年及 1962 年）、台北（1976 年）等地多次再版，

---

〔1〕丁大刚：《理雅各中国典籍翻译研究》，上海师范大学博士学位论文，2017 年，第 221 页。

〔2〕陈先芝：《从言语行为理论看理雅各〈道德经〉的英译及影响》，《安徽理工大学学报》（社会科学版）2011 年第 2 期。

〔3〕James Legge, "The Tao Teh King", *British Quarterly Review*, Vol.78, 1883, pp. 74–107.

〔4〕James Legge, *The Religions of China: Confucianism and Taoism Described and Compared with Christianity*, pp. 215–216.

足见其影响力之甚。[1]

    同翻译儒家经典一样，理雅各对《道德经》的翻译亦研精覃思。他广罗文献和参考注疏，又保持独立思考，为译作添加了长篇前言，以介绍其翻译背景和一些书中涉及的基本问题。[2]在前言中，他罗列了《道德经》的不同译文版本，并概述了自己译介时参考的译本及注疏文献等。他还用四章介绍性序言辨明了《道德经》的基本问题，介绍了阅读所需的道教基本知识。第一章中，理雅各回顾了道教的历史来由，对比了中国儒、道、佛三大信仰的特点及区别，认为《道德经》的成文不牵涉特定的时代背景，每一章节又无定题，这些既是该书神秘性所在，也增加了翻译的难度。第二章中，理雅各援引司马迁、韩非子和班固的典籍，又以汉代、隋代的大量史料加以辅证，断定《道德经》的作者就是老子，同时说明他的翻译尽可能忠实于原文，以《道德经》的分章结构为顺序分"道经"与"德经"。第三章辩论了不同译者对"道"内涵的把握及译法。理雅各提到翻译界有人将"道"译为"Way""Reason""Doctrine"，分别代表了对"道"的理解的不同侧重："Way"指自然之道；"Reason"有如汉字的"理"，是事物存在的内生动力；而"Doctrine"则偏向解释自然神秘之门的法则要义。他认为对"道"最好的处理方式是概念的直接输入或移植，而不是在英文世界寻求对等的词语。此外，理雅各认为老子的"道"与儒家的"天""上帝"等不是一个概念，不可混淆。道家认为"道"已经是至上的概念，所以在其典籍中很少出现"帝""天"等词语及相关描述。该章同时论及了"人道""天道""长生不老"等概念。第四章论述了司马迁著述中对老子及庄子的一些描述。理雅各对道教体系的考究颇深，甚为用功，而这恰是他正确译介《道德经》的必要条件。他为翻译所做

---

[1] 陈先芝：《从言语行为理论看理雅各〈道德经〉的英译及影响》，《安徽理工大学学报》（社会科学版）2011年第2期。

[2] James Legge, *The Texts of Taoism*, Oxford: The Clarendon Press, 1891, pp. 1-44.

的准备工作足以反映出他的目的并不局限于传播基督教，更多的是为中国
的传统国学智慧所吸引，希望在译介的过程中有所收获，借译介之法达成
对中国古典思想根基究查之实，最终通过概念的联通在两种哲学及文化系
统中搭建桥梁。至于总体翻译原则，理雅各坚持在任何情况下都以"信"
（faithfulness）为本——毋宁舍去地道及优美的语言，也要保有"信"。[1]
也就是，首要原则是忠诚地呈现原文的本意（represent the meaning of the
original），不添加原文意蕴之外的诠释（paraphrase）；在此基础上，则兼
顾行文的"雅"（elegant/grace of composition）与"俗"（idiomatic）。

二、文化负载词的翻译

可以说，理雅各译介的成功首先有赖于他对道家思想核心概念的正确
把握，这也是翻译的难点所在。因此，理雅各的首要准备工作就是厘清道
教的几个基本概念及确定传译的策略。

（一）"道"

"道"是《道德经》和道家最基础的信条。老子所言之"道"，作为
其思想核心和贯穿其思想体系的词语，与其他学派的"道"显然有着质的
区别。《道德经》分81章，其中有13章涉及对"道"的描述，"道"在
全文五千多字里共出现73次，不可谓不多。要理解《道德经》，对"道"
的把握就尤为关键。《说文解字》注解"道"为："道，所行道也。从辵，
从首。"可见"道"字最初作"道路"解。如《易经》的"复自道，何其
咎"（《小畜卦》），"履道坦坦"（《履卦》），"反复其道，七日来复"（《复
卦》）均是沿用道路的具象实在本意。而《左传》中"臣闻小之能敌大也，

小道大淫。所谓道，忠于民而信于神也"（《左传·桓公六年》）和"王禄尽矣，盈而荡，天之道也"（《左传·庄公四年》）等说，则把"道"的物质实义概念拔升至抽象之喻，表示规律或生活实践层面的准则典范。[1]中国不同哲学流派赋予了"道"不同内涵，比如中国当代著名哲学家、同样也是"儒莲奖"得主的冯友兰概括了"道"在哲学层面的几个用意范畴："道"的本意为道路，可以引申为道德正义之路。第二层意思指向生命的最高真理，"朝闻道，夕死可矣"。三则可指代哲学层面的宇宙，乃至大无外之意；而宇宙万事万物变化所依照的理，又可以称为"天道"。四指无极到太极之过程，指一切移易。如《易经·系辞传上》有言："一阴一阳之谓道"，就是指阴阳的变化。他认为道家所谓的"道"，是无，能生万物。[2]学界认为，倘若"道"是精神性的，是能生万物的根源，那老子便是坚定的唯心主义者。倘若"道"是物质性的万物的根源，那可断称老子其人是唯物主义者。事实上，"道"应是用作道路的延伸意义，本身并不含任何神秘色彩，也可以是指代天地间所有规律、法则、真理的总称。

　　老子在阐述规律的具体内容时，除了自然、社会规律，也会将一些伦理道德乃至违背规律的东西视为规律。至于儒道两家的"天""道"碰撞，王国维认为，儒家所谓"天"或"天志"不过是用来巩固道德政治的用具。"天""鬼"的说法不算精密，不成体系，不能称作形而上学。对宇宙做出真正周全讨论的，要从老子开始算起。确然，老子做了极彻底的思想变革，他打破了一直以来"天"为至高主宰的概念。在他看来，"天"并非普天之下的根本，"道"才是，并且"道"要先于"天"而存在，因此，"道"才是世界的最优解。[3]这种变革性的思想理念，更加吸引欧洲学者的探究兴趣。以"道"代替"天"或"鬼"解释事件发生的来由，显得更加理

---

〔1〕陈鼓应注译：《老子今注今译》，商务印书馆 2006 年版，第 23-33 页。
〔2〕刘梦溪主编：《中国现代学术经典：冯友兰卷》，河北教育出版社 1996 年版，第 66-70 页。
〔3〕陈鼓应注译：《老子今注今译》，第 169 页。

254

性和可控，也能在一定层面上安抚信众畏惧的情绪，以更温和的方式折服民众。因此，不同文化背景的介绍与翻译纷至沓来，他们试图从老子的"道"中找到哲学或宗教上的共鸣，以寻找上帝在东方留下的痕迹。最初传教士接触到《道德经》并做译介的时候，普遍认为《道德经》中蕴含着或多或少的基督教教义。这些传教士译者在释"道"时将其等同于基督教教义中的"上帝"去解释，而"道"也被理解成基督、造物主。[1] 17世纪末比利时传教士卫方济（François Noël）的拉丁文译本是《道德经》的首个译本，其中就将"道"译作"理性"（Ratio）、神明、造物者和统治者存在的根本原因（the Supreme Reason of the Divine Being）等。此后也多有译本如出一辙。英国剑桥伊利教区主教哈德威克（Charles Hardwick）作为首个用英文论述道教的作者，在其著作《基督与其他圣人》（*Christ and Other Masters*）中提出了不同的观点，他认为老子的思想"道"类同"自然"，"道"是事物的抽象归因，是生命与秩序的前置守则，具有抽象、永恒、无垠、无形的属性。"道"与儒家的"帝""上帝"不可类同或混为一谈。道家学派不以上帝为信仰归属，他们谋求借由一定的道义得以永生，这是其区别于其他组织性宗教之根本。此外，他又将道教与儒教及佛教异同及互相承接之处阐明。雷慕沙认为"道"的内涵难以传译，只有古希腊早期哲学家赫拉克利特（Heraclitus）提出的"逻各斯"（logos）这一概念最为靠近，古希腊文中该词的意思是话语，哲学寓意为万物规律或原理；在基督教神学体系中，该词为耶稣基督之代名词，万物规律之源头，包括绝对存在（souverain éfre）、理性（raison）和言词（parole）这三层意义。[2]

　　理雅各否定了将老子的"道"译为"nature"的译法，他认为用这个

---

〔1〕陈先芝：《从言语行为理论看理雅各〈道德经〉的英译及影响》，《安徽理工大学学报》（社会科学版）2011年第2期。

〔2〕James Legge, *The Texts of Taoism*, p. 12.

词来翻译"道"是对老子意志的偏离，"道"的范畴远超"nature"，既可以是抽象的因或创造者，也可以是解释宇宙现象的规律或方法。他还认为，"道"经常被译作"course/way/method"，但是对于特定的篇章来说不能一概而论，应该具体分析。在对道家体系做了深入的思考之后，理雅各认为"道是一种现象（phenomenon），而非积极的存有（positive being），它是一种存在的形式（mode of being）"。同时指出，翻译"道"最好的方法就是直接转写，而不是在英文中引入对等词。[1]所以理雅各翻译时直接采取了独特的音译转写方式，将"道"译为带音调提示的"Tâo"，以求完整保存"道"的音、形、义，只在少数固定表达如"天道""人道"上译为"the way of..."。可见理雅各在释"儒"、释"道"上并非一以贯之，而是辩证地采取了两种不同的翻译策略。儒家典籍多为世俗文本，面对儒家的"道"，他根据不同情境的具体意思寻求英文对等词并加以阐释，这种翻译可归属"释译"。而道家经典多为神圣文本，想法更加天马行空甚至脱离实际。因此，他在翻译道家的"道"时更多使用音译这种直接转译的译法，以保留其神秘性，将"道"带有的独特意蕴延伸至英语世界。这两种翻译模式正是理雅各在训诂考据、苦心钻研中国经典之后所采用的确当译法，既迎合了文本特色，又保证了译文质量，且尽可能贴近原文。需要注意的是，理雅各的理解与翻译都是以基督教信仰作为其前见的。尽管理雅各秉信老子的上帝和"道"都是无人格属性的存在，但他在译介的言语中仍然透露出其相信老子在心中也寻找着上帝，并会在偶然的机遇中发现上帝，将其视为"无因之因"（the Uncaused Cause）。[2]

（二）"德"

"德"是这部经书中的另一个关键议叙主题词，在书中复现44

〔1〕James Legge, *The Texts of Taoism*, p. 15.
〔2〕丁大刚：《理雅各中国典籍翻译研究》，上海师范大学博士学位论文，2017年，第224页。

256

次。[1]"德"的基本内涵也有事物规律、本性的意思。"德"的含义大致有二：一是先天的德，指代万物与生俱来的本能本性，如人一出生便会呼吸、吃食，此即为本能；二指后天的德，这需要人们后天的付出和学习。当人们尚未掌握全部的"道"时，已经掌握的那部分"道"便称为"德"。就二者的关系而言，如果"道"是存在，"德"便是对"道"的具体实践。又有"上德者，在德之上，道也"，将"德"做到最好，也就能成为"道"。[2]对于这两个既是标题也是全文关键的字眼，理雅各显然厘清了二者的内涵与关系。但对于"德"的翻译，理雅各坦言，很难在英语中找到比"virtue"更适合的词。他同时又表示，仅把"德"翻译成"virtue"是片面的，无法囊括"德"的全部意思，从而容易误导英语读者，把"德"译作"virtue"是折中的无奈之举。因此，除了标题采用音译为"Teh"，在对"德"的具体描述中，理雅各多译为"virtue"和"quality"，有时也会译为"the attributes of the Tâo"来强调其与"道"的归属关系。

（三）"无为"

儒家理念所强调的"修身养性""克己复礼""仁而有序"等义理，讲求秩序和管理，以求改造言行，维护社会和谐。道家学派则另辟蹊径，强调"无为"，这一与儒家迥乎不同的思想将人们从条框的约束和改造中释放出来，以另一种更加从容和更易接受的方式进行社会实践。统计发现，《道德经》中最高频的实词是"为"和"无"，分别出现116次和101次。[3]这两个高频词的组合恰好是老子哲学中的另一主题思想"无为"。"无"也是与"为"搭配最频繁的词语之一。

在此需要厘清的是，"无为"并不是无所作为之意。作为老子哲学

［1］刘杨：《基于语料库的〈道德经〉"无为"主题的翻译》，《牡丹江大学学报》2014 年第 2 期，第 118 页。
［2］杨慧林：《中西"经文辩读"的可能性及其价值——以理雅各的中国经典翻译为中心》，《中国社会科学》2011 年第 1 期。
［3］刘杨：《基于语料库的〈道德经〉"无为"主题的翻译》，《牡丹江大学学报》2014 年第 2 期。

中的基本主张，"无为"是"遵从万物之'德'的无强制性行为"[1]，是一种无心而为，劝诫人们不为达成某种目的而行动，而要顺应自然。"无为"要求摒弃拔苗助长式的心理，否则有可能导致目的性极强的妄为。老子的"无为"实际上站在了儒学"有为"的同一范畴之内，然则比"有为"的境界更高了一层，它的行事规则不是烦琐而令人生厌的规章条约，而是大道，是自然之规律，是一种更加解放而自由的"有为"思想。《道德经》中涉及"无为"的阐述有12处，如"是以圣人处无为之事"，"为无为，则无不治"，"为无为，事无事，味无味"，"我无为，而民自化"，"是以圣人无为，故无败"等。理雅各在翻译时多把"无为"译作"do nothing（with a purpose / on purpose / of purpose）"，也译作"without doing anything"和"without（thinking of）acting"等。[2]显然，理雅各在翻译时试图把老子"无为"的思想内核完整表述出来，在直译为"do nothing"的基础上又用括号加注"with a purpose"，说明他认为"无为"这种做法是有意识、有目的的，并不是一味地放任，将老子不以结果为重、顺其自然的延伸之意恰当地诠释了出来。同时，理雅各的译文也紧贴原文简洁深邃的行文特点，用简短直接的话语译之，以葆原文的文风。理雅各在翻译中国典籍中由"无"组成的词语时，倾向于用"without"的组合翻译，且基本能将要义正确翻译出来，如无为、无知（without knowledge）等。但也存在由于古汉语过于精简而导致他无法体悟正确内涵，最终造成误译或勉译的情况。如《左传》中记载："凡弑君，称君，君无道也；称臣，臣之罪也。"理雅各翻译时未能准确把握其意，译为"without principle？"，后置的问号表示不确定译解正确与否，造成了对原文牵强

---

[1][美]安乐哲、[美]郝大维：《道不远人——比较哲学视域中的〈老子〉》，何金俐译，学苑出版社2004年版，第40页。
[2]刘杨：《基于语料库的〈道德经〉"无为"主题的翻译》，《牡丹江大学学报》2014年第2期。

的翻译。[1]实际上，"君无道"指的就是暴君。无道之君的典型莫过于夏桀、殷纣之类。此处既然指暴君，那暴君的"无道"自然应该解读为"没有德政"，这样更能复现原文中鄙夷的情感，突出经学在陈明史事之外的褒贬之意。明晰此含义后在翻译时译为"brutal/cruel/tyrannical"或更确当。可见，即便有充足的知识储备，理雅各有时也会因汉字过于言简义丰，无法把握原作者在文中附加的情感调动而产生误读，从而影响译文质量。

（四）"阴"和"阳"

"阴"和"阳"是《道德经》乃至道家思想中独具特色的核心词语。区别于儒家学派以人为焦点的观念，道家关注的是自然界中的物质。且看下例：

万物负阴而抱阳，冲气以为和。[2]（《德经》第四十二章）

All things leave behind them the Obscurity（out of which they have come）, and go forward to embrace the Brightness（into which they have emerged）, while they are harmonised by the Breath of Vacancy.[3]

"阴""阳"这对概念不仅在《道德经》中出现，也屡见于《庄子》《周易》。且不论《周易》应当归属儒家经典还是道家经典，这三部典籍被称作"三玄"，便是因他们阐述的以"阴阳"等为代表的玄妙深奥的学问。"万物负阴而抱阳，冲气以为和"此句接在"道生一，一生二，二生三，三生万物"后，用来描述"道"的形成和转化。"一"为"道"从无至有的过程，"二"便是"阴"和"阳"。"阴阳"是自然界的初始样态，由

---

〔1〕James Legge, *The Chinese Classics*, Vol. 5, *Prolegomena*, Hong Kong: Hongkong University Press, 1960, p. 296.

〔2〕王卡点校：《老子道德经河上公章句》，中华书局1993年版，第169页。

〔3〕James Legge, *The Texts of Taoism*, p. 85.

"阴阳"又派生出天、地、人等物质实体，"阴阳"代表物质的正反两种特质，如刚柔、天地、明暗、盈亏等，但这却不是绝对的二元对立论。理雅各的高明之处在于他不将"阴""阳"统摄地翻译为"Yin""Yang"，而是根据具体语境和应用范式译为不同的词，以服务原词背后整体的思想流转。例如"阴阳之气有沴"一句，理雅各将"阴阳"翻译为气息的吐纳（His breath came and went in gasps）。

　　当然，理雅各也存在因先入为主的思维惯性而导致对"阴阳"翻译得不够全面的现象。例如，在《易经·系辞传上》中，理雅各将"一阴一阳之谓道"译成"The successive movement of the inactive and active operations constitutes what is called the course（of things）"。他将"阴"和"阳"解读为事物的"消极"（inactive）和"积极"（active）运作。又如，在《庄子·大宗师》中，理雅各将"阴阳于人，不翅于父母"里的"阴阳"音译为"Yin"和"Yang"，暗指抽象的"阴阳"之气对人的影响要大于父母的影响。[1]再如，在翻译《道德经》中的"万物负阴而抱阳"时，理雅各认为"阴阳"是"气"的两种元素，有好坏之分，由此将"阴"翻译成"Obscurity"，将"阳"翻译成"Brightness"，将整句话"负阴而抱阳"解读为要远离阴拥抱阳。实际上，这句话的意思应该是万物都拥有"阴"和"阳"。理雅各的误译很可能是出于"阴"为坏而"阳"为好的二元对立思维习惯，以及必须离坏而向好的前见。而据刘华文的研究，这种译法可能是对《庄子·田子方》"至阴肃肃，至阳赫赫"的呼应，"肃肃"为"Obscurity"，"赫赫"为"Brightness"。[2]

　　总之，理雅各对于"阴阳"的翻译方法可谓是"同例而不同旨"。"同例"指理雅各在不同典籍的翻译中存在描写、修辞及结构上的相同或相

---

〔1〕参见本书第二章理雅各翻译"五经"时"阴""阳"的译法。
〔2〕刘华文：《理雅各〈易传〉翻译的哲学中立化：一种自证和互证方法》，《孔学堂》2019 第 3 期。

似。"不同旨"意思是在文本义理上转换的不同，针对不同文本的具体内涵做了不同的翻译。[1]这样的翻译方法最大程度保证了他在理解的基础上针对具体文本做具体分析，保证译文质量和风格统一。但这也容易造成由于自身理解不全面而导致的少数翻译差漏。

（五）"有"和"无"

老子的哲学体系中有很多一正一反的词语，多以工整的对仗、相异的用词来言明不同行为、状态等带来的相反后果。除了"阴阳"，其中最显著的当数"有"和"无"这一对重要的道学概念。《道德经》开宗明义，首句就是："无名，天地之始；有名，万物之母。"理雅各译为"（Conceived of as）having no name, it is the Originator of heaven and earth;（Conceived of as）having a name, it is the Mother of all"。[2]因为《道德经》跟其他古代典籍一样，没有用标点划分断句，只有简单的章节划分的记号，所以关于"无名天地之始有名万物之母"的断句，不同学者有不同的理解。苏辙、王安石、梁启超等以"无，名天地之始；有，名万物之母"断句；河上公、王弼等以"无名，天地之始；有名，万物之母"断句。[3]若以"有 / 名，无 / 名"来断，"有无"可译为"Non-existence""Existence"，而根据理雅各将"无、有"译为"have no, have"以及他的断句来看，他大抵是采信了后者。他的"有名""无名"的译文同原文一样简短，同时断句和对仗也与他所理解的原文一致。

《道经》第二十二章"曲则全，枉则直，洼则盈，敝则新，少则得，多则惑"，理雅各的译文为"The partial becomes complete; the crooked, straight; the empty, full; the worn out, new. He whose（desires）are few gets

---

〔1〕林义正：《〈周易〉〈春秋〉的诠释原理与应用》，台湾大学出版中心出版 2010 年版，第 28-29 页。

〔2〕James Legge, *The Texts of Taoism*, p. 47.

〔3〕岳峰等：《中华文献外译与西传研究》，第 34 页。

them; he whose（desires）are many goes astray"^[1]。原文用了多对反义词，说明保持谦逊不争的益处。理雅各的翻译断成了两个意群。第一个意群以物为主体；第二个意群以人为主体，此处增译了人作为主语。前半句译文里，理雅各比较精准地将"曲／全""枉／直""洼／盈""敝／新"这几对反义词的意思诠释了出来，并且针对较多的对称词组，采用省略译法，直接留存实词使两个相反的用词靠近彼此，获取更加强烈的对比韵味。后面一句由于主语变换，理雅各将"少"和"多"、"得"和"惑"的对比融入了完整的句子中。用两个对仗的句子道出了因果关系。不过，他似乎漏掉了对两个相异之词转换条件的说明，如果没有作用条件，物质的相反性质为什么就能互相等同？如部分变成整体的条件是需要不断积累，旧变新则需要缝补或清洗。翻译得不全面，应适当增译，说明相反性质能够等同的条件。

（六）数词

数词也是《道德经》中极有代表性的词类之一。除了表示常规的具体数目，《道德经》的数词也具有在不同语境中服务于不同话语的特殊含义，既可表示数量的虚指，也可代表数量之后道家特有的抽象概念。道家哲学思想中的数词多不同于数学科学界的数词，背后有其深厚的哲学含义和人文韵味，不能简单地做数字上的对应直译。理雅各在翻译时，既深刻地把握了其中蕴含的中式哲学要义，又凭借其越来越自由的福音主义信仰及比较宗教的学术追求，将西方哲学内涵潜移默化地植入其中。如：

例1：视之不见，名曰夷；听之不闻，名曰希；搏之不得，名曰微。此三者不可致诘，故混而为一。^[2]（《道经》第十四章）

---

〔1〕James Legge, *The Texts of Taoism*, p. 65.
〔2〕王卡点校：《老子道德经河上公章句》，第 52–53 页。

262

> We look at it, and we do not see it, and we name it "the
> Equable". We listen to it, and we do not hear it, and we name
> it "the Inaudible". We try to grasp it, and do not get hold of
> it, and we name it "the Subtle". With these three qualities, it
> cannot be made the subject of description; and hence we blend them
> together and obtain The One.[1]

　　他对"一"的翻译一改之前版本中译的"unity"，而做了特殊处理，
译为单词首字母均大写的"The One"以突出其处理的异变之处。实则这
样的处理有两层含义：一、从基督教的角度，"The One"指救世主，理雅
各在此暗藏了他认为中西宗教至高神一致的想法；二、从哲学的角度看，
理雅各沿用了新柏拉图主义的哲学术语"The One"[2]。新柏拉图主义以普
拉提诺（Plotinus）为核心人物，是公元 3 世纪前后西方哲学史上最具影响
力的一个学派。在新柏拉图主义中，"太一"（The One）是指宇宙本原的
一种精神实在，是其哲学世界中的至上本原及第一原则。其他诸如存在、
理智、灵魂、形体等的具体实在均由其产生，遵循其规律运动。"太一"
这种万物本原所具备的唯一性、绝对性、无限性的特点，正好与"道"的
特征不谋而合。[3]此外，两种学说又同样浸润了丰富的神秘主义色彩和不
可知性。理雅各身怀东西方两个世界的哲学储备，深刻把握了"一"的独
特内涵，在翻译实践中用"同义借用"之手法，以其敏锐的哲学视角打通
了两者的联系，使西方世界的读者对这个特殊的"一"迅速地产生理解和
共鸣。

　　《道德经》中的数词有不少用以表示具体的数量，如"六亲"（six

---

〔1〕James Legge, *The Texts of Taoism*, p. 57.
〔2〕丁大刚：《理雅各中国典籍翻译研究》，上海师范大学博士学位论文，2017 年，第 222 页。
〔3〕黄玉婷、张凯斌：《柏拉图主义在奥古斯丁神学体系中的作用》，《史学月刊》2009 第 4 期。

kinships）、"三公"（three ducal ministers）等。

　　例2：五色令人目盲；五音令人耳聋；五味令人口爽。[1]（《道
经》第十二章）

　　（The repression of the desires）

　　Colour's five hues from the eyes their sight will take;

　　Music's five notes the ears as deaf can make;

　　The flavour's five deprive the mouth of taste.[2]

　　此章阐述"检欲"，警示人们勿要放纵欲望。"五色"指"青、赤、白、黑、黄"，"五音"指"宫、商、角、徵、羽"，"五味"指"酸、甜、苦、辣、咸"，在此借以指代锦衣玉食靡音。[3]理雅各在翻译时分别译作"colour's five hues""music's five notes""the flavour's five"，然后在注释中一一说明五色五味的具体所指，将五音类比成西方音乐的五音G、A、B、D、E，揭示这样描述的意思是要人们弃用这些奢靡的生活方式而回归简朴。这里针对数词采用的翻译方法是直译加注，在语句的处理上也讲求了与原文一样的对仗排布，同时押尾韵以保有原文的朗读之美感。应该说，理雅各在此处对数字的处理是正确的，"五"这个数字是确指而非泛指。有的译文会处理成泛指，如"too much color""too much music""too much taste"或"colors""sounds""flavors"[4]，大抵因为他认为颜色声音和味道远不止五种，这里的"五"只是一种虚指，是"很多"的意思。事实上，文中所指是构成丰富的色、味、音的基础元素，五色、

---

〔1〕王卡点校：《老子道德经河上公章句》，第45页。

〔2〕James Legge, *The Texts of Taoism*, p. 55.

〔3〕邓立光：《老子新诠——无为之治及其形上理则》，上海古籍出版社2007年版，第69-70页。

〔4〕岳峰等：《中华文献外译与西传研究》，第26页。

264

五音、五味足以调和成各种多彩的颜色、丰富的乐曲和复杂的口味。所以这里只需译出具体实在的"五"即可，不必将"多"的层面译出。理雅各深刻领会数字的内涵，又加以注释，努力消解文化跨越带来的理解上的障碍，让读者更好地体悟到东西方数字词语的差异和原作思想的内涵。

除了表示具体的数量，《道德经》中的数词还可以根据不同的语境用以泛指，表示数量的微巨或其他深层含义。汉语中形容数量之巨时常使用"百""千""万"等数词，此时已经脱离实指精确数目的意思，若在翻译时仅凭字面意思翻译，容易因词害意，造成在译语世界的误读。根据笔者考究，《道德经》中表数量之多的虚指数词搭配有"百谷""百姓""万物""万乘"等，不表示实际数目，只泛指数量上的多。理雅各在翻译这些数词时，或采取复数形式，或转换为"全部""所有"之意，突出原文所指代的数量之庞大。如"百谷"（all the valley streams）、"百姓"（people）、"万物"（all things）、"万乘"（a myriad chariots）[1]。这样的翻译尽管在对数词原型的传达方面有所折损，但能获取原文真正的含义。可以说，理雅各在原型直译和意义转达的"两难"中，选择了对内涵消损较小的一方。

《道德经》与数词有关的表达中，最经典的传颂话语莫过于"道化"一章。

例3：道生一，一生二，二生三，三生万物。[2]（《德经》第四十二章）

The Tâo produced One; One produced Two; Two produced Three; Three produced All things.[3]

---

〔1〕岳峰等：《中华文献外译与西传研究》，第24-25页。
〔2〕王卡点校：《老子道德经河上公章句》，第168-169页。
〔3〕James Legge, *The Texts of Taoism*, p. 85.

　　《河上公章句》对此句的解读为：道始所生者。一生阴与阳也。阴阳生和、清、浊三气，分为天地人也。[1] 从一、二、三到万说明世间万物的变化是量变，说明了世间万物的演化规律是从无到有、从少到多，慢慢丰富复杂，是一个循序渐进的过程。如前例所述，理雅各认为"一"是"The One"，是"道"。既然"道"就是"一"，那何来之"生"？他认为这里用"生"是想强调"道"从无到有的过程，或是从无名到有名的过程。《吕祖道德经解》视"一"为"天"，认为它是"道"的团聚形式；吕祖在《道德真经合解》中又将"道"视作原始的"气"。此后"气"又一分为二成为"阴阳"，之后又衍化成"天""地""人"。[2] 如果结合《易经》文化来解释，"三"则可以看作由阴阳三爻排列组合而形成的八卦。八卦与八卦的组合生成六十四卦，表"三生万物"。所以此处又可以将"道生一，一生二，二生三，三生万物"解读为八卦图的形成方式。理雅各认为"一"是"太一"（The One），也是原始的"气"，"二"是由这个原始的"气"分化而来的两种物质。至于"三"是什么，他本人认为很难下定论。在翻译时，理雅各优先选择直译"一、二、三"以表意，但同时将首字母大写以明示其具有特殊含义，译文后又加以注释说明几个数词的背后内涵和特定的文化思想特征。形义兼顾是对此类具有特殊意象的数词妥帖的翻译方式。

三、风格

　　理雅各曾三译《诗经》，第一部是非韵体，因学界异议很多，第二部译成韵体，第三部只选取宗教部分并回归非韵体。显然，非韵体与他个人

---

〔1〕王卡点校：《老子道德经河上公章句》，第 168-169 页。
〔2〕James Legge, *The Texts of Taoism*, p. 86.

266

的理念有关。但译《道德经》时情况又不一样了。与理雅各的其他儒典译本相比，《道德经》的一个显著特点是它具备诗学特征。儒学典籍是偏严肃的规劝型文本，讲求的是与政治理念的呼应，《道德经》的特点则更加鲜明。《道德经》原文是典型经学体，讲求的是与自然理念的呼应，是议叙性强、兼具启发性和阅读美感的议论长文。理雅各翻译时敏锐地捕捉到《道德经》主题的神秘性，其哲理描述中有其他经文所没有的韵律之美和情感起伏，虽然是议论文，却有语气强弱、抑扬顿挫之感，读来可以如诗歌一般朗朗上口。读者经由节奏产生情感共鸣，大大提升了《道德经》这一经典文本的美感和可接受性。

（一）诗韵

为了再现《道德经》的风格和韵律，理雅各采用了类似诗歌的翻译方式。他的多数译文像诗歌一样分行书写，同时翻译中也出现了不少押头韵、尾韵的处理，辅之以对仗行文、前后呼应、简化陈述等方法，让译文在形式和内容上向原文的诗歌意蕴靠拢。[1]如：

例1：天下之至柔，驰骋天下之至坚。无有入无间，吾是以知无为之有益。不言之教，无为之益，天下希及之。[2]（《德经》第四十三章）

The softest thing in the world dashes against and overcomes the hardest; that which has no（substantial）existence enters where there is no crevice.

I know hereby what advantage belongs to doing nothing（with a purpose）.

---

〔1〕李欣儒：《多元系统与译者身份对翻译策略的双重影响——理雅各林语堂英译〈道德经〉文化策略与诗学策略对比研究》，2015 年。http://www.sinoss.net/uploa dfile/2015/0515/20150515040550534.pdf, 2023 年 8 月 8 日。
〔2〕王卡点校：《老子道德经河上公章句》，第 173 页。

There are few in the world who attain to the teaching without
words, and the advantage arising from non-action.[1]

　　例 2 ：故常无欲以观其妙；常有欲以观其徼。[2]（《道经》第
一章）

Always without desire we must be found,

If its deep mystery we would sound;

But if desire always within us be,

Its outer fringe is all that we shall see.[3]

　　这两个句子的译文都在总体忠实流畅的基础上模仿了原文的诗性表达。它采用了诗歌分行断意的形式，兼具了诗歌的美感。不过，第一句的译文只在书写形式上向诗歌的分行写法靠近，整体则是语法比较完整的长句。它虽然在朗读的时候也有顿挫的美感，但显然更贴近《圣经》似的表达，语言朴素生动，如讲故事般向读者娓娓道来，使人不知不觉读之入神。[4]可惜，理雅各频繁的括号加注有使译文稍显冗余之嫌，影响了行文简洁的美感。第二句的译文则把原文的诗性特征贯彻得比较彻底。首先，他也将句子以句意划分，同样采用了诗歌的分行书写形式。其次，他又将原文的押韵移栽到了译文中。原文为"妙"和"徼"单押，理雅各在翻译时则采用了英语诗歌中的双行押韵，将"found"与"sound"、"be"与"see"两两押韵，韵脚分别为［aund］和［iː］。[5]这种对原文诗歌修辞样式的模仿大

〔1〕James Legge, *The Texts of Taoism*, p. 87.
〔2〕王卡点校：《老子道德经河上公章句》，第 2 页。
〔3〕James Legge, *The Texts of Taoism*, p. 47.
〔4〕李欣儒：《多元系统与译者身份对翻译策略的双重影响——理雅各林语堂英译〈道德经〉文化策略与诗学策略对比研究》，2015 年。http://www.sinoss.net/uploa dfile/2015/0515/2015051504550534.pdf，2023 年 8 月 8 日。
〔5〕岳峰等：《中华文献外译与西传研究》，第 40 页。

大增加了译文的美感，同时也让译文简洁而朗朗上口，富有节奏感和感染力，将翻译由文内的忠实推至美学对等的层次。

（二）"赋比兴"的转换与翻译

"赋比兴"是中国古代文学中常用的表现手法。"赋"指的是铺陈直述，将要说的话直接或以排比的方式表达出来；"比"指的是类比、比喻，以使人物对象的特点更加突出鲜明；"兴"是先言他物以引出所咏之词，即借用他物婉转地表述某种思想感情。"赋比兴"原为儒家学派所提出，在《诗经》中广泛使用，后成为古代文学尤其是诗学的基本创作原则和方法。《道德经》中也多有使用"赋比兴"的句子。如：

例1：天地不仁，以万物为刍狗。圣人不仁，以百姓为刍狗。

（《道经》第五章）

Heaven and earth do not act from（the impulse of）any wish to be benevolent; they deal with all things as the dogs of grass are dealt with. The sages do not act from（any wish to be）benevolent; they deal with the people as the dogs of grass are dealt with.[1]

"天地不仁，以万物为刍狗。圣人不仁，以百姓为刍狗"道出天地无所谓仁爱，它任由自然而为，对待万物犹如祭祀时草扎的小狗，任由其自生自灭，自相治理；圣人也与天地一道，任凭百姓自己发展。老子的这种思想正是站在了儒家思想的对立面，认为天地圣人都无"仁爱"可言，反对将"天""道"人格化。原文采用了对偶式排布，语句简洁一致，前后文仅更换主语，道出天地、万物、圣人、百姓之间的关系和自然无为的思

---

[1] James Legge, *The Texts of Taoism*, p. 50.

想。〔1〕此句采用了"比"的表现形式，将"万物"和"百姓"比作狗。理雅各在翻译时保留了"比"的本体和喻体，也沿用了排比式的表达，并对隐含之意用括号加注，不过这也使得译文在呈现上略显烦琐。

　　例 2：天长地久。天地所以能长且久者，以其不自生，故能长生。是以圣人后其身而身先，外其身而身存。〔2〕(《道经》第七章）

Heaven is long-enduring and earth continues long. The reason why heaven and earth are able to endure and continue thus long is because they do not live of, or for, themselves. This is how they are able to continue and endure. Therefore the sage puts his own person last, and yet it is found in the foremost place; he treats his person as if it were foreign to him, and yet that person is preserved.〔3〕

　　例 3：飘风不终朝，骤雨不终日。孰为此者？天地。天地尚不能久，而况于人乎？〔4〕(《道经》第二十三章）

A violent wind does not last for a whole morning; a sudden rain does not last for the whole day. To whom is it that these（two）things are owing? To Heaven and Earth. If Heaven and Earth cannot make such（spasmodic）actings last long, how much less can man!〔5〕

例 2、例 3 都用"天地"的道理劝诫众人，认为模仿天地这种至上的

---

〔1〕刘华文：《理雅各〈易传〉翻译的哲学中立化：一种自证和互证方法》，《孔学堂》2019 第 3 期。
〔2〕王卡点校：《老子道德经河上公章句》，第 25-26 页。
〔3〕James Legge, *The Texts of Taoism*, p. 52.
〔4〕王卡点校：《老子道德经河上公章句》，第 94 页。
〔5〕James Legge, *The Texts of Taoism*, p. 66.

270

规则才能使自身从中获益。两句均使用了"回指"。例 2 在描述"天长地久"后，即以"天地"二字回指，并以"天地尚不能久"顶真重复。例 3 则用"而况于人乎"的反问句式加强情感，回指前面的"孰为此者"〔1〕。这样的形式和语义层面的呼应给予了文字更强的表达力，增强了文章的抒情效果。两句同时也使用了"兴"的表现手法，先言天地而引言至人，将天地的道理引至人，以增强文章的说服力。理雅各在翻译时同样遵照"兴"的表述方式，先言天地后言人，并且增补中文省略的意思，用完整的英文表达，以求西方读者在没有相关文化背景的前提下能够最大程度地理解文中的奥义。理雅各在对后一句的翻译中，将问号变为感叹号，使句子实现了从问到答的衔接转化，也让原文从疑问变为感叹，升华了原文的情感。可见，理雅各针对《道德经》语句韵律的处理，首要原则仍是忠实。在敏锐捕捉原文的用语特色后，理雅各赋予了译文以诗学特征，采用诗歌的分行、对仗、押韵等形式以求最大限度地将原文的美等价转移。同时他又附加了自己的重新解读，有时也视原文的繁简程度和难易程度将文本转换为《圣经》似的朴素生动的故事表达，既可以宣扬自身信仰，也最大程度上降低了英语读者的识读难度，做到了哲学性、文学性和宗教性的有机统一。

（三）以耶释道

理雅各作为一名伦敦布道会传教士，他的翻译前见必然是将基督教教义融入中国经典以服务于传教，因此译文中难免出现道教与基督教、东方哲学与西方哲学之间的冲撞。学者贺莎莎、尹根德认为，理雅各对《道德经》的翻译可以看作一种侨易现象，也就是在侨移、变异过程中对译本和译者的影响，或者文化文明的碰撞。〔2〕的确，理雅各在英译和注解《道德经》过程中，有意无意地冲淡了原文的道教教义，取而代之的是彼时基督教和西方主

〔1〕刘华文：《理雅各〈易传〉翻译的哲学中立化：一种自证和互证方法》，《孔学堂》2019 第 3 期。
〔2〕贺莎莎、尹根德：《〈道德经〉理雅各译本的侨易细解》，《宜春学院学报》2021 第 11 期。

流的哲学思想。这就造成了如伍安祖所说的影响："所有的感知及其所带来的描述都经过文化前设、环境适应、语境需求和类比推论得到了调和，这样就使得抵达真理变得相当困难。"[1] 一方面，他在翻译的时候大体采取比较忠实直接的转换方式。另一方面，一旦抓取到原文中某些与自己的文化或信仰相似的概念时，他又主动加以替换，同时在译文之后的注解中运用基督教的教义和哲学背景加以描述。

例1：无名，天地之始；有名，万物之母。[2]（《道经》第一章）

（Conceived of as）having no name, it is the Originator of heaven and earth;（Conceived of as）having a name, it is the Mother of all.[3]

例2：天门开阖，能为雌乎？[4]（《道经》第十章）

In the opening and shutting of his gates of heaven, cannot he do so as a female bird?[5]

翻译"天地之始"时，理雅各把"始"翻译成"Originator"并大写。老子在这里说"始"是指万事万物的开始、始端。理雅各的翻译则带上了十分浓厚的神学色彩，消解了道家自然之始的意味。"Originator"多出现于《圣经》中，指世界的创造者，也就是上帝。理雅各此处以"Originator"

---

〔1〕伍安祖：《儒家在西方的解读：归化、营造与再造》，载刘笑敢主编《中国哲学与文化（第十辑）：儒学：学术、信仰和修养》，漓江出版社2012年版，第23—48页。
〔2〕王卡点校：《老子道德经河上公章句》，第1—2页。
〔3〕James Legge, *The Texts of Taoism*, p. 47.
〔4〕王卡点校：《老子道德经河上公章句》，第35页。
〔5〕James Legge, *The Texts of Taoism*, p. 54.

272

代替"origin"，是其在翻译过程中信仰的体现，让英语世界读者在阅读的时候能够自然地联想对应，以示文化自信。[1] 同样，在"天门开阖"一句中，理雅各将"天门"译作所谓的"天堂之门"（gates of heaven）。虽然他又在之后的注释中表示，"天门"据《河上公章句》是指呼吸器官鼻孔。既如此，"天门"在句中的意思应为北极紫微宫，倘若真要翻译，应该采用安乐哲和郝大维（David Hall）的译法，用自然之门（nature's gate）来表示更为中正妥帖。[2] 再结合此前理雅各以西方哲学视野的"太一"（The One）解读《道德经》中的"一"等例子，足见理雅各在翻译时虽能大体接受道家思想，并总体"保真"地向西方传送，却时刻未忘自身的教义宣扬，间或使用索隐式或加注等方式，企图将《道德经》的思想内核潜移默化地侨易为基督教的哲学要义，使道家思想在西方实现同化式传播。

四、结语

《道德经》虽仅五千多言，但这部以自然之道为阐述核心的道家经典辞约义丰，其中蕴含的中式哲学奥义远超现实经验，就易读性来说比更加"接地气"的儒学要典要难上不少。因此，《道德经》能成为在英语世界发行量仅次于《圣经》的书籍，作为传教士的译者及其译介起到了至关重要的作用，他们开启了对《道德经》研究引介的兴趣和狂潮，这也从一个侧面反映了传教士在该书的翻译上总体是十分成功的。[3]

理雅各是一位相当独立而不偏颇的阐释者，他以对待学术般的严谨

---

〔1〕李欣儒：《多元系统与译者身份对翻译策略的双重影响——理雅各林语堂英译〈道德经〉文化策略与诗学策略对比研究》，2015 年。
〔2〕贺莎莎、尹根德：《〈道德经〉理雅各译本的侨易细解》，《宜春学院学报》2021 年第 11 期，第 104 页。
〔3〕岳峰等：《中华文献外译与西传研究》，第 65 页。

273

原则诠释好每一个文本[1], 以经文辩读之思维[2], 坚持 "同情的理解"
(sympathetic understanding), 尽力理解中国国学要典的传统, 以严肃、严
谨的态度去 "与立说之古人, 处同一境界"[3]。

　　理雅各的《道德经》翻译以模拟原文、忠实直译为主, 既采用了增
译、注解等方式将书中简洁的三言、四言韵文语义完整清晰地转述至英文
中, 也将原文对偶、"比兴" 等修辞做到了诗学性的极致模拟, 使译文兼
具文学性、宗教性和哲学性之美。同时, 我们也应该看到理雅各囿于其宗
教前见, 对中国文化有从自身宗教哲学理念的解读, 产生了相应的译法,
但使我们看到了西方人眼中的中国文化。作为传教士, 理雅各希望在典籍
的译介中融入基督教教义, 达成对基督教的宣扬, 从而归化中国人, 实现
自己的身份使命; 作为汉学家, 他又希望将真实的儒、道等各家典籍原原
本本再现于英文世界, 把有创见性的别国思想带至自家读者面前, 以达到
从不同的思想中汲取养分、反哺自身、更新进步的目的。双重身份的冲突
和合一对他的译介产生了影响, 并一一反映于他的译文中。这样的矛盾随
着他对中国文化理解的愈加深入而得到调和, 最终开辟出一条带有浓厚个
人风格的《道德经》译介之路。

第三节　《孝经》: 深度翻译, 以耶释儒

　　将译文辅之以注释、评论, 共同揭示出原文隐藏的意义和翻译者的
意图, 是为深度翻译。中西方文化之间存在巨大差异, 深度翻译显得尤

---

〔1〕Lauren F. Pfister, "Mediating Word, Sentence, and Scope without Violence: James Legge's Understanding of
' Classical Confucian' Hermeneutics" , pp. 373–374.
〔2〕杨慧林:《中西 "经文辩读" 的可能性及其价值———以理雅各的中国经典翻译为中心》,《中国社会科
学》2011 年第 1 期。
〔3〕管恩森:《中西 "经文辩读" 的历史实践与现代价值》,《中国人民大学学报》2012 第 5 期。

为重要。通过添加原文中未见的"文外内容"，翻译者可以提供见解，弥合目标语言受众的文化差异，由此读者能够全面理解原作及其文化背景，从而更深入地欣赏作品内容。在深度翻译中，副文本是独有的特征，它充当了主文本与读者之间协调沟通的媒介。理雅各《孝经》英译中的注释、序言等副文本元素，对翻译文本中可能缺失或未能充分传达的额外内容，起到了进一步解释和推动探索的作用。

一、副文本因素

序言作为副文本的重要组成部分，介绍原文内容、提供背景信息、引导读者进入文本世界。理雅各按照主题将《孝经》序言分为三章：第一章介绍《孝经》书名、内容、作者以及前身（汉代以前的版本）；第二章介绍《孝经》在汉代的发掘、流传以及唐玄宗注疏本的刊行；第三章介绍唐代以来对《孝经》的批评研究。其中论及的文献多达 50 种，其中提到书目类的文献有 5 种，注疏类文献 22 种，包括司马光的《古文孝经指解》、范祖禹的《古文孝经说》、朱熹的《孝经刊误》等，以及魏文侯、梁武帝、唐玄宗、清世祖、清圣祖、清世宗等君王对《孝经》的注解。[1]

> The Chinese character pronounced Hsiâo, which we translate by "Filial Piety", and which may also perform the part of an adjective, "filial", of a verb, "to be filial", or of an adverb, "filially", is one of the composite characters whose meaning is suggested by the meanings of their constituent parts combined together...[2]

---

〔1〕熊俊：《布迪厄"资本"论下的理雅各〈孝经〉深度翻译》，《翻译界》2018 年第 1 期。
〔2〕Max Müller, *The Sacred Books of the East*, Vol. Ⅲ（2nd edition）, Oxford: The Clarendon Press, 1895, p. 449.

　　在每一章中，每个待阐明的问题都分段叙述并以数字标注，每段左侧
附上该段大意，方便读者理解把握。如上例第一章第一节介绍《孝经》书
名。此节中，理雅各分析了"孝"的含义以及构成要素，并于左侧附上段
落大意："Meaning of the character Hsiâo（孝的含义）"。

　　在准备《孝经》的翻译过程中，理雅各参考借鉴了四种翻译版本。其
中有两种是他本人早期用以练习所翻译的：第一种是仅作为提高中文水平
的练习。第二种是为了准确理解孔子关于孝道的论述而留下的译稿。第三
种是发表于《中国丛报》第四卷（1835 年）的翻译。理雅各认为译文准
确性有待商榷，且几乎没有注释。第四种是法国传教士韩国英（P. Cibot）
的论述，其中包括《孝经》的法译文。韩国英的法译文虽是从古汉语直接
翻译而来，但几乎都是阐释性的翻译，在忠实度上有一定欠缺。理雅各认
为自己的译本相比韩国英版本更能准确、紧密地表达中文原文的意思。[1]
其中，注释起到了重要的作用。

　　注释常起到对译文补充说明的作用。作为一种翻译的补偿手段，能有
效弥合翻译时原文在译文中"缺失"的现象。

（一）语言类注释

语言类注释指原文语言文字现象或字面意思。[2]

　　　　夫孝，德之本也，教之所由生也。（《孝经·开宗明义》）

　　　　Now filial piety is the root of（all）virtue, and（the stem）out

　　of which grows（all moral）teaching.[3]

　　　　（注释："All virtue" means the five virtues principles, the constituents

　　of humanity, "benevolence, righteousness, propriety, knowledge, and

〔1〕Max Müller, *The Sacred Books of the East*, Vol. Ⅲ（2nd edition）, pp. 462–463.

〔2〕唐艳芳：《李渔〈十二楼〉英译注释历时对比研究》，《燕山大学学报》（哲学社会科学版）2018 年第 5 期。

〔3〕Max Müller, *The Sacred Books of the East*, Vol. Ⅲ（2nd edition）, p. 466.

276

fidelity".）

　　例子中的"德"在中文的语境中一般指"仁、义、礼、智、信"五大美德。在翻译该句时，为了使英语读者准确理解"德"的全部含义，理雅各直译"德"为"virtue"，并增译"all"以示"德"不止一种含义，最后用注释全面解释。

（二）文献类注释

　　文献类注释提示引文出处或延伸阅读的文献信息。[1]

　　甫刑云：一人有庆，兆民赖之。（《孝经·天子》）

　　It is said in（the Marquis of）Fu on Punishments: The One man will have felicity, and the millions of the people will depend on（what ensures his happiness）.[2]

　　（注释: See the Shu V, xxvii, and the note on the name of that Book.）

　　上例中的"甫刑"是《尚书·吕刑篇》的别名。吕为吕侯，一作甫侯，故译文中增译"Marquis"以示身份。理雅各用注释引出相应的文献信息，使读者更好地掌握文中含义及原始出处。

（三）文学类注释

　　文学类注释是指提供文学背景知识或文学创作手法等信息的注释。[3]

　　大雅曰：无念尔祖，聿修厥德。（《孝经·开宗明义》）

　　It is said in the Major Odes of the Kingdom: ever think of your

〔1〕唐艳芳：《李渔〈十二楼〉英译注释历时对比研究》，《燕山大学学报》（哲学社会科学版）2018年第5期。
〔2〕Max Müller, *The Sacred Books of the East*, Vol. Ⅲ（2nd edition），p. 468.
〔3〕唐艳芳：《李渔〈十二楼〉英译注释历时对比研究》，《燕山大学学报》（哲学社会科学版）2018年第5期。

ancestor, cultivating your virtue.[1]

（注释: See the Shih King, III, i, ode 2, stanza 4. Kû Hsî commences his expurgation of our classic with casting out this concluding paragraph; and rightly so. Such quotations of the odes and other passages in the ancient classics are not after the manner of Confucius. The application made of them, moreover, is often far-fetched, and away from their proper meaning.）

文献类注释在理雅各《孝经》英译中一般只注明出处，而文学类注释在注明出处后，还会增加一段对该引用的评注。《孝经》常引《诗经》，以显其义，因为《诗经》在经学上的诠释灵活性很大，尤其是在引的过程中经常脱离原诗的语境，只取其特定诗句的大义，这就意味着引《诗经》的经学意义并不在于固守某一首诗的具体原意，而是使诠释具有开放性[2]。故而在上例中，理雅各在评注里认为难免有些偏离原意的牵强（"often far-fetched, and away from their proper meaning"）。

（四）文化类注释

文化类注释提供原文典故、历史、地理、习俗等信息。[3]

圣治章

The Government of the Sage 476[4]

（注释: "The sage" here must mean the sage sovereigns of antiquity,

---

〔1〕Max Müller, *The Sacred Books of the East*, Vol. III（2nd edition）, p. 467.

〔2〕蔡杰:《尊王与敬天:〈诗经〉与〈孝经〉的融汇》,《哈尔滨工业大学学报》(社会科学版) 2021 年第 4 期。

〔3〕唐艳芳:《李渔〈十二楼〉英译注释历时对比研究》,《燕山大学学报》(哲学社会科学版) 2018 年第 5 期。

〔4〕Max Müller, *The Sacred Books of the East*, Vol. III（2nd edition）, p. 476.

278

who had at once the highest wisdom and the highest place.）

上例中"圣"指中国古代的圣人，一般指传续儒门道统之代表；"圣治"指圣人治理天下之道。"圣"文化意蕴极深，但英语读者可能将其简单理解成"聪明的人"，故理雅各添注使读者准确把握原文所传达的意思。

（五）翻译类注释

翻译类注释指解释原文内容删减、增补、调整等情况。[1]

子曰：先王有至德要道，以顺天下，民用和睦，上下无怨。汝知之乎？（《孝经·开宗明义》）

The Master said, "The ancient kings had a perfect virtue and all-embracing rule of conduct, through which they were in accord with all under heaven. By the practice of it the people were brought to live in peace and harmony, and there was no ill-will between superiors and inferiors. Do you know what it was?" [2]

（注释：Both the translator in the *Chinese Repository* and P. Cibot have rendered this opening address of Confucius very imperfectly.）

从注释中能看出理雅各曾认真研读各家所译的《孝经》，并将自己的译文与之比对。

（六）知识类注释

知识类注释指介绍译出语社会生活等相关知识的注释。[3]

---

[1] 唐艳芳：《李渔〈十二楼〉英译注释历时对比研究》，《燕山大学学报》（哲学社会科学版）2018 年第 5 期。

[2] Max Müller, *The Sacred Books of the East*, Vol. Ⅲ（2nd edition），p. 465.

[3] 唐艳芳：《李渔〈十二楼〉英译注释历时对比研究》，《燕山大学学报》（哲学社会科学版）2018 年第 5 期。

三者备矣，然后能守其宗庙。(《孝经·卿大夫》)

When these three things—（their robes, their words, and their conduct）—are all complete as they should be, they can then preserve their ancestral temples.[1]

（注释：Their ancestral temples were to the ministers and grand officers what the altars of their land and grain were to the feudal lords. Every great officer had three temples or shrines, in which he sacrificed to the first chief of his family or clan; to his grandfather, and to his father. While these remained, the family remained, and its honors were perpetuated.）

宗庙制度是中国祭祀礼制之一，是儒家所重视的政治哲学内容，是中国传统文化中的重要组成部分，既体现了中华民族慎终追远、认祖归宗的孝道情怀，也体现了中国人民的历史传承和文化认同。因此，若译文中只出现"ancestral temples"，读者可能会不知所云，所以该注释有助于传达"宗庙"一词背后包含的历史文化底蕴。

二、文化负载词

《孝经》作为儒家"十三经"之一，是阐述孝道和孝治思想的中国古代儒家经典著作，蕴含着深厚的儒家文化背景。书中的大量文化负载词以"孝"为中心，反映了中华民族自古对人类和自然的认知，集中阐释了儒家的伦理思想和孝道文化的精髓。孝文化的译介实质上是一种文化翻译。在文化翻译的过程中，通常会遇到不同程度的文化差异或默认。当涉及根

---

[1] Max Müller, *The Sacred Books of the East*, Vol. Ⅲ（2nd edition）, p. 470.

280

深蒂固的传统文化价值时，确保准确翻译是一项艰巨的任务。理雅各成功
地做到了这一点。在《孝经》的翻译中，他娴熟地平衡忠实性和可读性之
间的关系，在保持孝文化原始本质的基础上，与译作读者的文化背景建立
关联。

例1：夫孝，天之经也，地之义也，民之行也。(《孝经·三才》)

Filial piety is the constant（method）of Heaven, the righteousness of Earth, and the practical duty of Man.[1]

作为《孝经》的核心思想，"孝"是中国人最基本和最具决定性的价值观之一，也是发展其他人类优秀品质的先决条件。在《孝经·开宗明义》中，"身体发肤，受之父母，不敢毁伤，孝之始也"是古代为人子女必须奉行的行为准则，因为只有保证自身的健康成长，才能更好地履行孝道。《说文解字》说："孝，善事父母者。"段玉裁《说文解字注》载："《礼记》：孝者，畜也。顺于道。不逆于伦。是之谓畜。"《康熙字典》载："《书·尧典》：克谐以孝。"《辞源》载："旧时称善事父母为孝。"《古汉语常用字字典》载："尽心奉养和服从父母。"以上对"孝"的解释有一个共同点，就是尽心竭力地侍奉父母，这就是"孝"的本义。[2]

理雅各将"孝"一词翻译为"Filial piety"，并以此作为该译本"孝"的固定译法贯穿全文。"Filial"在英语的语境中是"与子女相关"的含义，理雅各的翻译抓住了"孝"的本义，表达出了孩子对父母的责任以及他们之间的关系。《孝经·开宗明义》又云："夫孝，始于事亲，中于事君，终

〔1〕Max Müller, *The Sacred Books of the East*, Vol. Ⅲ（2nd edition）, p. 473.
〔2〕黄宇杰：《翻译对等论观照下〈孝经〉概念术语的英译》，《浙江工商职业技术学院学报》2014年第3期。

于立身。"这说明除了侍奉父母, 尽孝道, "孝"还体现在同君主的关系以及为人处世和道德修养上。除了理雅各所译的"Filial piety", 《孝经》中"孝"的译法还有"filial duty"[1]"the duty of children to their parents"[2]"family reverence (xiao)"[3]等。"filial"一词将"孝"的范围局限在对家庭的责任上, 可算是突出了"孝"的基本含义, 就是对父母的孝道。值得注意的是, 理雅各选用的"piety"一词, 除了表达对父母的尊敬, 还有宗教虔诚或灵性美德之意, 暗示了对上帝的尊敬或对宗教义务的虔诚履行。如前所述, 这是由理雅各的身份决定的。理雅各 1843 年来华传教, 同时翻译、研究中国古代经典。他的首要身份是传教士, 因此他的著作中有着宗教融合的倾向。理雅各认为中国与西方宗教文化中的至高神是相同的, 在中国人的认知中存"上帝"。理雅各认真研读中国经典, 力图在中国古经中找到证据, 证明儒经中的"上帝"就是基督教的最高神"God"。他认为中国经书中记述的超自然现象是至高神的神迹, 就用英文中表示主宰人类、创造万物的至高神"God"来表达。除了将"孝道"以基督教词语"piety"译出, 理雅各还将"天"译为"heaven", 把中国的"天"等同于基督教的"heaven"(天堂)。他认为, "天"相当于《旧约》的至高神"耶和华"的名字, 而"帝"就是"God"。[4]

　　以耶释儒的翻译方法使读者将中国文本中"天"和"孝"的原始含义与基督教中的"heaven"和"piety"等同起来。理雅各使用基督教术语来翻译中国典籍中的哲学术语, 希望读者能通过熟悉的基督教术语强化基督教与中国哲学概念的联系。

---

[1] Elijah Coleman Bridgeman, "Filial Duty", *Chinese Repository*, 1835, pp. 345-353.

[2] Ivan Chen, *The Book of Filial Duty*, London: E. P. Dutton & Co., 1908.

[3] [美] 罗思文、[美] 安乐哲:《生民之本:〈孝经〉的哲学诠释及英译》, 何金俐译, 北京大学出版社 2021 年版。

[4] Max Müller, *The Sacred Books of the East*, Vol. Ⅲ (2nd edition), p. 478.

282

例 2：先王有至德要道，以顺天下，民用和睦，上下无怨。
汝知之乎？（《孝经·开宗明义》）

The ancient kings had a perfect virtue and all-embracing rule of conduct, through which they were in accord with all under heaven. By the practice of it the people were brought to live in peace and harmony, and there was no ill-will between superiors and inferiors. Do you know what it was?[1]

《孝经·开宗明义》云："夫孝，德之本也。"说明"孝"包含在"德"的范畴之内。道德作为一种深刻抽象的社会理性存在，道德哲学家们面临着一个根本性的探讨，即道德教育从何开始，要求何种人格品质、心理动力和行为规范？《孝经》对此给出了实现的目标和途径。这就是把"孝"作为入门之德与道德根本。[2]理雅各深知"孝"为"至德要道"，认为"孝"是完美的品德（perfect virtue），是包罗万象的行为准则（all-embracing rule of conduct），给予了"孝"最高的地位。中西方的伦理体系和道德规范造就了双方不同的道德内涵，西方的"德"（virtue）强调个人，而中国的"德"是一种群体约束；西方的伦理道德以性本恶为出发点，而中国儒家强调性本善。所以理雅各将"德"翻译成"virtue"是在中西观念融合的视域下进行的。

"顺"也是"孝"的含义之一。《孝经·三才》中说："夫孝，天之经也，地之义也，民之行也。"证明古人把"孝"抬到"天经地义"的高度，认为"孝"是自然规律的体现，因此理雅各将例 2 里的"以顺天下"中的"顺"译为"were in accord with"。此外，理雅各在翻译"顺"时，注意

---

〔1〕Max Müller, *The Sacred Books of the East*, Vol. Ⅲ（2nd edition），p. 465.
〔2〕张国强、梅柳：《〈孝经〉道德教化思想探析》，《湖南工程学院学报》（社会科学版）2007 年第 2 期。

到了"顺"在不同语境下的语义变化。

　　　　例 3：故以孝事君则忠，以敬事长则顺。(《孝经·士》)

　　　　Therefore when they serve their ruler with filial piety, they
　　are loyal; when they serve their superiors with reverence, they are
　　obedient.[1]

　　这里理雅各选用了"obedient"来翻译"顺"，传达给译文读者的是
等级森严的儒家上下级关系，因为"obedient"强调等级性、盲目性，指
不加质疑地服从于权威或上级的命令。[2]"孝"统诸德，成了人伦道德
的至上者，既是至高无上的美德，亦是用来治理天下的非常重要的道理。
要想"以顺天下"，需要社会各阶层人士践行"礼孝"，而"礼"是礼
仪制度，展示社会等级秩序，维护贵贱上下、尊卑长幼、男女有别的传
统。理雅各对"顺"的翻译总体上是消极的，特别是涉及等级关系时，
多用"obedient""obedience""submissive""submissiveness"这类词语，
给读者展示的是等级森严的儒家父权制度，君主和家长以"孝""顺"要
求臣民及家庭中的其他成员，不得置疑。[3]在理雅各《孝经》译本产生的
时代，"维多利亚的道德"是 19 世纪英国意识形态领域的主流，旨在维持
社会等级关系，让下层民众服从统治阶级。所以，理雅各的措辞会受到其
所处社会的价值观及意识形态的影响[4]，将例 2 中的"上下"译为等级观
念强烈的"superiors and inferiors"，即长对幼、上对下的统领及幼对长、
下对上的顺从。

---

[1] Max Müller, *The Sacred Books of the East*, Vol. Ⅲ（2nd edition）, p. 470.
[2] 段彦艳、张虹:《深度翻译:〈孝经〉误读的历史性纠正与重构》,《河北学刊》2016 年第 5 期。
[3] 张虹、段彦艳:《译者行为批评与〈孝经〉两译本中评价意义的改变》,《解放军外国语学院学报》2016
年第 4 期。
[4] 段彦艳、张虹:《深度翻译:〈孝经〉误读的历史性纠正与重构》,《河北学刊》2016 年第 5 期。

284

三、句法层面

译文的完整性取决于译者理解的准确性。完整的句意表达必须经历原文理解和原意传达两个过程。在原文理解过程中，译者的主要关注点是原文，努力了解原作者的真实意图和表达方式。而在传意过程中，译者的关注点则转向翻译文本的读者，努力传达原作者的意图。英语和汉语属于不同的语法系统。在语言连贯性方面，英语主要基于语法来连接语言成分，而古汉语主要依赖于语义的内在逻辑关系。古文精练，常意在文外，句与句之间虽有逻辑，但句间少用关联词，且常省略主语，故译者需把握句子各个成分的基本内容。

（一）完整化

为了确保译文句意清晰、语言流畅，有必要适当地补充原文本中隐含的语义成分和省略的语法成分。理雅各在《孝经》的翻译上主要通过增译的手段来实现这一目的。

例1：夫孝，德之本也，教之所由生也。（《孝经·开宗明义》）

（It was filial piety.）Now filial piety is the root of（all）virtue, and（the stem）out of which grows（all moral）teaching.[1]

通过在译文中增加括注的方式，理雅各提高了信息传达的准确性和完整性，让译文更贴近原文的情感和意图，有助于读者更好地理解原文的复杂含义，确保信息传达的精确性。理雅各在括号中添加的"It was filial

---

[1] Max Müller, *The Sacred Books of the East*, Vol. Ⅲ（2nd edition）, p. 466.

piety"，其实是回答前一句孔子对曾子的提问："先王有至德要道，以顺天下，民用和睦，上下无怨。汝知之乎？"此处增译突出孔子对曾子解释"至德要道"之义，随后的"all""the stem""all moral"都是在进一步强调"孝"是中华民族的德之根本。显然，理雅各通过对句子之间的意义关系的分析，对原文略去的句意进行增补，力求译文清晰、准确、流畅。所以，他的翻译虽以直译为主，但绝非逐字硬译。

例 2：爱亲者不敢恶于人，敬亲者不敢慢于人。(《孝经·天子》)

He who loves his parents will not dare（to incur the risk of）being hated by any man, and he who reveres his parents will not dare（to incur the risk of）being contemned by any man.[1]

《孝经·天子》讲述天子的孝道。天子虽然地位尊贵，但也是父母所生，天子的言行是一种示范，天子如果能够以身作则，爱敬父母，那么人民一定会受其感化，都能尽孝。孝道的概念不仅仅是关心父母，还包括更广泛的社会美德，如履行责任尽心，为政公正无私。如果天子德行有瑕，父母将为此感到羞耻。因此，原文之意是在警示人们要对自己的行为保持警惕，始终提醒自己坚守诚实和正直。培养孝道和道德责任不仅提升了自身品德，还会流传到集体当中。这种价值观培育了个人和集体的孝道，促进了民众之间的和谐。此例中，"不敢恶于人"和"不敢慢于人"，即担心可能因为自己的行为而招致他人的反感或轻视。为了确保译文传达出原文所说的潜在风险，理雅各选择在括号中添加了"to incur the risk of"这样的修饰语。这样一来，译文更清楚地强调了行为可能导致的风险，同时保持了原文中的情感和语气。

[1] Max Müller, *The Sacred Books of the East*, Vol. III（2nd edition）, p. 467.

286

例 3：父子之道，天性也，君臣之义也。(《孝经·圣治》)

The relation and duties between father and son,（thus belonging to）the Heaven-conferred nature,（contain in them the principle of）righteousness between ruler and subject.[1]

《孝经》整体以简洁和精练著称，越是如此，翻译过程中越需谨慎。面对原文中的复杂语气和上下文关系，理雅各通过在括号里加入原文中隐藏的信息来忠实地将中国的孝道文化传递给目的语读者。原文阐明"父子之道"是天性，该天性自古有之、中外不变。在中国古代语境里，父子关系是君臣关系的根本，君臣关系是父子关系的延伸。增译"thus belonging to"体现了中国古代的君臣义。所谓君臣之义就是上级与下级的关系，"contain in them the principle of"无疑更加精确地表达了上下级之间的原则，并且连接了上下句，如实地反映了上下级关系类似父子关系，如同子需对父尽孝，下级亦需对上级尽忠，君臣才能上下和睦。

（二）结构存留

理雅各在句式结构上也下了一番功夫。古文注重形式与规范，常以四字结构、排比、对偶为美，一般有严格的韵律、句式结构和字数限制等，理雅各在保证原意流畅传达的基础上，尽可能地保留了原文的形式美。

例 1：资于事父以事母，而爱同。资于事父以事君，而敬同。(《孝经·士》)

As they serve their fathers, so they serve their mothers, and they love them equally. As they serve their fathers, so they serve

---

[1] Max Müller, *The Sacred Books of the East*, Vol. Ⅲ（2nd edition）, p. 479.

their rulers, and they reverence them equally.[1]

例2：故得人之欢心，以事其亲。(《孝经·孝治》)

Thus it was that they got their men with joyful hearts（to assist them）in the service of their parents.[2]

例3：教民亲爱，莫善于孝。(《孝经·广要道》)

For teaching the people to be affectionate and loving, there is nothing better than filial piety.[3]

《孝经》属语录体著作，"言重记"，篇幅虽小，理却透彻，以言简意赅、意广词微为语言特征。书中几乎皆为富有哲理与启示之语句，无长篇大论、冗语累牍、晦涩难解之语，使人于悠闲雅致的阅读中，受孔子深邃思想与绝妙韵致之熏陶，于潜移默化中受教，亦使《孝经》观点易为人们所接受认同。[4]从上面三个例子的译文中不难看出，理雅各的译文措辞朴素，多用小词，句式上也以简单句为主，还原了意广词微的原文风格。

例4：居上不骄，为下不乱，在丑不争。(《孝经·纪孝行》)

He who（thus）serves his parents, in a high situation will be free from pride, in a low situation will be free from insubordination, and among his equals will not be quarrelsome.[5]

---

[1] Max Müller, *The Sacred Books of the East*, Vol. Ⅲ（2nd edition）, p. 470.

[2] ibid, p. 474.

[3] ibid, p. 481.

[4] 马书瑜：《常读常新 照耀古今——〈孝经〉艺术特色探微》，《齐齐哈尔师范高等专科学校学报》2019年第3期。

[5] Max Müller, *The Sacred Books of the East*, Vol. Ⅲ（2nd edition）, p. 481.

288

例 5：在上不骄，高而不危。（《孝经·诸侯》）

Above others, and yet free from pride, they dwell on high, without peril.[1]

《孝经》运用的语言直接简洁，不留任何模糊之处，明确教导世人什么是应该做的，什么是应该避免的。这种简单明了的语调，加上简洁准确的语言，铸就了言简意赅、寓意深邃的文风，即能用一句话说清楚的绝不多说另一句，能用一个字表达的绝不多用一个字，可谓惜字如金。[2]上面两例均以四字词结构呈现，符合古文特色，反观译文，以小句居多，且每句结构精练，句与句之间没有逻辑连接词，句式结构上贴近汉语古文。

例 6：非先王之法服，不敢服。非先王之法言，不敢道。非先王之德行，不敢行。（《孝经·卿大夫》）

They do not presume to wear robes other than those appointed by the laws of the ancient kings, not to speak words other than those sanctioned by their speech, not to exhibit conduct other than that exemplified by their virtuous ways.[3]

例 7：夫孝，始于事亲，中于事君，终于立身。（《孝经·开宗明义》）

It commences with the service of parents; it proceeds to the service of the ruler; it is completed by the establishment of character.[4]

---

〔1〕Max Müller, *The Sacred Books of the East*, Vol. Ⅲ（2nd edition）, p. 468.

〔2〕马书瑜：《常读常新　照耀古今——〈孝经〉艺术特色探微》,《齐齐哈尔师范高等专科学校学报》2019年第 3 期。

〔3〕Max Müller, *The Sacred Books of the East*, Vol. Ⅲ（2nd edition）, p. 470.

〔4〕ibid, pp. 466–467.

　　例8：夫孝，天之经也，地之义也，民之行也。(《孝经·三才》)

Filial piety is the constant（method）of Heaven, the
righteousness of Earth, and the practical duty of Man.[1]

　　在修辞方面，《孝经》频见排比等手法，语言有气势，说理明晰，充分展现了孔子有力的修辞技巧。[2]理雅各的译文也利用排比，保留了汉语对仗工整的句式结构。例6中结构为"非先王……不敢……"，在译文中运用"... not to do... other than... by..."实现了排比的工整对仗。例7中有三组并列结构"始于……中于……终于……"，译文的三组小句也以"commences with... proceeds to... completed by..."，即"动词＋介词"的形式呈现，并伴随着带有介词"of"的名词短语"the service of parents""the service of the ruler""the establishment of character"。例8也同样运用了带有介词"of"的名词短语还原了"……之……"的词序结构。

　　综上，理雅各《孝经》译本重视副文本元素，其序言和大量注释起到了提供背景知识、解释文化术语、补充原文省略信息的作用，有助于读者的全面理解。在文化负载词方面，理雅各保留"孝"的核心意义，但也受其传教士身份的影响，使用了具有宗教意味的词语来翻译"孝"；针对"顺"一词，理雅各根据不同语境选择不同的译法。在句法层面，理雅各尽可能保留原文风格，通过增译、括号内补充等手法使句子完整，通过排比、介词短语等句式还原原文修辞形式。总体来说，理雅各力求忠实再现《孝经》的文化内涵，但其身份及时代背景还是对译文产生了一定影响。该译本对后世研究具有重要参考价值。

---

〔1〕Max Müller, *The Sacred Books of the East*, Vol. Ⅲ（2nd edition）, p. 473.
〔2〕马书瑜：《常读常新　照耀古今——〈孝经〉艺术特色探微》，《齐齐哈尔师范高等专科学校学报》2019年第3期。

第五章　理雅各汉学思想特征及其成因

　　我们需要从宏观层面分析传教士汉学家翻译中国典籍的社会历史背景，因为传教身份与翻译取向存在内在联系。就理雅各的个案而言，从微观层面探讨其个人经历如何影响其翻译观念和实践颇有揭示意义。理雅各的非国教背景、苏格兰哲学渊源塑造了他开放的思想格局，使他能与华人平等友好交往，在华有种种善举，甚至抵抗英国军国主义。他对儒家及孔子看法的转变，经由翻译与中国文化经典发生的神交互动，均缘起于其宗教理念的开放性，追溯到底还是其个人因家乡宗教哲学思想浸润而产生的理念，最终形成其汉学思想特征。

第一节　社会历史背景与理雅各的道路

　　从宏观上看，理雅各的中国典籍英译事业与基督教在全球的传播有直接关联。从微观上看，理雅各在解读中国古籍时融入了自己的信仰与文化因素，不过他对中国传统有矛盾的态度。从历史传承上看，理雅各采用类似《圣经》解析学的手法，在儒家经典中寻找基督教痕迹。他的思想可视为中国索隐派的继承者。理雅各信仰中开放的思维模式是他思想转变的前提，而长期翻译中国典籍是他思想转变的催化剂。非国教思想体现在理雅各对华人的亲和态度及平等交往上。他与华人关系融洽，对当时中国社会产生了积极影响。在研习中国文化的漫长过程中，理雅各对孔子及儒家经典的态度发生明显转变，从批评转为赞赏，并认为儒家思想可与基督教思想相协调。理雅各在中国生活三十年，与中国百姓一直保持良性互动，这有利于他的事业，他对中国的亲和态度也体现在典籍翻译中。

一、社会历史背景

解读来华传教士的思想与社会历史背景有助于理解他们的文化理念和诠释倾向，笔者对此有过专论[1]，简述如下。从宏观看来，人类大规模的翻译活动，常常与宗教、神学及其传播有直接关联。例如，佛教传入中国和基督教在全球的传播，都引起了长期的、大规模的翻译活动。此外，自16世纪末起，基督教传教士开启了用西方语言翻译中国典籍的事业，规模宏大，其影响一直持续到今天。虽然有许多世俗汉学家参与其中，但理雅各完成的译本数量最多，影响也最大，他是翻译儒经最多的人，是个典型。从已译出的文本看，中国古籍的翻译在一定程度上都受到了译者本人的宗教理念影响。而在翻译过程中，部分传教士的思想也与所译经典中的思想发生了互动，这一点上理雅各也是典型，上文提过，他对孔子的态度由早期的轻视转向后来的敬仰。

从微观看来，起初，西方汉学家在解读中国古籍时就已经融入自己的文化因素。理雅各当然也是用自己原有的思维模式来解读中国文化。中国传统宗教属多神信仰，但理雅各仍从一神论的基督教视角评判中国传统宗教。因此，对中国某些传统，他的态度较为矛盾。比如，对儒家经典中提倡的祭祖，他一方面认为是迷信，另一方面又因为祭拜活动凸显上帝的权

---

[1] 林风、岳峰：《传教士汉学家的跨学科研究方法：神学、翻译与历史》，《道风：基督教文化评论》2016年春季号（总第44期）。

威地位，因此又给予宽容。[1]他本人也到北京的天坛敬拜上帝，但围观者认为他在崇拜道家的神。

　　再从历史传承来看，在解释中国经典时，传教士曾采用类似于《圣经》解析学的特殊手法，在儒家经典中探寻基督教痕迹，希望证明中西方宗教并行不悖，并用相应理念来阐释、翻译儒经。早期，利玛窦在中国实行"适应性"的传教策略，希望能在原始儒家典籍中找出基督教的印记。他特别重视儒家"四书"，他的"适应性"策略可看作中国索隐派的滥觞。索隐派早期核心人物是白晋，成员有傅圣泽、马若瑟与郭中传，他们将研究重心放在《易经》上，尝试从中找出中国古代关于上帝的信息。由于礼仪之争，清中期耶稣会在华传教事业中断，到晚清由新教重新传播。来华的新教传教士理雅各认为《易经》和其他中国古籍中提到的"上帝"，就是基督教中的"God"。理雅各的思想可以视为中国索隐派的继承者。[2]

　　从解构主义角度看，受历史背景、知识结构、理念动机与价值取向的影响，任何人对文化和文本的解读都携有个人色彩，当代学者对传教士翻译家的思想同样褒贬不一，存在分歧，这是正常现象。在此我们从理雅各的具体社会历史背景追溯其宗教理念及相应行动。根据费乐仁的说法，理雅各原是公理会的异议者。他有意识地支持苏格兰常识哲学及苏格兰福音派的现实世界观。对他产生影响的还有托马斯·里德和杜格尔德·斯图尔特传播的新亚里士多德哲学，以及苏格兰长老会神学家、牧师和哲学家托马斯·查莫斯（Thomas Chalmers）的宗教哲学观。苏格兰福音派的现实世界观比较自由，对英语国家的传教士和学术界有重要影响。比如，曾任耶鲁大学校长的詹姆斯·麦考士（James McCosh）就是苏格兰福音派现实

---

[1] 姜燕：《理雅各对儒家祭祀礼的解读——以理雅各〈诗经〉译本为中心》，"中国经典西译的巨匠：纪念理雅各诞辰 200 周年国际学术研讨会（北京）"会议论文，2015 年。
[2] 王宏超：《宗教、政治与文化：索隐派与来华传教士的易学研究》，"中国经典西译的巨匠：纪念理雅各诞辰 200 周年国际学术研讨会（北京）"会议论文，2015 年。

世界观的重要支持者之一。[1] 理雅各因此形成了自由开放、亲和异国文化的思维模式，这是他后来思想转变的基础。而他长期从事的中国典籍英译事业促成了他的思想转变。他沿袭利玛窦等人的索隐方法，将中西文化进行类比，使孔子在某种程度上等同于基督教文化中的天使。这使理雅各后来接受了孔子和儒学。

1647 年，英格兰教会改革波及苏格兰，形成了非国教，其思想影响了理雅各的一生。[2] 非国教的背景使他不顾一切地外出传教。他曾离开相对安全的香港深入中国内地，并直面充满危险的教案。[3] 此外，在 19 世纪的英国，工业和贸易的发展导致社会经济条件改变，社会财富重新分配，国教派和非国教派的力量关系发生逆转。非国教信徒是自由贸易和思想解放的先驱。他们反感英国的外交政策和帝国主义扩张。作为非国教的英国人，理雅各十分关注香港的未来发展。作为传教士，他促成了香港教育制度的世俗化，并善于与在香港当权的总督进行斡旋，使其为自己非国教理念和事业助力，在中西方公众中呈现"西儒"与"善士"的形象。[4] 退休后，理雅各出任牛津大学首位汉学教授，仍保留非国教信徒的身份[5]，并进一步发展他在传教士与学者生涯中形成的汉学传统。[6]

---

〔1〕岳峰等编译：《翻译研究的跨学科方法——费乐仁汉学要义论纂》，第 24 页。

〔2〕Timothy Baker, "The Religious Beliefs of James Legge: From Theology to Sinology", the International Conference on "James Legge's Life and Works in Hong Kong: A Bicentennial Celebration of His Birth", 2015; Christopher Legge, "Leggacy: Living in the Shadow of the Great Scottish Sinologist", the International Conference on "James Legge's Life and Works in Hong Kong: A Bicentennial Celebration of His Birth", 2015.

〔3〕R. Gary Tiedemann, "James Legge and the Poklo Incident: The Limitations of the Missionary Enterprise in Mid-Nineteenth Century South China", the International Conference on "James Legge's Life and Works in Hong Kong: A Bicentennial Celebration of His Birth", 2015.

〔4〕李强：《"西儒"与"善士"——理雅各在〈教会新报〉〈万国公报〉上的媒介形象》，"中国经典西译的巨匠：纪念理雅各诞辰 200 周年国际学术研讨会（北京）"会议论文，2015 年。

〔5〕潘琳：《英国汉学专业化：理雅各与牛津汉学的起步及其背景（1874—1876）》，"中国经典西译的巨匠：纪念理雅各诞辰 200 周年国际学术研讨会（北京）"会议论文，2015 年。

〔6〕卜永坚：《理雅各、威妥玛与十九世纪后期英国对中国的理解》，"纪念理雅各诞辰两百周年国际研讨会（香港）"会议论文，2015 年。

294

　　理雅各的非国教思想体现在他对华人的亲和态度及与华人平等的交往上，他与华人关系融洽。[1]比如，何进善父子曾协助理雅各传教。车锦光是理雅各传教的助手，后在协助传教过程中成为中国首位殉道者。在理雅各的帮助下，洪仁玕认识了基督教，宣传西方社会思想，他在《资政新篇》中提出根据"西艺"和"西政"进行政治改革和社会改革，体现了理雅各等西方人的影响。理雅各"由于长期在华，具备语言基础扎实、易于找到华人合作者、能阅读各种中文文献等优势"[2]。第一位从美国大学肄业的华人黄胜也是伦敦会的牧师，曾协助理雅各翻译儒家经典。理雅各与王韬的翻译合作历时很长，在19世纪颇为引人瞩目。理雅各也与道士、巫师有过交流和教义探讨，他还积极向囚犯传教。与理雅各交往过的人在思想上多发生改变，大多数后来皈依了基督教。黄胜、王韬、洪仁玕与何进善父子受理雅各影响而追求新思想，崇尚新科学，创办中国报刊，热衷于新政治制度，为中国近代化做出了贡献。从整体来看，理雅各的传教生涯和交游对当时的中国社会起到了积极作用。理雅各与华人的交往建立在平等基础上，源于善意，互相促进，使他在逆境中获得友情支持而心境舒畅。理雅各发展起来的教民和教堂至今在香港仍很有影响力。[3]可以说，理雅各的生活与中国百姓的生活一直保持着良性互动，这有利于他在华的各种事业，他对中国的亲和态度在方方面面得到体现。

　　这种亲和态度为理雅各的思想变化打下了基础。如上所述，起初，他

---

[1] Marilyn Bowman, "Legge's Work on the Chinese Texts: His Sources, Resources, and Working Papers", the International Conference on "James Legge: A Bicentennial Celebration of His Birth", 2015.

[2] 王国强：《文献翻译与汉学研究——以理雅各、翟理斯等侨居地汉学家为中心》，"中国经典西译的巨匠：纪念理雅各诞辰200周年国际学术研讨会（北京）"会议论文，2015年。

[3] Greg Anderson, "The Church Legge Left Behind: Union Church as an Influential Biblical Community", the International Conference on "James Legge's Life and Works in Hong Kong: A Bicentennial Celebration of His Birth", 2015.

曾对孔子及儒家提出尖锐的批评[1]，其批评之词多到可以汇编成书。安保罗牧师就曾收集整理了一本《理雅各教授批判儒教的部分材料》。到后期，理雅各的观点发生了明显的改变。他说："我希望自己对孔子没有不敬之处。我越研究孔子及其思想，越觉得他伟大。总体而言，他的教导对中华民族有益，对基督徒也是一个重要的借鉴。""他是中国人中的中国人"，"以最美好和崇高的身份代表着人类最美好的理想"[2]。此时，理雅各不仅提高了对孔子的评价，而且指出儒家思想与基督教思想有许多相似之处，比如对自省、美德与智慧的追求，这使得中国文化可以与西方文化融合起来。[3]他愿意尊称孔子为"夫子"（Master，即"大师"），而把耶稣称为"我主我师"（My Lord and Master）。[4]

二、理雅各的心路历程

笔者在《理雅各宗教思想中的中西融合倾向》一文中曾探讨理雅各在译名之争与祭孔问题上的观点、对"Sinim"的探源、其著作中的言论、与传教士的分歧以及一些独特的个人行为，现分述如下。

（一）译名之争

明朝末期天主教再次传入中国，耶稣会士在翻译《圣经》中的"God"时，采用了中国古经中固有的词语"上帝"和"神"，引发传教士之间的激烈争论。利玛窦的继任者龙华民则禁止中国教徒使用这个称谓。19世纪

---

〔1〕详见岳峰：《架设东西方的桥梁——英国汉学家理雅各研究》，第172-186页。理雅各的论述见于《中国经典》各卷册序言部分：James Legge, *The Chinese Classics with a Translation, Critical and Exegetical Notes, Prolegomena, and Copious Indexes*, 含1—5卷（8册）。

〔2〕James Legge, *The Chinese Classics with a Translation, Critical and Exegetical Notes, Prolegomena, and Copious Indexes*, Vol. 1, *Confucian Analects, The Great Learning and The Doctrine of the Mean*, pp. 111, 95.

〔3〕Lauren F. Pfister, "Some New Dimensions in the Study of the Works of James Legge（1815—1897）. Part Ⅱ", *Sino-Western Cultural Relations Journal*, 1991, Vol. ⅩⅢ, p. 43.

〔4〕Lauren F. Pfister, "The Legacy of James Legge", p. 81.

初，马礼逊等新教传教士用"神"翻译"God"，同样引起争议不断。为消除争议，传教士决定推出《圣经》委办本。1843 年 8 月到 9 月，新教传教士齐聚香港讨论委办本翻译问题，理雅各因汉语功底深厚，受邀参加会议。关于"God"是翻译为"上帝"或"神"抑或音译的问题，传教士展开了激烈争论。理雅各曾用马礼逊译本学习汉语，起初支持采用"神"，后来转变立场，认为应翻译为"上帝"，因为他认为中国古经中的"上帝"是最高神，这样翻译可纠正偶像崇拜思想，引导中国人认识至高无上的"上帝"[1]。而"神"这个词只相当于英语中的"spirit"，并不指最高神。[2]所以，理雅各在译名之争中转变立场，最终极力主张采用"上帝"，因此他经常将儒经中的"帝"译为"God"。

"礼仪之争"的焦点在祭孔问题。在此问题上，理雅各态度与利玛窦相似。他认为祭祖是中国传统礼俗，禁止教徒祭祖会阻碍传教，是"传教士头脑发热的恶果"[3]。

另一争论是关于《圣经》中"Sinim"一词的解释。《圣经》中有"Surely these shall come from afar. Look! Those from the north and the west, and these from the Land of Sinim"一句，中文版未明确"Sinim"是何处，仅译作"秦国"。但理雅各认定是中国，是传教士应去之地。[4]虽然词首"sin"与"sino"接近，但部分学者不认为二者有关联。理雅各的这种思维模式贯穿其处理事务的过程，显示出其亲和中国文化的态度。[5]

[1] James Legge, An Argument for "上帝" (Shang Te) as the Proper Rendering of the Words Elohim and Theos, in the Chinese Language: with Strictures on the Essay of Bishop Boone in favour of the term 神 Shin. etc, pp. iii-iv, 43.

[2] James Legge, The Notions of the Chinese Concerning God and Spirits, pp. 2, 4, 23.

[3] Wong Man Kong, James Legge: A Pioneer at Crossroads of East and West, p. 112.

[4] James Legge, The Land of Sinim: A Sermon Preached in the Tabernacle, Moorfields, at the Sixty-Fifth Anniversary of the London Missionary Socity, London: John Snow, 1859, p. 8.

[5] 岳峰:《架设东西方的桥梁——英国汉学家理雅各研究》，第 113 页。

（二）理雅各著作中的宗教融合言论

　　与许多传教士不同，理雅各在许多中西问题上追求"求同"，力图调和中国宗教文化。他在中国古经中寻找依据，证明中国原始宗教与基督教本为一体。但起初理雅各没有这样的态度，如他在译名之争中的立场一样，经历了变化。最初，理雅各对孔子和儒教持强烈批判态度，这从安保罗牧师编的《理雅各教授批判儒教的部分材料》可见一斑。[1]但后来，理雅各立场剧变，他说："真正具基督精神、以教义为指导的人，能真诚公正地对待任何宗教。"[2]

　　理雅各在自己翻译的《中国经典》第一卷前言中写道："孔子的教导对中华民族有益，也很值得基督徒借鉴。"[3]他认为，孔子的"己所不欲，勿施于人"与《圣经》中的"你们愿意人怎样待你们，你们也要怎样待人"相似，儒教与基督教并不对立，传教士应虚心阅读儒家典籍，不可自以为是。[4]

　　理雅各认为，虽《道德经》不讲戒律，但崇尚谦卑顺从等美德值得赞赏。[5]他还认为，《佛国记》与《圣经》高度相似[6]，取经高僧"就像路德那样的宗教改革者，在经书中寻找真理"[7]。

　　理雅各认为，儒释道出发点一致，均承认至高神上帝；中国典籍的上帝与基督教的耶和华是同一神[8]；中国先民很早就知道上帝[9]；中国古神灵

---

〔1〕Paul Kranz, *Some of Professor J. Legge's Criticisms on Confucianism*, Shanghai: American Presbyterian Mission Press, 1898, p. 27.

〔2〕James Legge, *Confucianism in Relation to Christianity*, p. 12.

〔3〕James Legge, *The Chinese Classics*, Vol. 1, *Confucian Analects, The Great Learning and The Doctrine of the Mean*, p. 111.

〔4〕James Legge, *Confucianism in Relation to Christianity*, p. 261.

〔5〕ibid, pp. 262-263.

〔6〕James Legge, *A Record of Buddhist Kingdoms, Being An Account by The Chinese Monk Fa-Hien of His Travels in India And Ceylon（A. D. 389-414）in Search of the Buddhist Books of Discipline*, p. iii.

〔7〕Helen Edith Legge, *James Legge: Missionary and Scholar*, pp. 212-213.

〔8〕Lauren F. Pfister, "The Legacy of James Legge", p. 79.

〔9〕James Legge, *Confucianism in Relation to Christianity*, p. 261.

298

侍奉至高神上帝，故孔教非泛灵论，而是高层属灵[1]。他说，儒家经典不像《圣经》有神创世的记录，没有"惟有我是耶和华"等教导。但中国古人本质上坚持一神论。道教虽持多神论，但典籍频繁提及"帝"，老子亦直接提到"帝"，他所说的"天"实即"上帝"，故儒释道均知上帝存在。[2]由此可见，理雅各构建了系统的宗教融合理论。也正因这种理念，1873年离开中国前，他参观北京天坛，并脱鞋高唱赞美诗。[3]

当然，理雅各并不全盘接受中国宗教，他反对将基督教作为异教补充，认为必须改革，异教才能吸收基督教。[4]

1843年译名之争开始，十年后理雅各出版《中国人的鬼神观》，明确提出宗教融合理念，认为中国典籍中的"帝"是基督教中的"God"。[5]八年后，理雅各开始翻译实践。理雅各秉持宗教融合理念翻译中国典籍，频繁地将"帝""上帝""天"译为"God"，与其他译者显著不同。可以说，理雅各翻译中国典籍的过程，就是在古经中寻找上帝信息和启示的过程。

（三）非国教传统与理雅各的格局

那么，理雅各为何会形成这样独特的宗教融合倾向并以此指导翻译呢？首先是家庭宗教背景的影响。理雅各出生于虔诚的非国教家庭。非国教传统使人能以开放包容的态度对待异教并帮助其发展。理雅各向来赞赏中国文化，爱护中国人，曾多次维护中国民众。1861年的博罗教案中，理雅各冒生命危险斡旋，要求英领事若自己遇害，不要动武报复。[6]他始终反对鸦片贸易，因此被视为"疯子""傻子"。1862年，他发表公开信谴

---

[1] James Miller McCutcheon, "The American and British Missionary Concept of Chinese Civilization in the Nineteenth Century", Unpublished dissertation, University of Wisconsin, 1959, p. 102.

[2] James Legge, *Confucianism in Relation to Christianity*, p. 245.

[3] Helen Edith Legge, *James Legge: Missionary and Scholar*, p. 180.

[4] ibid, p. 37.

[5] James Legge, *The Notions of the Chinese Concerning God and Spirits*, pp. 2, 4, 23.

[6] Helen Edith Legge, *James Legge: Missionary and Scholar*, pp. 89-90.

责英法联军滥杀中国民众。[1]在华期间，他还举办过多次慈善募捐。[2]他的这些行为都基于这样的理念：在哪里传教，就视当地为自己的家。[3]

　　理雅各宗教融合的另一重要影响是自然神学思想。在这种思想影响下，理雅各可能认为品德高尚之人可感悟神性，中国古经可能存留神性见证。[4]理雅各因此在中国古经中寻找上帝信息和特殊启示。[5]苏格兰哲学背景和理雅各开放的文化态度，使他能较客观地看待中国文化。

　　理雅各是虔诚的基督徒，但他对待宗教并不保守。他认为，"如有必要，传教士应进行改革。正如政治革命由环境激发，宗教革命也需在激情中产生"[6]。在理雅各的观念中，基督教是不断更新的开放体系。实际上，理雅各这种独立追求自由思想的特质，与他信奉的苏格兰独立教会的独立精神不无关系。[7]正是这种独立开放、热爱真理的态度，让他能不受传统偏见束缚，以宽容的态度对待异文化。

　　（四）传教士们的分歧

　　理雅各亲和中国的态度，在他所处时代的传教士中并不普遍。他的宗教融合理念及翻译策略获得部分同行的赞同，但更多的是批评攻击。

　　首先是亲和派。明末清初来华耶稣会士采用"合儒"策略，在儒家典籍中寻找上帝的启示，证明中国古人已知上帝存在，耶儒并行不悖。[8]这些索隐派代表如利玛窦、白晋等人的耶儒融合思想也体现在"四书"的翻译中。[9]利玛窦认为，儒经理性之光与基督教信仰根本一致。[10]

〔1〕Helen Edith Legge, James Legge: Missionary and Scholar, p. 96.

〔2〕ibid, pp. 166–167.

〔3〕ibid, pp. 65–67.

〔4〕Lauren F. Pfister, "The 'Failures' of James Legge's Fruitful Life for China", p. 256.

〔5〕Lauren F. Pfister & Yue Feng, "The Goal of Translation Research, Disciplinary Tools and Hermeneutic Orientations: A Cross-disciplinary Dialogue with Professor Lauren Pfister", p. 29.

〔6〕Lauren F. Pfister, "The 'Failures' of James Legge's Fruitful Life for China", p. 251.

〔7〕Helen Edith Legge, James Legge: Missionary and Scholar, p. 157.

〔8〕岳峰、程丽英：《索隐式翻译研究》，《中国翻译》2009 年第 1 期。

〔9〕于明华：《清代耶稣会士索隐释经之型态与意义》，台湾暨南国际大学学位论文，1991 年，第 10 页。

〔10〕林金水：《利玛窦与中国》，第 221 页。

300

　　19世纪后半叶，越来越多的汉学家如理雅各、丁韪良（William Alexander Parsons Martin）等，沿着中西比较宗教路径，以学术态度研究中国宗教。[1]一些传教士认为佛教是基督教在华宣教的朋友，佛经是"亚洲的福音书"[2]。比较宗教学家穆勒还提出，如果传教士能让伊斯兰教等异教徒明白自己的信仰与祖先不同，以平和的心态共同研读典籍，区分圣书原教义和后人添加的成分，则传教必有进展。[3]挪威传教士艾香德（Karl Ludvig Reichelt）与理雅各同样有宗教融合的理念，翻译上也有相似倾向，只不过在形式上比理雅各更激进。[4]艾香德在南京、香港、杭州建立的基督教丛林形似佛教寺院。[5]他建立佛教化的基督教模式，采用佛教三皈依等模式，用莲花十字架在佛教徒中布道。[6]他们对异教持平和包容的心态，但这不妨碍其坚持自己的基督教信仰，劝说部分佛教徒皈依基督教。

　　其次是反对派。当然，与理雅各志同道合者并不多见，持反对态度者甚众。有的耶稣会士极力否认基督教与佛教的相似之处，指责佛教是对基督教的拙劣模仿和剽窃。[7]利玛窦在世时，已有人反对他的"适应性"策略，但当时他来华传教功绩巨大，反对之声未形成气候。利玛窦去世后，反对者纷纷发声，后来沿袭这一策略的白晋、马若瑟、理雅各等人均遭围攻。一些传教士动辄以"魔鬼撒旦"否定他国文化[8]；部分传教士不屑于研读中国典籍、思想，只想用炮舰打开中国的信仰之门，用不平等条约

---

〔1〕G. W. Doyle, *Builders of the Chinese Church*, Eugene: Wipf and Stock Publishers, 2015, pp. 124-133.

〔2〕李新德：《晚清新教传教士的中国佛教观》，《宗教学研究》2007年第1期。

〔3〕陈喆：《东方学传统与传教士汉学——艾约瑟对上古中国宗教的阐释》，《中山大学学报》（社会科学版）2013年第1期。

〔4〕王鹰：《基督教的佛教文化批戴——试析艾香德创建的传教中心的文字》，《世界宗教文化》2014年第6期。

〔5〕王鹰：《试析艾香德的耶佛对话观》，《世界宗教研究》2013年第1期。

〔6〕班柏：《李提摩太以耶释佛英译〈大乘起信论〉探析》，《重庆文理学院学报》（社会科学版）2012年第5期。

〔7〕李新德：《晚清新教传教士的中国佛教观》，《宗教学研究》2007年第1期。

〔8〕〔法〕谢和耐：《中国文化与基督教的冲撞》，于硕、红涛、东方译，辽宁人民出版社1989年版，第209页。

"教化"这个异教国家。[1]对这些人而言，理雅各的翻译策略与在天坛的举动就是在崇拜道教之神，应受攻击。即使理雅各去世五年后，《教务杂志》（*The Chinese Recorder and Missionary Journal*）仍连载五篇文章批评他的译法。[2]尽管遭反对，理雅各从未动摇过信念。在1880年的教会演讲中，他说："《诗经》《书经》大量记载上帝，令人振奋，我们应毫不犹豫相信这些真实的记载。"[3]

（五）求同存异，走向对话

从抵制到逐渐接受认同，理雅各对中国宗教的态度在学习、研究和翻译中国典籍的过程中发生巨变。促成这一变化的因素众多：非国教背景使他能以亲和态度包容异域文化；自然神学思想启发他在中国典籍中寻找上帝的信息；独立教会的反叛精神使他能随心而动、不随众从俗。理雅各虽未说明与索隐派的联系，但作为来华传教士，他不可能不熟悉利玛窦等开拓者的理论与工作。他的宗教融合理念与索隐派理论一脉相承。理雅各的学术研究使他能客观看待其他宗教，与之平等对话。19世纪后半叶，越来越多的汉学家沿着理雅各的中西比较宗教的道路，以学术态度研究中国宗教。

1843年，理雅各抵达香港，同年他在译名之争中确定了比较宗教理念，即中国古籍中的"帝"为基督教的"God"。十年后，他明确提出中国宗教的"帝"与基督教的"God"为同一神，并于八年后开始翻译实践。在译本中他始终将中国宗教至高神"帝"等同于基督教至高神"God"，这种措辞频率是其他译者的十几倍。结合理雅各的宗教融合理念，这一现象不难理解。

理雅各的翻译方法遭到许多传教士的反对和批评。就像旷日持久的

---

[1] 顾卫民：《基督教与近代中国社会——来华新教传教士评传》，第332页。
[2] Lauren F. Pfister, "The 'Failures' of James Legge's Fruitful Life for China", *Ching Fen*, No. 4, 1998.
[3] James Legge, *Confucianism in Relation to Christianity*, p. 248.

302

"译名之争"无法解决《圣经》"God"的翻译问题，"帝"的翻译也难以定论，因为不同译者有不同理念，不同理念导致不同翻译，已远超语言转换范围。中国宗教的"帝"与基督教的"God"是否同一神，非本书讨论的重点，也非本书能回答之问题。但是理雅各的翻译方法可启发多学科的思考。从翻译的角度来说，对原文的理解、翻译策略的制定和翻译措辞的选择都受到宗教思想的影响，因此译文可以是宗教理念的投射。同时，原文也会反过来影响译者思想，理雅各对儒教的态度转变即为例证。从宗教学的角度看，理雅各的宗教融合理念和翻译方法虽遭指摘，但对其传教事业大有裨益，艾香德亦然。19世纪末理雅各遭口诛笔伐之时，西方在华传教也正陷入困境，中西传统文化的碰撞频频引发教案。直至20世纪20年代，基督教在华传教才延续利玛窦、理雅各的策略，在中国办学、办报、办医院，走文化传教之路，传教事业重新蓬勃。理雅各等传教士的宗教融合理念实为宗教本土化的先声，正是此策略使基督教在中国生根。

当然，理雅各并非全盘接受中国的一切，实际上，他存异求同。[1]他对中国文化的评价褒贬兼具，其中对经书和圣贤的尖锐批评曾引起部分中国近现代学者的不满。但当两种文化发生分歧时，人们往往更注意某些结论，有时会忽视一个基本问题，即思维方式。值得注意的是，理雅各的评价与论断实际上是由中西思维差异造成的。西方哲学讲思维个性，重分析，重逻辑，善推理，多实证；西方哲学家和科学家善于发挥个人潜能和创造力，探求客观世界本原。而中国传统思维基于整体思维，重视"悟性"或直觉，可能导致语言的模糊性。同时，中国人不像西方人那样讲求个性、强调自我，因而对圣贤和权威常表现出敬畏和顺从。[2]理雅各在关于英华书院的日记中也讲到中国孩子温顺，不像英国孩子那么有个性。[3]

---

〔1〕岳峰：《架设东西方的桥梁——英国汉学家理雅各研究》，第172-186页。
〔2〕类似观点见杨自俭撰写的词条，见林煌天主编《中国翻译词典》，湖北教育出版社1997年版，第659页。
〔3〕Helen Edith Legge, *James Legge: Missionary and Scholar*, pp. 16-17, 19.

　　理雅各受西方教育的影响，具有强烈的逻辑意识、国际意识、进步意识和客观意识。他认为《大学》的论证过程与初衷不协调[1]，《中庸》作者凭直觉而非逻辑说理，陷入神秘主义[2]；他对《春秋》提出尖锐批评，举大量例子说明其失实之处，对中国人如此推崇此书表示疑惑[3]。

　　但是，理雅各属于沿袭利玛窦"文化适应"策略的传教士，与"礼仪之争"中那些横冲直撞的传教士有本质不同。[4]1843年至1873年，他在香港度过了最美好的三十年，对香港的教育、报业、戒烟戒赌及赈灾救难事业贡献良多。1853年，他还在香港设立奖学金，奖励在《圣经》与"四书"学习方面表现最优秀的学生，将"四书"置于与《圣经》同等重要的位置。

　　如上所述，理雅各个人意识与中国古典文化某些要素之间的冲突，并不妨碍他在翻译中存异求同而产生的强烈融合倾向。他包容异教文化，融入当地社会，拥抱中国民众，非国教意识与苏格兰神学意识生成了理雅各译文中中西融合的世界。

　　在这个问题上，不少学者关注理雅各的译法是否会改变原文含义，并根据理雅各的措辞，批评他对中国经典的基督教式的解释。这种批评似乎并无太大的实际意义，也没有抓住问题的关键。[5]中国古籍是否具有基督教色彩？这不是我们现在就能回答的问题，待日后研究基础与条件更成熟时再下结论似乎更合理。就目前而言，学者若能将精力放在探究这种译法

---

〔1〕James Legge, *The Chinese Classics with a Translation, Critical and Exegetical Notes, Prolegomena, and Copious Indexes*, Vol. 1, *Confucian Analects, The Great Learning and The Doctrine of the Mean*, pp. 44-55.

〔2〕ibid, pp. 40-50.

〔3〕James Legge, *The Chinese Classics*, Vol. 5, *The Ch'un Ts'ew, with the Tso Chuen*, London: Henry Frowde, Oxford University Press Warehouse, 1872, p. 39.

〔4〕早期被派往澳门的传教士宣称所有儒圣——尧、舜、虞、文王与孔子都是恶魔。见［法］谢和耐：《中国文化与基督教的冲撞》，于硕、红涛、东方译，第209页。

〔5〕丁大刚：《译者翻译话语观照下的翻译批评——理雅各翻译语料的整体考察》，"中国经典西译的巨匠：纪念理雅各诞辰200周年国际学术研讨会（北京）"会议论文，2015年。

304

背后的宗教动机，对文化研究和翻译研究更具有实际意义。长期生活在基
督教神学背景下的传教士在遇到陌生的异教概念时，会进行猜测和推理，
并在典籍翻译的过程中引领早期中西文化间的对话与交流。[1]当宗教刺激
翻译时，中西方的沟通平台就此形成。理雅各等人在这个平台上开启了
"耶儒对话"和"耶道对话"。[2]

　　研究翻译家既要立足文本，在字里行间寻找文字的境界与内涵，又要
超越文本，在文本之外探寻与之息息相关的背景和动机。因此，对理雅各
的研究跨越了语言、宗教与历史等学科。就理雅各而言，其文化理念、传
教动机与翻译策略之间存在着明显的互动。如果全面了解其文化背景、思
维模式、为人品性、传教事业、翻译文本、著述文论，就可以从立体的角
度理解这位汉学家、翻译家，捕捉到译者、译事与译著中呈现的意识，那
是卓有成效的研究。[3]

三、理雅各的选择

　　有什么样的信仰、理念与动机，就会有什么样的选择。虽然思想会有
微调，但大方向不会改变，这就是理雅各一生矢志不渝的道路。

　　（一）为信仰选择背井离乡到"异教"之地

　　宣教是信徒的职责，时至近代，交通和经济的发展促进了传教的热
潮。[4]17世纪的英国在"传教之父"威廉·凯尔里（William Carey）的影

---

〔1〕康太一：《对话"经典"之语境建立：从马士曼到理雅各的英译〈论语〉》，"中国经典西译的巨匠：纪
念理雅各诞辰200周年国际学术研讨会（北京）"会议论文，2015年。
〔2〕王梦景：《致知·格物·逍遥——论〈庄子·内篇〉篇名英译》，"中国经典西译的巨匠：纪念理雅各诞
辰200周年国际学术研讨会（北京）"会议论文，2015年。
〔3〕林风、岳峰：《传教士汉学家的跨学科研究方法：神学、翻译与历史》，《道风：基督教文化评论》2016
年春季号（总第44期）。
〔4〕史静寰、王立新：《基督教教育与中国知识分子》，第37页。

响之下[1]，浸信宗（Baptist Missionary Society）、伦敦会、圣公会相继成立，一致地向"异教"之地派遣传教士。理雅各出生在苏格兰一个虔诚的基督教家庭，但并非国教家庭，属于独立教会，有着比其他教派更强的传教意识。[2]理雅各的父母都是独立教堂热诚而坚定的支持者[3]，理雅各的哥哥乔治是牧师，在国内外布道演讲。[4]理雅各的家庭与在马六甲传教的英国传教士米怜交往密切，他就是在这样的环境下长大的。1837年，理雅各为传教做准备，在伦敦海伯里神学院攻读神学，下决心做传教士，次年加入伦敦会。1839年，理雅各不顾医生对其健康状况的警告，选择背井离乡到东方去传教。

（二）为传教选择研习译介中国文化

经过一段时间与华人的接触和宣教，理雅各开始思考中国文化。1847年5月20日，他在日记中写道："中国远古以来有没有值得探究的宗教呢？儒教、道教说的是什么？对于这些问题，我必须有明了、准确的回答。"[5]理雅各立志研究中国文化，译介中国经书，以助传教。1848年4月，他在日记中写道："我不是作为一位哲学家看中国，而是以哲学的眼光看中国。中国对我来说是个伟大的故事，我渴望了解其语言、历史、文学、伦理与社会形态。"[6]带着种种问题，理雅各将目标瞄准了中国文化最重要的文献、中国古代主流文化典籍——代表性的儒家经典"十三经"。理雅各决心译介这些经典，认为若将孔子的著作与注释全部出版会大大促进未

---

〔1〕 Wong Man Kong, *James Legge: A Pioneer at Crossroads of East and West*, p. 3.

〔2〕 ibid, p. 4.

〔3〕 Linsay Ride, "James Legge—150 Years", *Newsletter*, February, 1966, p. 6.

〔4〕 Lauren F. Pfister, "The Legacy of James Legge", p. 77; Lauren F. Pfister, "Some New Dimensions in the Study of the Works of James Legge（1815—1897）: Part Ⅰ", *Sino-Western Cultural Relations Journal*, Vol. Ⅻ, 1990, p. 39.

〔5〕 Lauren F. Pfister, "Some New Dimensions in the Study of the Works of James Legge（1815—1897）: Part Ⅰ", pp. 30-31, note10.

〔6〕 ibid, p. 193, note10.

306

来的传教工作。[1]"如果想引起一个民族的注意，而不试图去了解那个民族，那将是一个悲剧。"[2]早在马六甲与香港教书期间，理雅各阅读英华书院的中外书籍时就萌生了翻译诠释中国典籍的想法，他曾致信法国汉学家儒莲，表示希望能完成这项翻译工程；由于这项工程涉及的工作量太大，儒莲在回信中说这是不可能的。[3]事实上，从理雅各1861年出版第一卷起，到1885年《礼记》的问世，他为之奋斗了三十年。

（三）选择亲和中国

苏格兰哲学家威廉·帕勒曾提出造物主在古老的中国可能也留下见证，这个主张在理雅各的脑海中留下了印记，他选择在中国古代经典中去寻找上帝及其启示。[4]理雅各对中国文化的亲和态度与其融合中西神秘文化的译法是独特的，但他在有生之年饱受非议与敌对。1873年，理雅各在北京天坛敬拜，大唱赞美诗。[5]传教士认为理雅各是在崇拜道教的神，群起而攻之。19世纪70年代末期，当理雅各向穆勒主编的《东方圣书》贡献其系列译本的时候，传教士再次发难，24个人联合署名要求穆勒拒绝理雅各的《书经》《诗经》的译本，因为理雅各在译本中认为中国古经中所说的"上帝"就是基督教的上帝，并把它译为"God"。[6]面对种种非难，包括论文被拒绝发表的窘境，理雅各始终矢志不渝，并坚持亲和华人，由此我们可以理解理雅各在华的种种善举。

〔1〕Helen Edith Legge, *James Legge: Missioanry and Scholar*, pp. 40-41；马祖毅：《"四书"、"五经"的英译者理雅各》，《中国翻译》1983年第6期。

〔2〕顾长声：《从马礼逊到司徒雷登》，上海人民出版社1985年版，第126页。

〔3〕Lauren F. Pfister, *Striving for "The Whole Duty of Man": James Legge and the Scottish Protestant Encounter with China*, Vol. 2, Frankfurt am Main: Peter Lang, 2004, p. 365.

〔4〕Lauren F. Pfister & Yue Feng, "The Goal of Translation Research, Disciplinary Tools and Hermeneutic Orientations: A Cross-disciplinary Dialogue with Professor Lauren Pfister", p. 29.

〔5〕Lauren F. Pfister, "The Legacy of James Legge", pp. 78, 80.

〔6〕岳峰：《理雅各宗教思想中的中西融合倾向》，《世界宗教研究》2004年第4期。

（四）选择采取适应派立场

理雅各在华一段时间后清晰地陈述了他的适应派立场，这相对于其初期的态度是个转变。由于中西思维与文化迥然相异，在经济更发达的英国生活并且已经习惯西方宗教思想与话语的理雅各难免有少许的优越感与强势思维，因此也免不了对中国传统文化提出种种异议。但到 19 世纪 70 年代中期，理雅各陈述了适应主义传教策略的一些要点，清楚表明要适应和融会中国"古典"学术传统的立场。从性情或习惯来看，理雅各并不是草率冲动之人。在完成了儒家"五经"即《中国经典》的翻译和阐释工作之后，他开始持有这种态度。[1]

1876 年，理雅各开始执教牛津；1877 年 5 月，他在上海参加了首届基督教在华传教士大会，并受邀发言，题为《与基督教相关的儒学》（"Confucianism in Relation to Christianity: A Paper Read before the Missionary Conference in Shanghai"）。会上理雅各总结了适应派传教策略的基本观点。此后《教务杂志》刊登其反对派的文章，说这是"理雅各主义"（Leggism）[2]。理雅各认为中西哲人各有千秋，比如基督教神学家巴特勒的观点，其实孟子早就说过了[3]，而且他对孟子的修辞能力大为赞赏并乐于学习运用。总之，理雅各受到《圣经》诠释学和苏格兰常识哲学的影响而亲和中国文化，努力去适应中国这个神秘的古国，欣赏这里的圣贤与朋友。他作为非国教新教徒有迫切的使命感，这种使命感是他译介并诠释中国古经的动力，也使他不断思考如何把中西文化交融一体。理雅各对孔子的态度发生转变说明三十多年的译介生涯中，他一直努力地想让自己变得心胸开阔、思想自律。[4]

---

〔1〕［美］费乐仁、姜哲、张爽：《适应主义传教护教观之"孟子模式"——在理雅各、何进善及花之安的中文作品中识别福音派新教话语中的跨文化关联》，《基督教文化学刊》2011 年第 2 期。
〔2〕同上。
〔3〕岳峰等编译：《翻译研究的跨学科方法——费乐仁汉学要义论纂》，第 58-60 页。
〔4〕同上，第 226-227 页。

308

（五）选择给"四书""五经"重新排序

从朱熹编纂的《四书集注》注释标准来看，理雅各在《中国经典》前
两卷的翻译中没有遵循朱熹的注释方法。宋本要求文本从最短到最长排序
（《大学》《中庸》《论语》《孟子》），朱熹自己也说过文本顺序值得研究，
但他将《中庸》放在最后，因为它是所有书中最抽象的。理雅各不顾这些
先例，选择把《论语》放在首位，但在标准出版物中按照大家期望的顺序
将它放在第三位。为什么理雅各选择以不同寻常的方式编排"四书"呢？
因为理雅各深刻意识到孔子的地位及高尚品行。他知道人们把孔子视为圣
人，对他高度赞扬。[1]因此，理雅各可能想让人们先了解孔子，但他用的
却是批判性的研究方法，尽管他对孔子的态度经历过由俯视到仰视的过程，
但他还是不想神化孔子。

另一个问题是关于"五经"的顺序。在乾隆时期编修的《四库全书》
中，这五本儒家经典有自己的顺序：首先是难度最大的《易经》，然后是
敬仰古代圣人皇帝的《书经》和《诗经》，接下来是关于礼仪生活的《礼
记》，最后是古代鲁国的政治年鉴《春秋》和它的注释《左传》。[2]但理
雅各的《中国经典》第三卷是《书经》，因为他试图从中国古人的敬拜中
找到崇拜"上帝"的痕迹。理雅各的《中国经典》第四卷是《诗经》，因
为他高度重视其文化性，是他解读中国文化的重要渠道，以至于他宁愿牺
牲《诗经》的文学性而将其译为非韵体，引起学界的围攻。理雅各的《中
国经典》第五卷是《春秋左传》，可能因为他高度重视历史，对历史一向
非常执着。那么为什么暂时放弃《易经》？因为占卜之书触动了其信仰体
系中敏感的那根弦，虽然他后来也翻译了《易经》并收录在《东方圣书》
之中，但总体还是持谨慎的态度和一定的心理距离。

---

〔1〕张西平、〔美〕费乐仁：《理雅各〈中国经典〉绪论》，见〔英〕理雅各编《中国经典》第一卷，第19页。
〔2〕同上。

（六）选择合作翻译

理雅各的宗教哲学理念使其亲和华人，他与华人的友好关系是合作翻译的基础。理雅各与王韬等人的交游可谓中西文化交流史上的佳话，可以说历史上再没有这么成功友好的中西人士合作翻译的案例了。

两人在很大程度上提升了对方。王韬在落难时被安排协助理雅各翻译，而理雅各也非常欣赏王韬助译《圣经》的工作。当时，理雅各已经出版了《中国经典》第一、二卷，正准备翻译《书经》。王韬很快开始了助译生涯，这使他在香港的生活找到了感觉，极大地冲淡了"孤愤"与"凄凉"的感受。对理雅各，王韬也颇有知己之感，他主要按照理雅各的要求广泛收集各家评注，尤其注意冷僻的评注，力求全面，免得外国学者遗漏。1867 年，理雅各因健康问题暂回家乡治疗，不久便函邀王韬前往苏格兰协助他的翻译工作。王韬于年底赴英翻译。在英国，王韬游历多地，见过汉学大家慕维廉（William Muirhead）、韦廉臣（Alexander Williamson）、儒莲与湛约翰，并在哈德利、爱丁堡的教堂以及牛津大学演讲。当然，王韬在英国最重要的事仍是在理雅各的家乡杜拉（Dollar）潜心做翻译，这个小镇以学术与风景闻名。1870 年 3 月，两人回到香港，这样理雅各可以亲自监督《诗经》与《春秋左传》两卷译本的印刷。在《诗经》译本的序言中，理雅各对王韬的辑录极为赞赏。1872 年，理雅各完成了《春秋左传》的翻译。王韬为理雅各编撰了《春秋左氏传集释》60 卷作为参考，另撰 5 篇论文，其中两篇被理雅各收入译本《春秋左传》的序言中。理雅各认为王韬的《春秋左氏传集释》"当之无愧地应受赞誉"，其《春秋朔闰考辨》"胜过任何一本中国'春秋'编年史"，而《春秋问答》"针对我翻译时的疑问编写，涵盖了序言中的问题"。《春秋左氏传集释》颇为深刻，王韬明确表明没有仅依赖杜预的解释，因为杜预忽略了词的古代含义。后来，王韬又撰《周易注释》供理雅各翻译《易经》时参考。王韬最后协助理雅各翻译的是《礼记》，编写了《礼记集释》。

310

理雅各的译本主要根据清朝官学的正本和王韬收集的各类注释，覆盖近
250 年的诠释成果。1873 年，理雅各回英国定居，是年王韬写了一篇文章
赞颂理雅各，这样一段引人瞩目的合作就此结束，但前期合作成果仍对理
雅各后来的翻译有所帮助。1885 年，理雅各出版《礼记》，在序言中再次
提到"《礼记集释》是我的中国朋友和前合作者王韬专门为我编订的，主
要收集 250 年来学者们的成果"。

　　理雅各对王韬影响很大。两人的接触直接影响了王韬后期的作为，助
译儒经奠定了他在中西交流史上的重要地位。与理雅各交往后，王韬很佩
服理雅各的学识品格，对西人也有了整体好感。译经使王韬能长期隐居香
港，亲眼见证香港的巨变。王韬可能是近代第一个学通儒经且在西方经历
过一段有意义的生活的学者，这种独特经历帮助他成为近代中国最有影响
的改良思想家、中国报业先驱和早期社会改革领袖之一。

　　除王韬外，其他中西学者也曾协助理雅各翻译中国古籍，华人有何进
善、黄胜、罗祥、吴文秀、李金麟、宋佛俭。理雅各翻译"四书"时得到
何进善的帮助，后者曾将《书经》翻译成英文以供参考。何进善处理教会
事务，使理雅各有时间翻译《中国经典》。英华书院学生黄胜、罗祥也协
助理雅各翻译"四书"，黄胜还参与印刷和校对。理雅各在序言中感谢黄
胜精通英语，能胜任校对之职。[1]

　　理雅各的选择为他的汉学成就创造了可能，奠定了基础。在宏观历史
大背景之下，理雅各的心路历程及所做出的选择使他走上独特的道路，在
汉学史上占有不可取代的地位，助力他取得了至今不可取代的成就。

---

〔1〕岳峰：《架设东西方的桥梁——英国汉学家理雅各研究》，第 187-201 页。

第二节　融合倾向、跨文化倾向与译文行文倾向

　　总的来说，理雅各的汉学思想特征表现为中西宗教文化融合的倾向，本节主要从译著译文的细节阐释他的跨文化特征与他为形成学者型译著所做的一系列行文选择。

一、融合倾向

　　笔者曾撰文探讨理雅各翻译中国古经时展现出来的宗教融合倾向，阐述理雅各的宗教理念影响了他对宗教术语的翻译。研究以详尽的统计方法获得了量化证据，避免抽样调查或不完全统计带来的问题。[1]笔者统计了理雅各翻译的"五经"，同时也包括其他翻译家的译本，共计20部，资料完整、对比精确、数据清晰、结论客观。文章采用基于文本细读的跨学科研究范式，梳理译者翻译的相关历史背景资料，并将理雅各的译本与之前和之后的译本进行比较，在此基础上得出结论：理雅各在翻译中国典籍时倾向于宗教融合。中国的儒家和道家典籍中都含有一些宗教成分，有不少宗教术语，理雅各对这些术语的翻译与众不同，引人深思。我们先来看看理雅各是如何翻译《易经》中的"帝"字的。

　　　　殷荐之上帝。(《易经·豫卦》)
　　　　...presenting it especially and most grandly to God.[2]

---

〔1〕岳峰、余俊英：《理雅各翻译中国古经的宗教融合倾向》，《西安外国语大学学报》2017年第2期。
〔2〕[英]理雅各英译、杨伯峻今译：《周易》，湖南出版社1993年版，第517页。

312

　　理雅各用 "God" 来对应《易经》中的 "上帝"；而英国圣公会传教士麦格基则译为 "the Supreme Emperor"[1]；英国汉学家、佛学家蒲乐道译为 "the Supreme Lord（of Heaven）"[2]；荣格的学生、美国人贝恩斯以及美国学者杰克·鲍尔金均译为 "the Supreme Deity"[3]；美国中医先驱胡振南译为 "god（the highest emperor）"[4]；中国当代翻译家傅惠生则译为 "the Lord of Heaven"[5]。可以看出，在那么多译本中，只有理雅各始终用基督教的至高神 "God" 来翻译表示超自然体的 "帝"。统计显示，《易经》中一共有 11 个 "帝"，其中 6 处指最高级别的超自然体，理雅各在这些地方都译为 "God"，另外 5 处不指最高神的则音译为 "Ti"[6]。相比之下，贝恩斯只用了两次 "God"、两次 "Sovereign"、一次 "Deity"、一次 "Lord"、两次 "Emperor"，另有三次没有翻译。[7]

　　"帝" 在《诗经》《书经》《礼记》《易经》《春秋左传》中出现的次数分别是 43、125、70、11、47 次。相应的，理雅各在这些书的译本中用 "God" "Lord-on-High" 或 "the Almighty" 等表示基督教至高神的词语来翻译的次数分别是 41、48、38、6、15 次，而其他译者的次数分别是 5、3、

---

〔1〕Thomas McClatchie, *Translation of the Confucius* 易经 *or the "Classic of Change" with Notes and Appendix*, p. 86.

〔2〕John Blofeld, *The Book of Change*, p. 120.

〔3〕Cary Baynes（tr.）, *I Ching or Book of Changes: The Richard Wilhelm Translation*, London: Penguin Books, 2003, p. 68; Jack M. Balkin, *The Laws of Change: I Ching and the Philosophy of Life*, p. 233.

〔4〕Wu Jing-Nuan, *Yi Jing*, p. 233.

〔5〕张善文今译、傅惠生英译：《周易》，第 101 页。

〔6〕James Legge, *The Yi King or Book of Changes*, "God" 的译法见第 53、79、187、225、265、343 页，"Ti" 的译法见第 245（两次）、319（两次）、59 页。

〔7〕在贝恩斯所译 *I Ching or Book of Changes: The Richard Wilhelm Translation* 中，"God" 的译法见于第 163、268 页，"Sovereign" 的译法见于第 51、211 页，"Deity" 译法见于第 68 页，"Lord" 的译法见于第 228 页，"Emperor" 的译法见于第 331、332 页，没有翻译的三处本应出现在第 45、194、212 页。

3、2、0 次。[1] 也就是说，在"五经"中，"帝"出现的总次数是 296 次，理雅各的译本中有 148 次译为"God"，是其他译者的 11 倍以上，二者对比情况如图 5-1 所示。

这种明显的反差背后有其深刻原因，理雅各的这种翻译方法体现了他将中西宗教文化融合的理念。

---

[1] 理雅各所译 *The Chinese Classics with a Translation, Critical and Exegetical Notes, Prolegomena, and Copious Indexes,* Vol. Ⅳ, *The She King or the Book of Poetry* 在 1870 年出版于伦敦，台北的 SMC Publishing Inc 在 2000 年再版。书中，理雅各将"帝"翻译为"God"等词的情况见于第 316、407、408、427、428、430、431、433、436、448、449、450（两次）、451（两次）、452（两次）、454（三次）、465、467、472、499、505（两次）、509、529、530、532（两次）、578、580、583、621、623、624、636、639、640（两次）页。作为对比的译本是许渊冲的《诗经》译本。在该译本中，许渊冲将"帝"翻译为"God"的情况仅见于第 478（两次）、479、392（两次）页。

1865 年理雅各翻译的 *The Chinese Classics with a Translation, Critical and Exegetical Notes, Prolegomena, and Copious Indexes,* Vol. Ⅲ, *The Shoo King or the Book of Historical Documents,* "God"的译法见第 12、32、67、70、72、73、76、80、92、95、114（三次）、117、122、126、129、136、141、142、145、147（两次）、162、164、175（五次）、176（四次）、183、184、185（两次）、190（三次）、195、196（三次）、217、229、238 页。其他译法中，"Sovereign"出现 68 次，见第 5（四次）、6（七次）、7（两次）、12（两次）、14、15（五次）、16（八次）、17（五次）、20（四次）、21（四次）、22（五次）、23、24（三次）、25（两次）、27、31（两次）、32（四次）、33（四次）、34（两次）、35（两次）；"imperial"的译法见第 6 页；"throne"的译法见第 21 页；"Ti Yi"的译法见第 155、176、191 页；"The great Shun"的译法见第 230 页；"Yao"的译法见第 230 页；一次省略，本应出现在第 232 页。

在罗志野所译《尚书》中，"God"的译法见第 69、109、199 页；"god"的译法见第 89、137、177、199（两次）、201（三次）、203、217、223、229（三次）、241（两次）、243、261、267、271、281、335、341、353、363、383（两次）、385、395、401、411 页；"Heaven"的译法见第 13、35、139、199（两次）、219、221、239、299、301 页；"your"的译法见第 37 页；"the emperor of heaven"的译法见第 117、129、145、175、333 页；"Emperor"的译法见第 3、7（五次）、9（三次）、11（四次）、17、19（五次）、21（六次）、23（两次）、25、29、33、35（三次）、39（三次）、41、43、267（两次）、295（四次）、297、299（两次）、301（两次）、303（两次）、305（两次）、307（两次）、309（四次）页；音译皇帝的名字的译法见第 7、21 页；"imperial"的译法见第 9、13、299 页；"he"的译法见第 19、23、145 页；"my sovereign"的译法见第 33、35、37 页；"di"的译法见第 161、201、231 页；"your majesty"的译法见第 299、301 页；省略译法见第 8 页。

理雅各翻译的 *The Li Ki or Book of Changes,* 载于 Max Müller 的 *The Sacred Books of the East* 第二十七与二十八卷。作为对比的译本是老安翻译的《礼记》。理雅各的相关译法见于第 32、60、118、167、212、218、220、254、255、273、278、281（三次）、288、293（两次）、309（两次）、311、338、339、344、349、356、363、370、385、407、410（两次）、413、414、417、421、430（两次）、431 页。老安相关译法见于第 83、305（两次）页。

理雅各翻译的 *The Chinese Classics with a Translation, Critical and Exegetical Notes, Prolegomena, and Copious Indexes,* Vol. Ⅴ, *The Ch'un Ts'ew, with the Tso Chuen* 在 1872 年出版于伦敦，我们使用的是 1939 年伦敦会香港印刷所影印本。作为对比的版本是胡志挥翻译的《左传》。理雅各的相关译法见于第 155、157、234、374、383、507、514、558、566、580、618、718、727、731、832 页。胡志挥的译本无此译法。

314

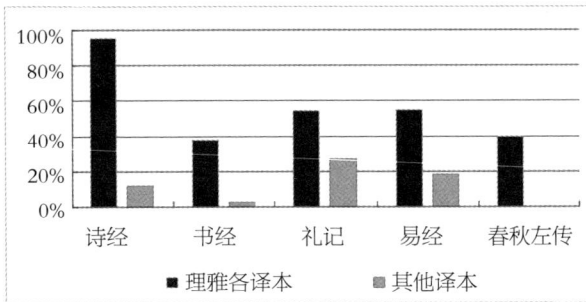

图 5-1
理雅各《诗经》《书经》
《礼记》《易经》《春秋
左传》译本与其他译本
的对比

　　但是，理雅各并非将中国典籍中的所有超自然体都译成"God"，比如，
"神"字在《中庸》中出现6次、《论语》中出现7次、《孟子》中出现3次、
《诗经》中出现22次、《书经》中出现25次、《礼记》中出现115次、《易
经》中出现33次、《春秋左传》中出现85次，理雅各却没有任何一处译为
"God"。其原因可能有二：一是基于基督教的一神论，理雅各认为当典籍中
出现多个超自然体时，"神"并非最高神，而只是介于"God"与民众之间
的超自然体，这也是他将"群神"译为"the host of spirits"的原因[1]；二是
理雅各将《圣经》视为"God"与人类互动的唯一权威记录，所以如果其
他典籍中出现《圣经》未记载的超自然体与人的互动，他就不会将这些超
自然体译为"God"。其他译者也没有将"神"译为代表基督教最高神的
"God"。尽管雅各没有对自己翻译"神"的方法做过说明，但以上两种
原因是最有可能的。他虽然将"帝"视为与"God"等值，却没有将基督
教术语广泛应用于中国宗教术语的翻译。例如：

　　　　不有祝鮀之佞，而有宋朝之美，难乎免于今之世矣。(《论
语·雍也》)

　　　　Without the specious speech of the litanist Tuo, the solitary

---

[1] James Legge, *The Chinese Classics*, Vol. 1, *Confucian Analects, The Great Learning and The Doctrine of the Mean*, p. 34.

beauty of the prince of the Song Dynasty makes it difficult to escape the underlying troubles in the present age.[1]

这个句子中，理雅各在"litany"（启应式祈祷）的基础上，创造了一个新词"litanist"表示牧师。但我们知道，英语中已经有许多表示牧师的现成单词，如"pastor""minister""clergyman""priest""clergy"，然而理雅各并未采用，可能是为了强调中国文化和宗教与西方的差异性，营造一种异域气氛。[2]

早期来华的传教士通常将佛教中的"地狱"译成"Earth's prison"或"a prison in the earth"，意思类似"地球上的监狱"[3]。理雅各也没有采用基督教中的"hell"来翻译中国典籍中的"地狱"，而是使用了梵文的音译"naraka"，即"a naraka for the punishment of wicked men"，以突显中国宗教与基督教的差异。[4]

通过理雅各的翻译可以看出，在他看来，中国古经中的至高神"帝"与基督教的至高神"God"是等同的，这体现了文化诠释中求同的倾向；但他同时将《圣经》视为人神互动的唯一权威记载，并没有在中国典籍翻译中滥用基督教术语，这又体现了文化诠释中存异的倾向。理雅各译文背后宗教理念的求同存异，体现了他的融合倾向。

翻译不仅仅是语言转换，还需要将一种文化引入另一种文化。在进行这种转换过程中，译者会先对异国文化进行理解和判断，然后决定采取何种翻译策略。在整个过程中，意识形态始终影响甚至操纵着译者的翻译活动。对理雅各而言，驱动他翻译活动的意识形态就是他的宗教理念。

---

〔1〕［英］理雅各英译、杨伯峻今译：《四书》，第110-111页。
〔2〕岳峰：《架设东西方的桥梁——英国汉学家理雅各研究》，第293页。
〔3〕Cary Baynes（tr.），*I Ching or Book of Changes: The Richard Wilhelm Translation*, p. 90.
〔4〕岳峰：《架设东西方的桥梁——英国汉学家理雅各研究》，第294页。

316

二、跨文化倾向

费乐仁认为，理雅各翻译中国经典有超越前人的动机，因此他的译作呈现出十大特征[1]，这些特征都具有跨文化倾向，有助于研究者和读者理解其译文。意识到前期耶稣会士和欧洲大陆学者对中国典籍的翻译与研究不足，理雅各力求对儒家经典有更高层次的理解，其译作的十大特征如下：

第一，每本书都添加长篇序言或前言。这些序言或前言涵盖文本的各个方面，包括创作来源、发展过程，以及对每部经典的详尽描述。

第二，序言中的一些文章为文本背景或中国文化增色不少，因为大部分文章针对的是熟悉中国语言和相关文学知识的学者，也为许多不懂汉语或没有中国文化体验的欧洲人和英语世界读者带来新鲜感。

第三，与前期耶稣会士和法国或其他国家学者不同，理雅各在序言末尾提供大量评注型参考文献，令人惊叹。他将不同历史时期中国学者对经文的评论作品以某种方式与已经翻译介绍的儒家经文联系起来。参考文献中引用的作者超过 300 位，涉及从先秦时期（公元前 3 世纪）到 19 世纪的二十多个朝代。

第四，理雅各不仅努力解决大量儒学评论的学术困惑，还提供了以前用其他欧洲语言翻译和解释中国经典文学的书目。这些书常出现在他译本的注释和参考文献中。理雅各不仅引用天主教和新教传教士学者的英语、拉丁语、法语书籍，还引用法国、德国汉学家的相关著作。

---

[1] 张西平、［美］费乐仁：《理雅各〈中国经典〉绪论》，见［英］理雅各编《中国经典》第一卷，第4-8页。

第五，对任何想学习中国古代经典文学的非亚裔来说，理雅各《中国经典》译本的另一个吸引之处在于，每页脚注几乎有正文的三倍之多。理雅各发现一些中文典籍采用这种版式，出于跨文化翻译和解释的目的，他也采用了这种形式。他向读者提供三种注释选择，重视读者对语言的熟悉程度和对其英译本及注释讨论的兴趣。首先，理雅各提供经文的中文版，依据的是 18 世纪学者阮元编订的权威版。其次，理雅各的英译本本身也非常吸引读者。最后，他在每页中国文字的不同位置添加符号，标明汉字的声调或读音，这通常是提醒该汉字的读音，但后来他取消了这种做法，因为与出版惯例不符。

第六，人们知道理雅各翻译整套儒家经文，但可能没有注意到他读了大量相关文献。值得一提的是，他还增加了原文不够清晰的斜体字，以区别中文原文和其英译之间的差异，这是他学习《圣经》时习得的做法。

第七，理雅各的注释涵盖文本各个方面，包括他自己的见解，以及大量引用的中文及其他语言的参考文献。但这不意味着他选择参考文献是任意的。仔细阅读注释中的文献可以明显看出他诠释的偏向，因此可以作为线索研究他对经典难点的讨论和反思。

第八，在多数卷册结尾，理雅各都提供地名、人名及主题索引等至少三种索引，这有助于不懂中文且不熟悉文本的人理解中国经典原文和译文。

第九，纵观所有古典文本，无论中文原文还是英文译文，理雅各都使用拉丁文数字和阿拉伯数字划分书的章节、段落、句子或诗句。通过这种方法，他建立一个更准确的交叉引用体系，并在自己的注释和附录中大量应用。

318

　　第十，每卷结束时都附有经文中出现的汉字汇总，目的是最终编撰一部"古汉语词典"。有趣的是，理雅各特别引用了清代学者编写的三份词汇表，并对每份做了简介和评价。很明显，他希望读者将它们作为学习儒家经典的补充材料。《春秋左传》这最后一卷由于太长，没有附完整的词语表。通过这些方式，理雅各的著作在对精确性和全面性的追求上远超他之前的传教士和现代欧洲汉学家。这得益于他在阿伯丁大学和苏格兰大学时学习拉丁语、希腊语的经历，以及在英格兰海伯里学院学习希腊语和希伯来语《圣经》时培养的古典学修养。他像尊重欧洲古典文本和基督教《圣经》一样尊重儒家典籍。[1]

　　理雅各翻译具有影响力的儒家经典，向英语世界展示博大精深的中国文化，但有时难免也带有一些偏见。在《中国经典》早期译本的序言中，他进行过严厉的批判，但在其他部分，特别是注释中，也对经文或中国评论家的观点做过高度赞扬。理雅各这种矛盾的情绪在第一版的早期作品中有所流露。随着研究逐渐深入，他的情绪慢慢改变。事实上，理雅各始终在努力改变自己的观点，一直到生命结束；要理解他的观点为何转变不易，但很有意义。当年在香港，他完全没有预料到自己会成为知名学者和专家，受到各方尊敬。

　　理雅各诠释的灵活性源于他在阿伯丁大学接受的苏格兰哲学训练，也可称为苏格兰常识哲学传统。该学派的代表人物是基督教知识分子托马斯·里德和杜格尔德·斯图尔特和托马斯·布朗（Thomas Browne）。大学期间，理雅各深受斯图尔特著作的影响。这些新亚里士多德主义的基督新教哲学家主要研究认识论，试图探寻新的方式来解释人类经验这一基本

---

[1] 岳峰等编译：《翻译研究的跨学科方法——费乐仁汉学要义论纂》，第 237-251 页。

事实，以挑战当时的苏格兰极端怀疑主义代表大卫·休谟（David Hume），他们认为对基本事物存在性的人类经验判断大多是合理正确的。苏格兰常识哲学派，特别是该流派与福音派新教世界观的联系，已经完全武装了理雅各的理性，以此思考、应对、评估日常生活中发现的各种各样的中国观点和立场，包括儒教经典。

三、译文行文倾向

理雅各的译著首先是为学者研究而作，这是他的初衷和终极目的，也正是这个动机使他最终立足于汉学巅峰。为了在公众中传播更广，我们需要通俗轻松的读物，这可能是多数翻译家的选择，由此就形成了互补性。理雅各的译文行文有如下倾向。

其一，副文本的厚重感。众所周知，理雅各的译本包含长篇序言和详尽注释，逐条解释读者可能遇到的困惑。普通读者阅读起来需要很大的耐心，但研究者读起来如获至宝，宝藏无穷。译文、原文、注释、参考、索引、评论以数字精准对应，一步定位，展示立体的译文世界。

其二，理雅各在翻译格言警句型文本时，比如《论语》，因为想逐句表达原文句子所有的意思，译文的句子有时比其他汉学家翻译的更长。比如，韦利的句子就总是比理雅各的简洁。但翻译其他文本，比如关于礼仪生活的《礼记》，理雅各依据古文翻译，他的句子经常又比当代翻译家的句子短，因为后者的译本底本是由古文翻译成白话文的今译本，所以理雅各译出的句子相比之下更为简短。

其三，理雅各行文有时带有古风。比如他的《书经》译本的语言就使用古英语，在修辞衬托之下，带着古典庄重感，这一点是其他翻译家难以望其项背的。

其四，为保持中国文化的独特性，理雅各总是采用异化策略，使读者

320

对异域文化产生好奇，而紧随的注释又让读者了解其内涵。相比而言，辜鸿铭亲近读者的归化译法让外国读者更好地了解中国经典，他与理雅各各有千秋。

其五，当注疏本自相矛盾，或明显有误，理雅各会提供基于官方权威释义本的参考意见。如果注疏有两种权威版本，他会做出说明。因此，他的译本具有较强的说服力。

至今，从相关文献看，学者对理雅各译本的引用次数和频率仍高于其他汉学家。而且经过比较，我们会发现不少译本与理雅各译本有一定的相似度，当代翻译家对理雅各的借鉴很明显。费乐仁在与笔者的通信中认为刘殿爵版的《论语》与理雅各版甚至有九成的相似度。从诠释透彻度来说，理雅各博采众长，借鉴百家，在翻译家中无人可比。韦利也是名家，但只参考朱熹一派。厚重的学术底蕴使理雅各的译本虽经岁月流逝而风采依旧，在汉学快速发展的今天，仍然显示出其生命力。学者谈中国典籍的翻译，言必称理雅各。他的译本虽有错漏，观点也有陈旧之处，但其译本有长久的借鉴价值。

结　语

理雅各是当之无愧的顶级汉籍欧译大师。他翻译了"十三经"的主体部分，是用英文翻译儒家经典最多的人；他还译有部分道家和佛家文献，其翻译量与研究量令人望而生畏，对中国文化的译介做出了杰出的贡献。理雅各也是中国文化的推崇者，他尊重中国文化，称颂孔子"以最好的和最崇高的身份代表着人类最美的理想"。

理雅各译本呈现的不只是译文，还有长篇序言和详尽的注释，这些严谨的研究考据内容与译文一样重要，为研究者提供了百科全书式的信息与学术方向。他为汉学确立了标准并发扬光大。理雅各解经博采旁涉，被清代学者尊为"西儒"。他善于与中国学者合作，创立了翻译史上中西合璧的典范。理雅各遵循"不以辞害志"的原则，翻译以传达原文信息为主，以忠实与严谨为首要原则，在形式与内容上尽量贴近原文，追求高精确度与忠实度；在翻译方法上以直译为主，以注释为辅，措辞细腻而多样化，创立学术型厚重译法。

理雅各对《中国经典》的翻译和解释，无论是1861—1872年第一版，还是1893—1895年修订版，其对"忠实再现"的追求都远远超过"精细表达"的程度。尽管在21世纪，我们有理由质疑理雅各的某些译文不准确或错误，但他的大量作品对所有读者来说仍大有裨益，其成就是汉学标志性的里程碑，拓展了诠释学的阐释范畴，其引领19世纪的欧洲了解中国儒家经典的典范作用将继续延续下去。从比较哲学和比较宗教的角度对其

322

作品的研究也将持续推动理雅各的《中国经典》在翻译学、语言学、比较文学、历史学和诠释学等学科的发展。[1]至于理雅各对中国古代文化的质疑与异议，我们也绝不是照单全收，其思想同样有其局限性，这部分内容的写作目的是让学者在输出中国文化的政策导向下知道一个亲和中国的西方人在想些什么，大多数严肃的学者不会认为世界上会有一种文化是完美无缺的。

　　理雅各三分之二的人生在中国度过，他帮助救济当地华人，抗议鸦片贸易与苦力贸易，反对英法联军镇压太平军。理雅各的近代化思想促进了中国报业的近代化转型，他的世俗化思想刺激了香港教育的发展。17世纪苏格兰哲学、19世纪苏格兰非国教力量与自由教会运动，加上理雅各与中国当地民众交往的经历，使理雅各把中国文化与基督教文化融为一体，使他在翻译上有独特的极其明显的中西宗教融合倾向。这种翻译倾向与宗教观点使他长期在西方人士中饱受争议，但最终换来认可与称道，名垂青史，盛誉永存。

[1]张西平、[美]费乐仁:《理雅各〈中国经典〉绪论》，见[英]理雅各编《中国经典》第一卷，第25页。

理雅各年谱简编

- **1815 年 12 月 20 日　出生**

  理雅各生于英国苏格兰阿伯丁郡的哈德利镇。

- **1815 年至 1822 年　从出生至 7 岁**

  理雅各一家人与在马六甲传教的英国传教士米怜保持书信联系，其生活开始与传教事业有了交集。

- **1822 年　7 岁**

  理雅各与米怜之子美魏茶同校就读，开始受到传教士一家更大的影响。

- **1829 年　14 岁**

  理雅各小学毕业，进入阿伯丁语言学校就读。

- **1831 年至 1835 年　16 岁至 20 岁**

  理雅各参加阿伯丁皇家学院入学考试，凭借全面的优势获得该学院最高奖学金。考试前，理雅各遭遇骚乱陷入险境，但幸免于难。1831 年至 1835 年，理雅各在阿伯丁皇家学院接受大学教育，大学毕业前再次获得该校最高奖哈顿尼恩奖学金。

324

1836 年　21 岁

理雅各本有机会留校任教，但需要改信国教。理雅各坚持自己的非国教信仰，放弃了留校的机会。在随后的一年半时间里，理雅各在英国布莱克本一所公理会学校担任数学和拉丁语教师。

1837 年　22 岁

理雅各进入伦敦海伯里神学院学习神学。

1838 年　23 岁

理雅各加入伦敦会，并与一位伦敦会理事会成员的女儿玛丽·伊莎贝拉·摩里逊订婚。这一年，理雅各决定前往海外传教。

1839 年　24 岁

理雅各在伦敦大学中文教授修德门下学习了几个月的中文。同年，尽管健康状况有隐忧，但理雅各不顾医嘱，前往马六甲传教。

1840 年　25 岁

理雅各携妻子玛丽于 1 月 10 日抵达马六甲，但因不适应当地气候，两人身体状况欠佳。理雅各在马六甲期间职责繁重，既是伦敦圣教书会的记者和顾问，又担任英华书院校长伊云士（Rev. John Evans）的助理，还负责书院印刷事宜。同年，伊云士及约塞亚·修兹死于霍乱，理雅各升任更高职位。由于英国与清政府正就开放通商口岸进行谈判，理雅各遂向教会建议将英华书院迁往香港。

1841 年　26 岁

理雅各编撰了《英、汉及马来语对照词典：以闽南话和粤语俗语为例 》，后来用作马六甲英华书院的教材。此时，理雅各开始涉足汉学研究，同时整理、翻译和编写基督教的汉语文献。马六甲遭遇霍乱期间，理雅各撰写《就霍乱问题致马六甲华人的信》，并印成小册子分发给当地人民，从医学角度劝说他们抛弃迷信，改信基督教。这时华人何进善成为理雅各的宣教助手。1841 年 7 月 13 日，美国纽约大学因理雅各的卓越贡献及其虔诚信仰，授予其名誉神学博士学位。11 月，理雅各正式担任英华书院校长。

1842 年 27 岁

《南京条约》签订后，为了在中国开展传教活动，伦敦会理事会开始大规模筹募资金。理雅各努力将英华书院迁往香港，并与马礼逊次子、英国传教士马儒翰（John Robert Morrison）保持通信联系。马儒翰当时担任印度公司秘书、马礼逊教育协会及香港华民的秘书和翻译。

1843 年 28 岁

理雅各跟随马六甲英华书院及其中文印刷所迁入香港。在香港，理雅各面临着恶劣的生活环境以及混乱的社会治安。为了传教，他将自己的住所变成了《圣经》教学场所，何进善协助他进行宣教工作。同年，香港政府否决了理雅各申请用地扩建英华书院的请求，理由是英华书院未能为政府提供翻译服务。为了制定统一的《圣经》中文版，8 月 22 日至 9 月 4 日，华人传教士聚集香港讨论《圣经》的翻译问题。理雅各因语言学知识与中文造诣较深受邀参加，但起初传教士内部人员在某些宗教学术问题上就出现了分歧。

1844 年 29 岁

理雅各将英华书院改名为英华神学院。同年，理雅各在香港建立了第一座华人礼拜堂并担任主持，何进善协助他处理许多事务。理雅各暂时返英期间，教堂由何进善代为管理。这年理雅各开始编写、印刷中文宗教宣传册，何进善和黄胜协助他工作。其中《耶稣山上垂训》便是理雅各撰写，何进善合作翻译注释。

1845 年 30 岁

理雅各年初向香港政府提议创办一所为中国人免费提供教育的学校，但遭到拒绝，理由是该计划过于复杂，成本过高。同年，理雅各筹建的佑宁堂建成。他与同为伦敦会传教士的麦都思讨论宗教文献翻译理念，认为"Elohim"与"Theos"应翻译为"神"。11 月，理雅各持续高烧不退，只能返回英国治疗，同时带上了三名中国学生，即吴文秀、李金麟和宋佛俭。

1846 年　31 岁

理雅各一行抵达英国，引起当地社会广泛关注。自抵英直至 1848 年，理雅各在英国各地讲道。他还向英国国务大臣格莱斯介绍了香港传教近况和教育发展状况，提倡推行教育世俗化改革。格莱斯随后就此事致信香港总督德庇时。

1847 年　32 岁

理雅各在回港途中，决心通过研习、翻译中国典籍来助推传教事业发展。7月 2 日，聚集在香港的传教士开始讨论《圣经》修订问题，但很快在 5 日就出现严重分歧，引发长期的"译名之争"，理雅各也卷入其中。同年，由理雅各倡议的香港补助书馆计划开始实施。12 月 6 日，香港政府在《香港政府宪报》上宣布对三所中文学校每月资助 10 元，同时成立教育委员会监督此事。这标志着政府开始介入香港教育，但此时教育仍由教会控制，宗教氛围浓厚。

1848 年　33 岁

4 月，理雅各启程返回香港，途经新加坡时轮船起火，他指挥男性乘客灭火。7 月 22 日，理雅各抵达香港。8 月，香港和广州的传教士开会讨论建立传教站事宜，理雅各被任命为传教站秘书。该站每三个月开会一次，协调两地传教事务。8 月 31 日至 12 月 1 日，理雅各在香港经历首次台风。同年，理雅各的四女儿安妮不幸去世，理雅各夫妇十分悲痛。这年华人黄胜来英华书院工作，协助理雅各翻译中国典籍。自此，理雅各改变了在译名之争中原有的观点，认为应直接使用中国典籍中的"上帝"一词来对应基督教的"God"。

1849 年　34 岁

理雅各撰写了宣教小册子《上帝的日子》。

1850 年　35 岁

理雅各的第一任妻子玛丽致信伦敦会，要求加强对理雅各主持建立的英华书院附属女子学校的支持，该校是中国最早的女校之一。伦敦会基本同意了这一请求。3 月 20 日，理雅各向伦敦会提议在广州建立教堂，但在 8 月收到否决回应。

1851 年　36 岁

理雅各在 12 月 28 日经历了香港第二次毁灭性台风。

1852 年　37 岁

理雅各在清军镇压广州南部农民起义后，从清军手中救下一个女孩，并帮助救治一位老人。同年，理雅各在香港出版《中国人的鬼神观》，正式开启其中国宗教学术研究之路。这年理雅各还撰写了宗教文册《约瑟纪略》（后为《宗主诗章》）及《养心神诗》（后为《重休礼拜堂仁济医馆祈祷上帝祝文》）。10 月 17 日，理雅各在香港遭遇第三次大台风。10 月，理雅各的妻子玛丽去世，理雅各陷入悲痛之中。11 月 22 日，理雅各再度致信教会，提议在广州建立教堂，可仍然无果。

1853 年　38 岁

理雅各成为教育委员会成员，他向委员会提出设立官学奖学金制度，给《圣经》和"四书"成绩最好的学生颁发 1.5 英镑奖励，给英语或地理知识最好的学生颁发 1 英镑奖励。从这年起，理雅各开始主编香港第一份中文报纸《遐迩贯珍》，黄胜协助他处理相关工作。当年大批中国人前往美国加州和澳大利亚淘金，理雅各为他们撰写移民美国的须知册子《往金山要诀》，同时在这些华人中传教。他派遣 5 名英华书院的学生前往加州建立教堂，另派 2 人前往澳大利亚传教。这年，理雅各的幼女在送往苏格兰途中去世，仅剩理雅各一人在港。也就在这一年，太平天国在理雅各的帮助下正式确立了"拜上帝会"这个名称。

1854 年　39 岁

理雅各撰写了中文传道册子《劝崇圣书》《新约全书注释》《耶稣门徒信经》。他也开始尝试翻译《易经》。这年，韩山文将在逃的洪仁玕带到理雅各面前，理雅各安排洪仁玕从事教学工作。

1855 年　40 岁

理雅各使一名道士改信基督教。1 月 12 日，理雅各再次恳请教会在广州建立教堂，并建议将印刷所迁往上海发展，但遭到拒绝。此时，《遐迩贯珍》因人手不足停刊。自这年至 1858 年，洪仁玕受聘为伦敦会牧师，同时担任理雅各的助理。

1856 年　41 岁

理雅各编撰的教材《智环启蒙塾课初步》在香港出版，被用作英华神学院的教科书。该书于 1859 年成为香港官学标准教材，分别于 1862 年和 1864 年在广州、香港重新印刷；1867 年，日本江户开物出版社将其翻印，在日本广为流传，被多所学校用作教科书。1856 年，因师资和经费不足，运作 13 年的英华神学院停办。同年，理雅各撰写《圣书要说析义》和《亚伯拉罕纪略》，为广东人车锦光施洗。他主张中国医生王风的薪酬应与西方传教士同等，引发外国人争议。一直到 1860 年，理雅各继续提请伦敦会关注华人基督徒与西方传教士同工同酬问题。这年，英华书院学生梁柱臣随传教士前往澳大利亚维多利亚省建立教堂。（19 世纪 60 年代初，梁柱臣在澳大利亚巴拉腊特又建立两所教堂，1866 年在中国内地建立首所华人自筹、自办的教堂。）1856 年起，理雅各用英汉双语在香港公理会传教，并利用闲暇时间翻译中国典籍。

1857 年　42 岁

理雅各在当地一家面包店厨师计划的投毒事件中幸免于难。同年，理雅各第二次返回英国，一来治疗身体，二来出版中国典籍译作。理雅各离开后，洪仁玕前往南京，由牧师湛约翰资助其生活费用。

1858 年　43 岁

理雅各在英国通过哥哥乔治介绍，认识了一位牧师遗孀汉娜。汉娜独自抚养女儿生活。理雅各与她结婚，带着她和继女以及两个亲生女儿回到香港。香港最高法院注册主任拜访理雅各，为黄胜提供法院口译工作，但黄胜以志在传教为由拒绝了。

1859 年　44 岁

理雅各发表演说《秦国——伦敦会成立六十五周年讲话》。10 月，他在香港经历第四次大台风。19 世纪 50 年代后期，理雅各的两个女儿也投入传教事业，在理雅各创立的学校任教，而后在香港结婚生子。

1860 年 45 岁

理雅各与被洪秀全封为干王的洪仁玕频繁通信。理雅各认为太平天国的信仰存在偏差，劝说洪仁玕纠正错误，坚持与外国和解的路线，并拒绝洪仁玕托人送来的钱款。同年，理雅各撰写宗教文书《圣会准绳》和《基督教信仰与行为》，为车锦光带过来的人施洗。同年，香港教育委员会改组为教育局，专管政府学校，理雅各成为当中的权威人士，开始大力提倡世俗教育。7 月 3 日，理雅各在教育局会议上提出"教育革新计划"，并以书面形式在《香港政府宪报》上刊登，建议关闭维多利亚城所有受资助的皇家书院，新建一所中央书院，将所有学生集中起来，同时提高英语教学的比重。通过理雅各的努力，自 19 世纪 60 年代起，世俗教育取代宗教教育，是为香港教育的重点。

1861 年 46 岁

理雅各编译的《中国经典》第一版在 1861 年至 1872 年间陆续在香港出版，1861 年出版的第一卷包含《论语》《大学》《中庸》；第二卷为《孟子》；1865 年第三卷为《书经》，分为两册，包含《竹书纪年》；1871 年第四卷为《诗经》，分为两册；1872 年第五卷为《春秋左传》，分为两册。同年，英法联军攻占广东后，当地人民视外国人为仇敌，理雅各与友人参观广东的河南（现中山大学康乐园一带，英文资料为"Ho-nan"）一佛寺时遭到袭击。那年夏天，理雅各与湛约翰到广东博罗等地视察车锦光的传教工作，行程长达四周。起初受到欢迎，后又遭到袭击。10 月，理雅各不顾个人安危解救了被仇家伤害的车锦光，临行前叮嘱英国领事，若自己遇害，不要用军舰报复，以保全他清白的名声。

1862 年 47 岁

理雅各在香港太平山和湾仔筹建两所教堂。2 月，他前期倡议的中央书院正式开学，标志着香港政府的教育重心转向世俗教育。首任校长史钊域（Frederick Stewart）贯彻理雅各世俗教育理念。理雅各也从教育局繁重的文书和管理工作中脱身。同年，理雅各发表公开信，抗议英法联军镇压太平军。这年理雅各也遭遇了第五次破坏性台风。此外，流亡香港的王韬开始协助理雅各翻译中国典籍，这项合作持续 20 年。1862—1865 年，理雅各还为香港政府培训口译、笔译人才。

1863 年　48 岁
理雅各年底捐款 2.1 万元用于修建佑宁堂。

1864 年　49 岁
理雅各在 6 月 6 日遭遇第六次大台风。同年，理雅各身体状况再度恶化，
于是前往广东西河游历养病。

1865 年　50 岁
理雅各所在的教育理事会被政府办学部取代。这年理雅各因在公益事业上
的卓越贡献，受邀出席香港政府茶会。理雅各带妻子汉娜前往汕头、厦门、上
海，后到日本治疗，但汉娜终因不适应当地环境于 1866 年初带着四个孩子返回
英国。

1866 年　51 岁
香港发生大火灾，理雅各组织赈灾募捐活动。同年，他探望染上猩红热的
学生，并为一个他认为无辜的死囚奔走呼吁。

1867 年　52 岁
1 月，理雅各在香港昂船洲经历一起爆炸事件，一艘装载 80 吨炸药的商船
因不明原因爆炸。理雅各于 2 月回英国疗养，暂停翻译中国典籍工作。不久，
理雅各致信王韬，邀请他前往苏格兰。年底，王韬赴苏格兰。

1868 年至 1869 年　53 岁至 54 岁
理雅各与王韬在苏格兰全神贯注地翻译中国典籍，并抽空游历爱丁堡、格
拉斯哥、雷斯和阿伯丁等地。理雅各希望退出伦敦会，专心致志翻译中国经典。

1870 年　55 岁
理雅各于 1 月 5 日与王韬及女儿玛丽一同回到中国，3 月抵达香港。从欧洲
返华的王韬展开自己的事业，发展报业，逐渐成为社会改革者。同年，理雅各
与伦敦会签订了三年的佑宁堂牧师合同。佑宁堂具备印刷业务，为理雅各出版
自己翻译的《中国经典》系列提供了便利。

1871 年　56 岁

理雅各为英国士兵开设"圣经"课程。同年，他撰写布道文书《无偿的福音》。2 月，为呼吁取缔赌场，理雅各联合其他传教士和部分商会，组织超过 1000 人签名请愿。

1872 年　57 岁

理雅各于 7 月的某个夜间因翻译过度劳累而休克，跌伤手部。

1873 年　58 岁

理雅各游历中国北方，见证当地的落后状况，感到痛心。5 月 17 日，理雅各参观孔府，记录当地种植鸦片的情况。同年，理雅各离港，王韬撰文称颂他。理雅各先游历美国，然后定居英国。回国后，理雅各继续呼吁禁止鸦片贸易。1873—1876 年，理雅各致力用诗体将赞美诗翻译成拉丁文，并对某些语言点进行阐释，与他翻译《中国经典》的方法异曲同工。他为此写了多达 330 页的手稿。

1874 年　59 岁

理雅各在 1874 年至 1875 年间得到约翰·莱格牧师（Rev. John Legge）等人协助，重新翻译《诗经》。

1875 年　60 岁

理雅各接受穆勒邀请，为《东方圣书》提供系列译文。4 月 20 日，牛津大学决定任命理雅各为首任汉学教授。

1876 年　61 岁

理雅各因翻译中国典籍有巨大成就，获得首届儒莲奖。10 月 27 日，理雅各在谢尔德廉戏院发表就职演说，开始在牛津大学任教，直至去世。

1877 年　62 岁

理雅各撰写《儒教与基督教对比》一文，在上海的对华传教士大会上由他人代为宣读。传教士对此文持异议，认为其高估儒教，同时再度引发术语问题。此文被拒绝出版，后来在友人资助下单独出版。同年，理雅各再次邀请王韬前

332

往英国，准备重新翻译《易经》，但王韬没有去。

● 1878 年　63 岁

理雅各发表论文《中华帝国的儒教》和两小卷《孔子生平与教义》与《孟子生平与著作》。

● 1879 年　64 岁

理雅各翻译出版《东方圣书》第三卷，包含《书经》《诗经的宗教内容》《孝经》。同年，理雅各受邀成为长老宗牧师。

● 1880 年　65 岁

理雅各根据在牛津大学的教学和研究心得，在伦敦发表专著《中国的宗教：儒教、道教与基督教的对比》。同年，理雅各被提名为中央书院第二任校长。这年，理雅各的第二任妻子汉娜去世。

● 1882 年　67 岁

理雅各完全失聪，但仍坚持教学和翻译工作。同年，他翻译出版《东方圣书》第十六卷《易经》，并为第九版《不列颠百科全书》编写《老子》条目。

● 1883 年　68 岁

理雅各的著作《基督教与儒教关于人生教义的对比》由伦敦圣教书会出版。同年，理雅各出版《道德经》译本。

● 1884 年　69 岁

理雅各前往爱丁堡大学参加校庆，他曾在该校获得神学博士学位。

● 1885 年　70 岁

理雅各译出《礼记》，为《东方圣书》第二十七、二十八卷。

● 1886 年　71 岁

理雅各翻译出版《佛国记》。同年，理雅各撰写《宗教比较知识与传教的关系》。同年，理雅各中风，健康状况恶化。

1887 年　72 岁

理雅各发表汉学研究论文《菩萨的形象》。

1888 年　73 岁

理雅各开设讲座，介绍基督教在华传教历史，并再次对鸦片战争提出批评。同年，理雅各出版专著《基督教在中国：景教、罗马天主教与新教》。

1891 年　76 岁

理雅各译出《道德经》和《庄子文集》，即《东方圣书》第三十九、四十卷，并发表汉学研究论文《因果报应论》。

1892 年　77 岁

理雅各修订自己的"四书"译本并再版。

1893 年　78 岁

理雅各在 1893 年至 1895 年间修订《中国经典》，由克莱仁登出版社重新出版。

1897 年　82 岁

理雅各于 11 月 29 日在牛津去世。

参考文献

一、理雅各著作、论文与译作

1. 著作

［1］ *A Lexilogus of the English, Malaya, and Chinese Languages: Comprehending the Vernacular Idioms of Hok-keen and Canton Dialects.* Malacca: the Anglo-Chinese press, 1841.

［2］ *An Argument for "上帝"（Shang Te）as the Proper Rendering of the Words Elohim and Theos, in the Chinese Language: with Strictures on the Essay of Bishop Boone in favour of the term 神 Shin. etc.* Hong Kong: Hongkong Register office, 1850, in-8.

［3］ *Christianity and Confucianism Compared in Their Teaching on the Whole Duty of Man.* London: Religious Tract Society, 1883.

［4］ *Christianity in China: Nestorianism, Roman Catholicism, Protestantism.* London: Trubner & Co., Pub., 1888.

［5］ *Confucianism in Relation to Christianity: A Paper Read before the Missionary Conference in Shanghai.* on May 11th, 1877. London: Trubner & Co., Pub., 1877.

［6］ *Confucianism in Relation to Christianity.* London: Hodder and Stoughton, 1880.

［7］ *Inaugural Lecture, On the Constituting of A Chinese Chair in the University of Oxford,*

Delivered in the Sheldonian Theatre (《执教牛津演说》). London: Trubner & Co. , 1876.

[8] *Life and Teachings of Confucius with Explanatory Notes* (《孔子的生平与教义》). London: Kegan Paul, Trench, Trubner and Co. , 1895.

[9] *Reply to Dr.Boone's Vindication of ⟨ Comments on the Translation of Ephes ⟩ in the Delegates' Version of the New Testamen*(《与文惠廉商榷⟨ 新约 ⟩委办本的译法》). Shanghae: London Missionary Press, 1852.

[10] *The Chinese Classics Translated into English with Preliminary Essays and Explanatory Notes.* Vol. 4. Hong Kong, 1871.

[11] *The Chinese Classics with a Translation, Critical and Exegetical Notes, Prolegomena, and Copious Indexes*, Vol. 1, *Confucian Analects, The Great Learning and The Doctrine of the Mean.* London: Henry Frowde, Oxford University Press Warehouse, Amen Corner, E. C., 1861.

[12] *The I Ching.* New York: Dover Publications, 1963.

[13] *The Land of Sinim: A Sermon Preached in the Tabernacle, Moorfields, at the Sixty-Fifth Anniversary of the London Missionary Society* (《秦国——伦敦会成立六十五周年讲话》), London: John Snow, 1859.

[14] *The Li Ki or Book of Rites* . Oxford: The Clarendon Press, 1885.

[15] *The Notions of the Chinese Concerning God and Spirits: With an Examination of the Defense of an Essay on the Proper Rendering of the Word Elohim and Theos, into the Chinese Language.* Hong Kong: Hongkong Register Office, 1852, in-8.

[16] *The Religions of China: Confucianism and Taoism Described and Compared with Christianity*, London: Hodder and Stoughton, 1880.

[17] *The She King or the Book of Ancient Poetry, Translated in English Verse, with Essays and Notes.* London: Trubner & Co., Ludgate Hill, 1876.

[18] *The Shoo King or the Book of Historical Documents.* London: The London Missionary Society's Printing Office, 1865.

[19] *The Shu King or the Book of Historical Documents.* New York: Charles Scribner's Sons, 1899.

[20] *The Works of Mencius.* Oxford: The Clarendon Press, 1895.

[21] *The Yi King or Book of Changes.* Oxford: The Clarendon Press, 1882.

［22］*Three weeks on the West River of Canton*（《游广东西江的三周》）. Hong Kong:
　　　Printed by de Souza & Co. 1866, in-8.

2. 论文

［1］"A Territorial Sub-Division of China traced to Hwang-Ti"（《黄帝前的中国疆
　　　域》）. *China Review*, XI.

［2］"The Late Appearance of Romances and Novels in the Literature of China ; with
　　　the History of the Great Archer, Yang Yu-chi"（《中国文学中迟到的传奇与小
　　　说》）. *The Journal of the Royal Asiatic Society of Great Britain and Ireland*, October,
　　　1893.

［3］"The Li Sao Poem and its Author : I. The Author"（《〈离骚〉及其作者研究之
　　　一：作者》）. *The Journal of the Royal Asiatic Society of Great Britain and Ireland*,
　　　January, 1895.

［4］"The Li Sao Poem and its Author : II. The Poem"（《〈离骚〉及其作者研究之二：
　　　诗歌》）. *The Journal of the Royal Asiatic Society of Great Britain and Ireland*, July,
　　　1895.

［5］"The Li Sao Poem and its Author : III. Chinese Text and Translation"（《〈离骚〉
　　　及其作者研究之三：中文原文及翻译》）. *The Journal of the Royal Asiatic Society
　　　of Great Britain and Ireland*, October, 1895.

［6］"The National Religion of China, as Illustrative of the Proper Word for
　　　Translating 'God' into the Chinese Language. Being an Extract from the Bishop
　　　of Victoria's Charge to the Anglican Clergy, Delivered at Shang-hae, China, on
　　　October 20th, 1853"（《以中国的宗教论证"上帝"的汉译法》）. Shanghae,
　　　1853, in-4.

［7］"The Tao Teh King". *British Quarterly Review*, Vol. 78, 1883.

［8］*The 'YH King'*"（《〈易经〉问题》，理雅各于 1882 年 9 月 11 日写给《雅典娜
　　　神庙》杂志的信，答复 M. Terrien de Lacouperie 的学术问题）. *The Athenaeum*,
　　　September, 1882.

［9］"Two Heroes of Chinese History"（《中国历史上的两个英雄》）. *China Review*, I.

[10] "A Letter to Professor F. Max. Müller Chiefly on the Translation into English of the Chinese Terms *Ti* and *Shang-Ti* in reply to a Letter to him by 'Inquirer' " . *Chinese Recorder and Missionary Journal* for May-June, 1880, XII, 1881, (also in) Hong Kong: Hongkong Register Office, 1850, in-8 ; (and) *A Letter to Professor F. Max. Müller Chiefly on the Translation into English of the Chinese Terms Ti and Shang Ti in reply to a Letter to him by "Inquirer"*. London: Trubner & Co., Pub., 1880.

[11] "The Colony of Hong Kong" . *China Review*, 1:3 (1872—1873) .

[12] "Imperial Confucianism" . *China Review*, 1878.

[13] "The History of the Great Archer, Yang Yu-chi"（《养由基》）. *Journal of the Royal Asiatic Society* (London) , 45, NS 25, 1893.

[14] "The Bearing of Our Knowledge of Comparative Religion on Christian Missions" . 1886, in the Library of the School of Oriental and African Studies in London.

[15] "On the Present State of Chinese Studies and What is Wanted to Complete the Analysis of the Chinese Written Characters"［《汉语研究现状及汉字分析须知》, 1878 年 9 月 16 日在里昂—佛罗伦萨东方研究学者大会（the Lyons and Florence Congress of Orientalists）上的讲话］. *The Academy*, Nov. 22nd, 1879 ; (also in) *Atti del IV Cong.int.degli Orient.*, 1881, II.

[16] "Principles of Composition in Chinese, as deduced from the Written Characters" （《汉字构成的原则》）. *Journal of the Royal Asiatic Society*, NS 2, Vol. XI, Art. X, April, 1879.

[17] "Remarks on the Ch'un Ts'ew"（《评〈春秋〉》）. *China Recorder*, III.

[18] "The Image of Maitreya Bodhisattva" . *The Athenaeum*, March 19, 1887.

3. 译作

[1] *A Record of Buddhistic Kingdoms, Being an Account by the Chinese Monk Fa-Hien of His Travels in India and Ceylon (A.D. 389-414) in Search of the Buddhist Books of Discipline*. Oxford: Clarendon Press, 1886; New York: Paragon Book Reprint Corp.

& Dover Publications, Inc., 1965.

［2］*Graduated Reading: Comprising a Circle of Knowledge, in 200 Lessons.* Hong Kong: London Missionary Society Press, 1856.

［3］*Texts of Confucianism.* Oxford: The Clarendon Press, 1899.

［4］*The Chinese Classics Translated into English with Preliminary Essays and Explanatory Notes.* Hong Kong, 1861—1872, Vol. 1-5.［说明：该系列重版甚多，有 1876 年伦敦修订版、1895 年克莱仁登出版社版、1933 年中华书局上海版、1939 年伦敦会香港印刷所影印本、1960 年香港大学版、1971 年台湾文史哲出版社版、1986 年台北南天书局有限公司版，分册重版难以计数，不再赘述。关于《诗经》韵体版，即修订版见 *The Chinese Classics Translated into English with Preliminary Essays and Explanatory Notes*（revised edition）. Vol. 3, London: Trubner & Co., 57& 59, Ludgate Hill, 1876。也见 http://etext.lib.virginia.edu/Chinese 等相关网站资源。］

［5］*The Famine in China: Illustration by a Native Artist with a Translation of the Chinese Text*（《中国饥馑》）. London: Committee of the China Famine, C. Kegan Paul& Co, 1878. 该书书名也称 *Pictures illustrating the terrible famine in Honan that might draw tears from iron*（《催人泪下的河南饥荒图》）及 *The Famine In China*（《中国饥馑图》）.

［6］*The Four Books with English Translation and Notes*（《四书英译与注释》）. Shanghai: Chinese Book Company, 1941.

［7］*The Texts of Taoism.* Oxford: The Clarendon Press, 1891.

［8］［英］理雅各英译，杨伯峻今译. 四书，长沙：湖南出版社，1996.

［9］［英］理雅各英译，杨伯峻今译. 周易，长沙：湖南出版社，1993.

［10］［英］理雅各编. 中国经典. 上海：华东师范大学出版社，2011.

二、西文文献

［1］Anderson, Greg. "The Church Legge Left Behind: Union Church as an Influential

Biblical Community". the International Conference on "James Legge's Life and Works in Hong Kong: A Bicentennial Celebration of His Birth", 2015.

[2] Anonymous. "The Chinese Pilgrim Fa-hsien". *The Oxford Magazine*, No.3, 1885.

[3] Baker, Timothy. "The Religious Beliefs of James Legge: From Theology to Sinology". the International Conference on "James Legge's Life and Works in Hong Kong: A Bicentennial Celebration of His Birth", 2015.

[4] Balkin, Jack M. *The Laws of Change: I Ching and the Philosophy of Life*. New York: Schocken Books, 2002.

[5] Baynes, Cary（tr.）. *I Ching or Book of Changes: The Richard Wilhelm Translation*. London: Penguin Books, 1989; 2003.

[6] Blofeld, John（tr.）. *The Book of Change*. London: George Allen & Unwin Ltd., 1963.

[7] Bohr, Richard. "Reconfiguring the Taiping Heavenly Kingdom: James Legge's Impact on 'Shield King' Hong Rengan". the International Conference on "James Legge's Life and Works in Hong Kong: A Bicentennial Celebration of His Birth", 2015.

[8] Bowman, Marilyn. "Legge's Work on the Chinese Texts: His Sources, Resources, and Working Papers". the International Conference on "James Legge's Life and Works in Hong Kong: A Bicentennial Celebration of His Birth", 2015.

[9] Bridgeman, Elijah Coleman. "Filial Duty". *Chinese Repository*, 1835.

[10] Chen, Ivan. *The Book of Filial Duty*. London: E. P. Dutton & Co., 1908.

[11] Cleary, Thomas. *The Taoist I Ching*. Boston: Shambhala Publications, 1986.

[12] Doyle, G. Wright. *Builders of the Chinese Church*. Eugene: Wipf and Stock Publishers, 2015.

[13] Eitel, Ernest John. *Europe in China: The History of Hong Kong from the Beginning to the Year 1882*. Oxford University Press, 1983; Hong Kong: Kelly & Walsh, Ltd., 1895.

[14] Girardot, Norman. *The Victorian Translation of China: James Legge's Oriental Pilgrimage*. Berkeley: University of California Press, 2002.

[15] Harrison, Brian. *Waiting for China, the Anglo-Chinese College at Malacca 1818—1843 and 19th Century Mission*. Hong Kong : Hong Kong University Press, 1979.

[16] Hon, Tze-ki. "Constancy in Change: A Comparison of James Legge's and Richard

340

Wilhelm's Interpretation of *Yijing*". *Monumenta Serica*, 53, 2005.

[17] Karlgren, Bernhard. *The Book of Documents*. Stockholm: The Museum of Far Eastern Antiquities, 1950.

[18] Kranz, Paul. *Some of Professor J. Legge's Criticisms on Confucianism*. Shanghai: American Presbyterian Mission Press, 1898.

[19] Ku Hun-Ming. *The Discourses and Sayings of Confucius*. Preface vii, Shanghae (sic), 1898.

[20] Lau, D.C. *Mencius*. Hong Kong: The Chinese University Press, 2003.

[21] Legge, Christopher. "Legacy: Living in the Shadow of the Great Scottish Sinologist". the International Conference on "James Legge's Life and Works in Hong Kong: A Bicentennial Celebration of His Birth", 2015.

[22] Legge, Helen Edith. *James Legge: Missionary and Scholar*. London: The Religious Tract Society, 1905.

[23] Li, Yan. *I Ching*. Beijing: Foreign Language Press, 1997.

[24] Lin, Feng & Yue, Feng. "A Study on the Translation of Chinese Classics in the Context of 'The Belt and Road' Initiative—A Linguistic Analysis of James Legges's Translation of *Shangshu*". *Proceedings of China's First International Symposium on Ethnic Languages and Culture under "The Belt and Road Initiatives"*, American Scholars Press, 2017.

[25] Luo, Zhiye. *Book of History*. Changsha: Hunan People's Publishing House, 1997.

[26] Lynn, Richard. *The Classic of Changes*. New York: Columbia University Press, 2004.

[27] McClatchie, *Thomas. Translation of the Confucius* 易经 *or the "Classic of Change" with Notes and Appendix*. Shanghai: American Presbyterian Mission Press, 1876.

[28] McCutcheon, James Miller. "The American and British Missionary Concept of Chinese Civilization in the Nineteenth Century". unpublished dissertation, University of Wisconsin, 1959.

[29] Morrison, Robert. *A Dictionary of the Chinese Language*. Macao: East India Company's Press, 1815.

[30] Müller, Max. *Biographical Essays*. London: Longmans, Green, and Co., 1884.

[31] Müller, Max. *The Sacred Books of the East*. Oxford: The Clarendon Press, 1879—1891. (说明：笔者所依据的《东方圣书》主要是 1962—1968 年由联合国教

科文组织资助、印度的 Motilal Banarsidass 的再版本。相关网络资源见理雅各
《庄子》译文网站与理雅各《道德经》译文网站。)

［32］Pfister, Lauren F. & Yue Feng. "The Goal of Translation Research, Disciplinary Tools and Hermeneutic Orientations: A Cross-disciplinary Dialogue with Professor Lauren Pfister". *Chinese Translators Journal*, No.2, 2010.

［33］Pfister, Lauren F. "Clues to the Life and Academic Achievements of One of the Most Famous Nineteenth Century European Sinologists—James Legge (A.D.1815—1897)". *Journal of Hong Kong Branch of Regional Asiatic Society*, Vol. 30, 1990.

［34］Pfister, Lauren F. "Mediating Word, Sentence, and Scope without Violence: James Legge's Understanding of 'Classical Confucian' Hermeneutics". in Tu Ching-I. ed. *Classics and Interpretations*: *The Hermeneutic Traditions in Chinese Culture*. New Brunswick and London: Transaction Publishers, 2000.

［35］Pfister, Lauren F. "Reassessing Max Weber's Evaluation of the Confucian Classics". in Jon Davies and Isabel Wollaston. eds. *The Sociology of Sacred Texts*. Sheffield: Sheffield Academic Press, 1993.

［36］Pfister, Lauren F. "Serving or Suffocating the Sage? Reviewing the Efforts of Three Nineteenth Century Translators of the Four Books, with Special Emphasis on James Legge (A. D. 1815—1917)". *The Hong Kong Linguist*, spring & autumn, 1990.

［37］Pfister, Lauren F. "The 'Failures' of James Legge's Fruitful Life for China". *Ching Feng*, No.4, 1998.

［38］Pfister, Lauren F. "The Legacy of James Legge". *International Bulletin of Missionary Research*, 1998 (2).

［39］Pfister, Lauren F. "The Mengzian Matrix for Accommodationist Missionary Apologetics: Identifying the Cross-cultural Linkage in Evangelical Protestant Discourse within the Chinese Writings of James Legge (1815—1897), He Jinshan (1817—1871) and Ernst Faber (1839—1899)". *Monumenta Serica*, 50 (2002).

［40］Pfister, Lauren F. "The Proto-martyr of Chinese Protestants: Reconstructing the Story of Chea Kam-Kwong". *Journal of the Hong Kong Branch of the Royal*

Asiatic Society, 42（2002/ 2003）.

［41］Pfister, Lauren, F. "Some New Dimensions in the Study of the Works of James Legge（1815—1897）, Part Ⅰ". *Sino-Western Cultural Relations Journal*, Vol. Ⅻ, 1990.

［42］Pfister, Lauren, F. "Some New Dimensions in the Study of the Works of James Legge（1815—1897）, Part Ⅱ". *Sino-Western Cultural Relations Journal*, Vol. ⅩⅢ, 1991.

［43］Pfister, Lauren. *Striving for "The Whole Duty of Man": James Legge and the Scottish Protestant Encounter with China*. Vol. 2, Frankfurt am Main: Peter Lang, 2004.

［44］Ride, Linsay. "James Legge—150 Years". an address delivered in the Union Church, Kennedy Road, Hong Kong on 20th December, 1965 on the sesquicentennial of the birth of Dr. James Legge reprint of Union Church. *Newsletter*, February, 1966.

［45］Rutt, Richard. *The Book of Changes（Zhouyi）*. New York: RoutledgeCurzon, 2002.

［46］Schlegel, Gustaaf. "Necrology–James Legge". *T'oung Pao*, Vol.9, No.1, 1898.

［47］Shaughnessy, Edward. *I Ching, The Classic of Changes*. New York: Ballantine Books, 1997.

［48］Smith, Carl T. *Chinese Christians: Elites, Middlemen, and the Church in Hong Kong*. Hong Kong : Oxford University Press, 1985.

［49］Tiedemann, R. Gary. "James Legge and the Poklo Incident: The Limitations of the Missionary Enterprise in Mid-Nineteenth Century South China". the International Conference on "James Legge's Life and Works in Hong Kong: A Bicentennial Celebration of His Birth", 2015.

［50］Waley, Arthur. *The Analects*. Beijing: Foreign Language Teaching and Research Press, 2000.

［51］Waltham, Clae. *Shu Ching, Book of History*. Chicago: Henry Regnery Company, 1971.

［52］Wilhelm, Richard & Yang, Bojun（今译）. *Mong Dsĭ*. Beijing: Foreign Language Teaching and Research Press, 2010.

［53］Wong, Man Kong. *James Legge: A Pioneer at Crossroads of East and West*. Hong

Kong: Hong Kong Educational Publishing Co., 1996.

［54］Wu, Jing-Nuan. *Yi Jing*. Washington, D. C.: The Taoist Center, 1991.

［55］Yu, Jiyuan. "Translation of Ren in Van Norden's *Mengzi* ". *Journal of Chinese Philosophy*, No.4, 2010.

［56］Zheng, Liqin. "Encounter Antiquity: Deciphering James Legge's Translation of *Shooking*". unpublished M. A. thesis, Fujian Normal University, 2006.

三、中文文献

［1］［东汉］许慎 . 说文解字 . 北京：九州出版社，2001.

［2］［汉］许慎撰，［清］段玉裁注 . 说文解字注 . 上海：上海古籍出版社，1981.

［3］［晋］杜预等注，［唐］孔颖达等正义 . 十三经注疏 . 上海：上海古籍出版社，1975.

［4］［宋］蔡沈 . 书集传 . 四库全书：第 58 册 .

［5］［宋］朱熹撰，苏勇校注 . 周易本义 . 北京：北京大学出版社，1992.

［6］［元］脱脱等撰 . 宋史 . 北京：中华书局，1985.

［7］［明］王引之 . 经义述闻 . 转引自刘家和 . 理雅各《中国经典》第三卷引言，上海：华东师范大学出版社，2010.

［8］［清］阮元校刻 . 尚书正义 . 北京：中华书局，1980.

［9］［清］徐鼎纂辑，王承略点校解说 . 毛诗名物图说 . 北京：清华大学出版社，2006.

［10］班柏 . 李提摩太以耶释佛英译《大乘起信论》探析 . 重庆文理学院学报（社会科学版），2012（5）.

［11］卜永坚 . 理雅各、威妥玛与十九世纪后期英国对中国的理解 . "纪念理雅各诞辰两百周年国际研讨会（香港）"会议论文，2015.

［12］蔡杰 . 尊王与敬天：《诗经》与《孝经》的融汇 . 哈尔滨工业大学学报（社会科学版），2021（4）.

［13］陈鼓应注译 . 老子今注今译 . 北京：商务印书馆，2006.

344

[14] 陈绍敏主编. 大学中庸. 北京：中国致公出版社，2003.

[15] 陈先芝. 从言语行为理论看理雅各《道德经》的英译及影响. 安徽理工大学学报（社会科学版），2011（2）.

[16] 陈学霖. 黄胜——香港华人提倡洋务事业之先驱. 崇基学报，1964（5）.

[17] 陈义海. 万里东来 来相印证——《天儒印》研究. 上海师范大学学报（哲学社会科学版），2001（1）.

[18] 陈义烈. 老子《道德经》的文学色彩. 中国道教，2003（1）.

[19] 陈喆. 东方学传统与传教士汉学——艾约瑟对上古中国宗教的阐释. 中山大学学报（社会科学版），2013年（1）.

[20] 楚至大. 难能可贵与美中不足——评理雅各两段《孟子》的译文. 中国翻译，1995（6）.

[21] 邓立光. 老子新诠——无为之治及其形上理则. 上海：上海古籍出版社，2007.

[22] 丁大刚. 理雅各中国典籍翻译研究. 上海师范大学博士学位论文，2017.

[23] 丁大刚. 译者翻译话语观照下的翻译批评——理雅各翻译语料的整体考察. "中国经典西译的巨匠：纪念理雅各诞辰 200 周年国际学术研讨会（北京）"会议论文，2015.

[24] 段彦艳，张虹. 深度翻译：《孝经》误读的历史性纠正与重构. 河北学刊，2016（5）.

[25] 方豪. 中西交通史. 中国文化大学出版部，1983.

[26] 方骏. 中国海外汉学研究现状之管见. 见任继愈主编. 国际汉学：第六辑. 郑州：大象出版社，2000.

[27] 付平平.《孟子》两部英译本的比较研究. 福建师范大学硕士学位论文，2012.

[28] 高时良主编. 中国教会学校史. 长沙：湖南教育出版社，1994.

[29] 葛桂录. 主持人语 中华文明国际传播与话语建设. 外国语言文学，2023（3）.

[30] 葛桂录主编. 中国古典文学的英国之旅——英国三大汉学家年谱：翟理斯、韦利、霍克思. 郑州：大象出版社，2017.

[31] 辜鸿铭. 辜鸿铭文集（下）. 海口：海南出版社，1996.

[32] 古代汉语词典编写组编. 古代汉语词典. 北京：商务印书馆，2001.

[33] 古伟瀛. 明末清初耶稣会士对中国经典的诠释及其演变. 台大历史学报，2000（25）.

[34] 顾颉刚，刘起钎. 尚书校释译论. 北京：中华书局，2005.

［35］顾颉刚.周易卦爻辞中的故事.北平燕京大学出版，1929.

［36］顾明栋.汉学主义——东方主义与后殖民主义的替代理论.张强，段国重，张涛等，译.北京：商务印书馆，2015.

［37］顾卫民.基督教与近代中国社会——来华新教传教士评传.上海：上海人民出版社，1996.

［38］顾长声.从马礼逊到司徒雷登.上海：上海人民出版社，1985.

［39］管恩森.中西"经文辩读"的历史实践与现代价值.中国人民大学学报，2012（5）.

［40］郭沫若.十批判书.北京：东方出版社，1996.

［41］郭鹏，江峰，蒙云注译.佛国记注译.长春：长春出版社，1995.

［42］何刚强.文质颉颃，各领风骚——对《论语》两个海外著名英译本的技术评鉴.中国翻译，2007（4）.

［43］何立芳.理雅各英译中国经典目的与策略研究.国外理论动态，2008（8）.

［44］贺莎莎，尹根德.《道德经》理雅各译本的侨易细解.宜春学院学报，2021（11）.

［45］洪捷，岳峰.浅议英国汉学家理雅各的《佛国记》译本.福建教育学院学报，2006（7）.

［46］胡志挥英译，陈克炯今译.左传.长沙：湖南人民出版社，1996.

［47］黄青秀.理雅各英译《礼记》研究.福建师范大学硕士学位论文，2012.

［48］黄兴涛.文化怪杰辜鸿铭.北京：中华书局，1997.

［49］黄宇杰.翻译对等论观照下《孝经》概念术语的英译.浙江工商职业技术学院学报，2014（3）.

［50］黄玉婷，张凯斌.柏拉图主义在奥古斯丁神学体系中的作用.史学月刊，2009（4）.

［51］黄元英.《诗经》婚恋诗的民俗文化观.延安大学学报（社会科学版），2004（2）.

［52］季羡林.重新认识西方汉学家的作用.见季羡林研究所编.季羡林谈翻译.北京：当代中国出版社，2007.

［53］姜燕.理雅各对儒家祭祀礼的解读——以理雅各《诗经》译本为中心."中国经典西译的巨匠：纪念理雅各诞辰200周年国际学术研讨会（北京）"会议论文，2015.

［54］焦桂美.《礼记》研究的新拓展——读王锷先生《〈礼记〉成书考》.孔子研究，2009（2）.

［55］金启华，朱一清，程自信主编.《诗经》鉴赏辞典.合肥：安徽文艺出版社，

1990.

［56］金文明主编.中华古汉语字典.上海：上海人民出版社，1997.

［57］康太一.对话"经典"之语境建立：从马士曼到理雅各的英译《论语》."中国经典西译的巨匠：纪念理雅各诞辰200周年国际学术研讨会（北京）"会议论文，2015.

［58］老安英译，许超选编、今译.礼记.济南：山东友谊出版社，2000.

［59］雷蕾.遮挡与隐喻——约翰巴尔代萨里"圆点"系列作品研究.中国艺术研究院硕士学位论文，2022.

［60］李强."西儒"与"善士"——理雅各在《教会新报》《万国公报》上的媒介形象."中国经典西译的巨匠：纪念理雅各诞辰200周年国际学术研讨会（北京）"会议论文，2015.

［61］李天纲.中国礼仪之争：历史、文献和意义.上海：上海古籍出版社，1998.

［62］李伟荣.理雅各英译《易经》及其易学思想述评.湖南大学学报（社会科学版），2016（2）.

［63］李新德.晚清新教传教士的中国佛教观.宗教学研究，2007（1）.

［64］李玉良.理雅各《诗经》翻译的经学特征.外语教学，2005（5）.

［65］李志刚.基督教与近代中国文化论文集.台北：宇宙光出版社，1989.

［66］李志刚.基督教早期在华传教史.台北：台湾商务印书馆，1998.

［67］林风、林丽玲.论理雅各的学术精神——基于《礼记》译本的文本分析.福建广播电视大学学报，2014（6）.

［68］林风、岳峰.传教士汉学家的跨学科研究方法：神学、翻译与历史.道风：基督教文化评论：春季号，2016（44）.

［69］林风.《尚书》四译本比较研究.福建师范大学硕士学位论文，2012.

［70］林风.生生之谓易：哲学诠释学视域下西方《易经》译介研究.福建师范大学博士学位论文，2017.

［71］林煌天主编.中国翻译词典.武汉：湖北教育出版社，1997.

［72］林金水.利玛窦与中国.北京：中国社会科学出版社，1996.

［73］林琳.再现历史上的文化元素——《左传》三译本之比较研究.福建师范大学硕士学位论文，2012.

［74］林义正.《周易》《春秋》的诠释原理与应用.台北：台湾大学出版中心出版，2010.

［75］林语堂.信仰之旅.胡簪云，译.成都：四川人民出版社，2000.

［76］林沄."百姓"古义新解——兼论中国早期国家的社会基础.吉林大学社会科学学报，2005（4）.

［77］刘华文.理雅各《易传》翻译的哲学中立化：一种自证和互证方法.孔学堂，2019（3）.

［78］刘家和.理雅各英译《春秋》、《左传》析论.国际汉学，2013（4）.

［79］刘利.构建以汉学为重要支撑的国际传播体系.学习时报，2023年7月21日.

［80］刘梦溪主编.中国现代学术经典：冯友兰卷.石家庄：河北教育出版社，1996.

［81］刘绍麟.香港华人教会之开基.香港：中国神学研究院，2003.

［82］刘杨.基于语料库的《道德经》"无为"主题的翻译.牡丹江大学学报，2014（2）.

［83］陆谷孙主编.英汉大词典.上海：上海译文出版社，2007.

［84］陆振慧，崔卉.信于本，传以真——论理雅各的儒经翻译观.河北工程大学学报（社会科学版），2012（4）.

［85］罗军凤.当西方史学遭遇中国经学——理雅各《中国经典春秋》与清代《春秋》经学.近代史研究，2015（1）.

［86］罗志野英译，周秉钧今译.尚书.长沙：湖南出版社，1997.

［87］马书瑜.常读常新　照耀古今——《孝经》艺术特色探微.齐齐哈尔师范高等专科学校学报，2019（3）.

［88］马玉梅，翟最佳.从《论语》两个英译本探析译者文化身份的动态构建.文教资料，2012（22）.

［89］马祖毅，任荣珍.汉籍外译史.武汉：湖北教育出版社，1997.

［90］马祖毅.《四书》、《五经》的英译者理雅各.中国翻译，1983（6）.

［91］潘琳.英国汉学专业化：理雅各与牛津汉学的起步及其背景（1874—1876）."中国经典西译的巨匠：纪念理雅各诞辰200周年国际学术研讨会（北京）"会议论文，2015.

［92］彭岁枫."不得于言，勿求于心；不得于心，勿求于气"新解.中国文化研究，2003（2）.

［93］钱玄，钱兴奇，徐克谦等注译.礼记.长沙：岳麓书社，2001.

［94］钱宗武，杜纯梓.尚书新笺与上古文明.北京：北京大学出版社，2004.

［95］钱宗武.今文尚书语言研究.长沙：岳麓书社，1996.

［96］沙莹.《礼记》婚、丧二礼文化词语语义系统研究.山东大学硕士学位论文，

348

2006.

［97］史静寰，王立新.基督教教育与中国知识分子.福州：福建教育出版社，1998.

［98］孙映逵，杨亦鸣."六十四卦"中的人生哲理与谋略——《易经》对话录.北京：社会科学文献出版社，1994.

［99］唐艳芳.李渔《十二楼》英译注释历时对比研究.燕山大学学报（哲学社会科学版），2018（5）.

［100］童元方.可译与不可译——悼刘殿爵教授.中国文化，2010（2）.

［101］汪榕培，任秀桦译.英译易经：汉英对照.上海：上海外语教育出版社，2007.

［102］汪榕培.契合之路程：庄子和《庄子》的英译本（上）.外语与外语教学，1997（5）.

［103］汪榕培.契合之路程：庄子和《庄子》的英译本（下）.外语与外语教学，1997（6）.

［104］王国强.文献翻译与汉学研究——以理雅各、翟理斯等侨居地汉学家为中心."中国经典西译的巨匠：纪念理雅各诞辰 200 周年国际学术研讨会（北京）"会议论文，2015.

［105］王宏超.宗教、政治与文化：索隐派与来华传教士的易学研究."中国经典西译的巨匠：纪念理雅各诞辰 200 周年国际学术研讨会（北京）"会议论文，2015.

［106］王华玲，辛红娟.《道德经》的世界性.光明日报，2020 年 4 月 18 日.

［107］王辉.《论语》中基本概念词的英译.深圳大学学报（人文社会科学版），2001（5）.

［108］王辉.理雅各《中庸》译本与传教士东方主义.孔子研究，2008（5）.

［109］王卡点校.老子道德经河上公章句.北京：中华书局，1993.

［110］王梦景.致知格物道遥——论《庄子内篇》篇名英译."中国经典西译的巨匠：纪念理雅各诞辰 200 周年国际学术研讨会（北京）"会议论文，2015.

［111］王梦鸥注译.《礼记》今注今译.台北：台湾商务印书馆，1979.

［112］王鹰.基督教的佛教文化批戴——试析艾香德创建的传教中心的文字.世界宗教文化，2014（6）.

［113］王鹰.试析艾香德的耶佛对话观.世界宗教研究，2013（1）.

［114］王志信.道济会堂史.香港：基督教文艺出版社，1986.

［115］邬昆如.卫理贤（R. Wilhelm）德译《易经》"吉凶"概念之探讨.周易研究，
2000（2）.

［116］伍安祖.儒家在西方的解读：归化、营造与再造.载刘笑敢主编.中国哲学与
文化（第十辑）：儒学：学术、信仰和修养.桂林：漓江出版社，2012.

［117］辛介夫.《周易》解读.西安：陕西师范大学出版社，1998.

［118］熊俊.布迪厄"资本"论下的理雅各《孝经》深度翻译.翻译界，2018（1）.

［119］熊月之.西学东渐与晚清社会.上海：上海人民出版社，1995.

［120］徐志刚译注.论语通译.北京：人民文学出版社，1997.

［121］许明龙主编.中西文化交流先驱——从利玛窦到郎世宁.北京：东方出版社，
1993.

［122］许钦彬.易与古文明.北京：社会科学文献出版社，2012.

［123］薛凌.利科叙事视角下理雅各《左传》译本中的"三重具象"：以齐桓与晋
文为个案.河南大学博士学位论文，2011.

［124］闫孟莲.《诗经陈风墓门》论考.信阳师范学院学报（哲学社会科学版），
2006（6）.

［125］阎纯德.汉学历史与学术形态.见汉学研究：总第十辑.北京：学苑出版社，
2007.

［126］阎纯德主编.汉学研究，第五集.北京：中华书局，2000.

［127］阳清.法显《佛国记》中的苦难叙事.山西师大学报（社会科学版），2017（5）.

［128］杨慧林.中西"经文辩读"的可能性及其价值——以理雅各的中国经典翻译
为中心.中国社会科学，2011（1）.

［129］杨平.论语核心概念"仁"的英译分析.外语与外语教学，2008（2）.

［130］杨志刚.中国礼仪制度研究.上海：华东师范大学出版社，2001.

［131］姚兴富.耶儒对话与融合——《教会新报》（1868—1874）研究.北京：宗教
文化出版社，2005.

［132］犹家仲.《诗经》的解释学研究.桂林：广西师范大学出版社，2005.

［133］于明华.清代耶稣会士索隐释经之型态与意义.台湾暨南国际大学学位论文，
1991年.

［134］岳峰，程丽英.索隐式翻译研究.中国翻译，2009（1）.

［135］岳峰，李广伟.汉籍英译名家理雅各.中国社会科学报，2020年7月1日.

350

[136] 岳峰，余俊英.理雅各翻译中国古经的宗教融合倾向.西安外国语大学学报，
　　　2017（2）.

[137] 岳峰，周秦超.理雅各与韦利的《论语》英译本中风格与译者动机及境遇的
　　　关系.外国语言文学，2009（2）.

[138] 岳峰.沟通东西方的桥梁——记英国传教士理雅各.世界宗教文化，2004（1）.

[139] 岳峰.架设东西方的桥梁——英国汉学家理雅各研究.福州：福建人民出版
　　　社，2004.

[140] 岳峰.理雅各与中国古经的译介.2003年福建省外国语文学会年会交流论文
　　　文集，2003.

[141] 岳峰.理雅各宗教思想中的中西融合倾向.世界宗教研究，2004（4）.

[142] 岳峰.儒经西传中的翻译与文化意象的变化.福州：福建人民出版社，2006.

[143] 岳峰.意识与翻译.北京：北京大学出版社，2018.

[144] 岳峰.在世俗与宗教之间走钢丝：析近代传教士对儒家经典的翻译与诠释.厦
　　　门：厦门大学出版社，2014.

[145] 岳峰.翻译史研究的资讯与视角——以传教士翻译家为案例.外国语言文学，
　　　2005（1）.

[146] 岳峰等.中华文献外译与西传研究.厦门：厦门大学出版社，2018.

[147] 岳峰等编译.翻译研究的跨学科方法——费乐仁汉学要义论纂.厦门：厦门
　　　大学出版社，2016.

[148] 张国刚，吴莉苇等.明清传教士与欧洲汉学.北京：中国社会科学出版社，
　　　2001.

[149] 张国强，梅柳.《孝经》道德教化思想探析.湖南工程学院学报（社会科学
　　　版），2007（2）.

[150] 张虹，段彦艳.译者行为批评与《孝经》两译本中评价意义的改变.解放军
　　　外国语学院学报，2016（4）.

[151] 张凌云.《周易》五译本研究.福建师范大学硕士学位论文，2012.

[152] 张美芳.翻译研究的功能途径.上海：上海外语教育出版社，2005.

[153] 张善文今译，傅惠生英译.周易.长沙：湖南人民出版社，2008.

[154] 张守华.《诗经》动物意象研究.曲阜师范大学硕士学位论文，2010.

[155] 张西平.历史中国和当代中国的统一性是开展中国研究的出发点.国际人才

交流，2022（10）.

［156］张西平.中国与欧洲早期宗教和哲学交流史.北京：东方出版社，2001.

［157］长河编注.易经通解.南昌：百花洲文艺出版社，2004.

［158］赵海宝，秦日龙.《礼记内则》"月辰"考辨.古籍整理研究学刊，2006（3）.

［159］郑丽钦.与古典的邂逅：解读理雅各的《尚书》译本.福建师范大学硕士学位论文，2006.

［160］郑丽钦.浅析尚书中"惟"字的英译.长春师范学院学报，2005（4）.

［161］郑易.《论语》六个英译本的比较.福建师范大学硕士学位论文，2012.

［162］中华书局编辑部编.中华古汉语词典.北京：中华书局，2009.

［163］卓新平.基督宗教论.北京：社会科学文献出版社，2000.

［164］［法］谢和耐.中国文化与基督教的冲撞.于硕，红涛，东方译.沈阳：辽宁人民出版社，1989.

［165］［韩］宋荣培.利玛窦的《天主实义》与儒学的融合和困境.世界宗教研究，1999（1）.

［166］［美］安乐哲，［美］郝大维.道不远人——比较哲学视域中的《老子》.何金俐，译.北京：学苑出版社，2004.

［167］［美］成中英.欧美《易经》研究总论.见中华易学大辞典编辑委员会编.中华易学大辞典.上海：上海古籍出版社，2008.

［168］［美］费乐仁，姜哲，张爽.适应主义传教护教观之"孟子模式"——在理雅各、何进善及花之安的中文作品中识别福音派新教话语中的跨文化关联.基督教文化学刊，2011（2）.

［169］［美］费乐仁.王韬与理雅各对新儒家忧患意识的回应.尹凯荣，译.载林启彦，黄文江主编.王韬与近代世界.香港：香港教育图书公司，2000.

［170］［美］罗思文，［美］安乐哲：生民之本：《孝经》的哲学诠释及英译.何金俐，译.北京：北京大学出版社，2010.

［171］［新加坡］卓南生.中国近代报业发展史：1815—1874.台北：正中书局，1997.

［172］［英］霍恩比.牛津高阶英汉双解词典.石孝殊等，译.北京：商务印书馆，2004.

352

网络文献

［1］中国国家图书馆汉学家资源库：http://form.nlc.gov.cn/sino/show.php?id=36.

［2］http://baike.baidu.com/view/7157182.htm，2014 年 1 月 1 日.

［3］http://en.wikipedia.org/wiki/Millet.

［4］http://baike.baidu.com/view/687175.htm.

［5］http://baike.baidu.com/view/1069772.htm.

［6］Legge, James. *The Shû King, Shih King and Hsiâo King.* http://www.sacred-texts.com/cfu/sbe03/sbe03002.htm. 2023 年 5 月 5 日.

［7］Wilhelm, Richard. "I Ging. Das Buch der Wanglungen". http://www.schuledesrades.org/public/iging/buch/？Q=5/0/1/0/0/1/33, 2012 年 5 月 3 日.

［8］李欣儒. 多元系统与译者身份对翻译策略的双重影响——理雅各林语堂英译《道德经》文化策略与诗学策略对比研究. 2015，http://www.sinoss.net/uploadfile/2015/0515/20150515040550534.pdf, 2023 年 8 月 8 日.

档案资料

［1］Legge, Dominica. "James Legge". 新波德雷安图书馆档案编号：ms. eng. misc. c. 865.

［2］Legge, James. *Notes of My Life.* 新波德雷安图书馆档案编号：ms.eng.misc.d. 996.

［3］Legge, James. Reminiscence. 新波德雷安图书馆档案编号：ms.eng.misc.c.812.

［4］Legge, Mary Dominica. "James Legge". 新波德雷安图书馆档案编号：ms.eng.misc.d.1230.

后　记

  笔者于 2001 年开始研究理雅各，师从林金水教授，并得到费乐仁先生的悉心指教，感念师恩。2004 年出版《架设东西方的桥梁——英国汉学家理雅各研究》，在当时是内地最早系统研究理雅各的著作，其后理雅各研究在国内多学科掀起热潮，后浪推前浪，颇感欣慰。笔者的兴趣由理雅各拓展到诸多汉学家，由个案分析拓展到宏观与学理的研究，又出版了《儒经西传中的翻译与文化意象的变化》《在世俗与宗教之间走钢丝：析近代传教士对儒家经典的翻译与诠释》《意识与翻译》《中华文献外译与西传研究》等。但不忘初心，研究始终不离理雅各，同时带领几届硕士生、博士生进行相关研究。

  此间在国内发表的论文有 20 余篇，如《索隐式翻译研究》《理雅各翻译中国古经的宗教融合倾向》《理雅各与韦利的〈论语〉英译本中风格与译者动机及境遇的关系》《浅议英国汉学家理雅各的〈佛国记〉译本》等。笔者也曾发表普及性文章，比如《沟通东西方的桥梁——记英国传教士理雅各》《汉籍英译名家理雅各》等。此外在境外也发表相关英文文章

354

若干，不做赘述。

此次很荣幸应葛桂录教授之邀，参与"海外著名汉学家评传丛书"撰著。丛书宏大，立意高远。本书在笔者近年相关论著的基础上提炼撰著完成。编撰期间得到多人协助，包括陈泽予、林泽欣、余俊英、周紫情、廖绮幸、王丽斌、邹可欣、刘玮、林琳、郑易、黄青秀、付平平与张凌云等人，在此一并致谢。最后，感谢理雅各的后人克里斯托弗·莱格（Christopher Legge）寄来理雅各的照片并授权使用。

2023 年 8 月于福州